첫걸음부터 꼼꼼히 배워 바로 써먹는

주식투자
처음공부

첫걸음부터 꼼꼼히 배워 바로 써먹는
주식투자 처음공부

초판 1쇄 발행 2021년 9월 20일
　　4쇄 발행 2024년 3월 1일

지은이　성상민

펴낸곳　㈜이레미디어

전　화　031-908-8516(편집부), 031-919-8511(주문 및 관리)
팩　스　0303-0515-8907
주　소　경기도 파주시 문예로 21, 2층
홈페이지　www.iremedia.co.kr
이메일　mango@mangou.co.kr
등　록　제396-2004-35호

편집 김은혜, 이병철 | **디자인** 유어텍스트 | **마케팅** 김하경
재무총괄 이종미 | **경영지원** 김지선

ISBN 979-11-91328-29-5 04320

ISBN 979-11-91328-05-9(세트)

주식투자 처음공부

성상민 지음

첫걸음부터 꼼꼼히 배워 바로 써먹는

이레미디어

기초부터 차근차근
현명한 초보 투자자들의 길잡이

2021년 현재 대한민국 성인 1명당 평균 1개의 주식거래 활동계좌를 보유하고 있다고 합니다. 활동계좌란 잔고가 10만 원 이상이고 최근 6개월 동안 1회 이상 거래한 계좌를 말합니다. 2021년 3월 기준 계좌 수가 4000만 개를 넘었는데, 놀라운 사실은 이 중 25%인 1000만 개의 계좌가 2020년 코로나19 충격으로 인해 주가가 폭락했을 때 경기 회복에 대한 기대감으로 새롭게 개설된 것이라고 합니다. 더욱 놀라운 사실은 주식에 대해 최소한의 지식조차 갖고 있지 않은 상태에서 투자를 시작하는 사람이 의외로 많다는 것입니다.

카지노의 대표적인 도박인 블랙잭과 룰렛은 승률이 50%보다 낮게 설정되어 있어 고객은 딜러에 비해 늘 불리할 수밖에 없습니다. 따라서 도박이 장시간에 걸쳐 진행될수록 고객의 대부분은 돈을 잃을 수밖에 없습니다. 주식시장에서도 개인은 기관 투자자와 외국인 투자자에 비해 자본금의 규모와 정보력 그리고 분석능력 측면에서 열세에 놓여 있습니다. 따라서 주식시장에 뛰어든 개인 투자자는 기울어진 운동장에서 이들 우위세력과 두뇌싸움을 하면서 투자를 성공으로 이끌기 위해 노력해야 합니다. 그나마 다행인 것은 주식시장이 카지노처럼 항상 제로섬게임만은 아니라는 사실입니다.

우리가 한국거래소에서 매매할 수 있는 주식의 수는 유가증권시장의 경우 800여 개가 넘고, 코스닥시장의 경우 1,500개 정도 됩니다. 여기에 ETF(상장지수펀드) 및 해외 주식 그리고 간접투자를 위한 펀드까지 포함시킨다면 우리가 매매할 수 있는 종목 수는 3,000개가 훌쩍 넘습니다. 이 중에서 어떤 종목을 선정해야 할까요? 개인 투자자는 시작부터 어려운 선택에 직면하게 됩니다.

개인 투자자들의 투자 행태와 성과가 어떠한지를 최근 자본시장연구원에서 조사한 바 있습니다. 2020년 3월 이후 4개 증권회사를 통해 거래한 개인 투자자 20만 명의 거래 자료를 분석한 결과, 이들의 투자수익률은 거래비용을 고려할 경우 시장의 평균수익률에 미치지 못하였고, 신규 계좌 개설자 중 무려 60%가 손실을 기록하였다고 합니다. 또한 개인 투자자들은 중소형주와 의료 등 특정 섹터 위주로 매매했고, 보유종목 수도 적었으며 거래회전율, 일중거래 비중과 종목 교체율이 매우 높아 투기에 가까운 행태를 보여주었습니다. 이러한 행태는 특히 신규 참여자, 젊은 층, 남성, 투자 금액이 적은 사람일수록 더욱 두드러졌다고 합니다. 참고로 일중거래란 당일 매수한 주식을 당일 매도한 거래를 의미합니다.

이를 통해 알 수 있듯이 많은 개인 투자자들이 주식투자 자체에 대해서는 관심이 많지만 투자의 정석을 습득하는 데 있어서는 소홀함이 있는 것 같습니다. 자동차를 사기 전에 운전면허를 따야 하듯이 주식을 사기 전에도 기초적인 지식을 습득해야 합니다. 주식의 본질이 무엇이고 주식시장이 어떠한 원리로 작동되는지, 어떻게 주식을 선정하고 분산투자의 장점이 무엇인지, 그리고 얼마 동안 보유하는 것이 좋은지 등 투자를 시작하기 전 필수적으로 점검해야 할 것이 많습니다. 준비 없이 주식시장의 세계에 뛰어드는 것은 운전면허 없이 자동차 운전대를 잡는 것과 같이 무모한 행동입니다. 초보자의 행운이 작용할 수도 있지만 결국 한순간에 돌이킬 수 없는 파국으로 빠질 수 있습니다. 영혼까지 끌어 모아 마련한 피 같은 돈을 허무하게 날리는 일은 가급적 피해야 합니다.

이런 일을 사전에 막기 위해선 초보 투자자에게 기초부터 차근차근 알려주는 길잡이가 필요합니다. 《주식투자 처음공부》는 주식을 시작하는 사람들이 알아야 할 기초와 기본을 효과적으로 배울 수 있도록 정리한 책입니다. 주식을 매수하는 구체적인 방법부터 기술적 분석과 기본적 분석을 통한 주식 분석 방법 그리고 시장 환경을 이해하기 위한 방법을 소개하고 있습니다. 구체적으로 PC 또는 스마트폰의 매수주문창 항목의 구체적인 내용과 매매 절차에 대한 내용에서부터 차트 분석 시 유념해야 할 지표들이 무엇이고 재무제표를 통해서 기업의 재무적 성과를 어떻게 판단할 수 있는지 등을 쉽게 설명하고 있습니다. 이외에도 주식 정보를 조회하는 사이트와 경제 관련 용어를 안내하고 주식을 분산투자하는 효과로 많이 거래되는 ETF에 대해서도 설명하고 있습니다. 또한 전 세계 여러 투자 대가들을 소개하면서 투자자로서 갖추어야 할 마인드와 자세에 대해서도 상세히 기술하고 있습니다.

주식투자란 단지 돈을 벌기 위한 것이 아닙니다. 주식 매수를 통해 그 기업의 주주가 되는 것입니다. 단순하게 말하자면 어느 회사와 동업할 것인지를 결정하는 행동입니다. 동업자를 하루만에 바꾸는 것은 주식을 대하는 적절한 자세가 아닐 것입니다. 물론 고빈도 거래라고 해서 하루에 수백 번 이상의 거래를 반복하여 이익을 추구하는 거래가 있기는 하지만 이는 일반적인 개인 투자자가 할 수 있는 거래가 아닙니다. 은행 이자보다 더 높은 수익을 주식투자로부터 기대하는 이유는 우리가 회사 사업의 불확실성에 대한 위험을 기꺼이 감수하기 때문입니다. 만약 내가 선택한 회사의 사업이 부진해진다면 주식투자는 예금보다 못한 선택이 될 수도 있습니다. 이러한 속성 때문에 저자는 주식투자가 양날의 검과 같다고 했습니다. 주식투자의 핵심은 투자 동업자를 선택하고 또 그 선택에 수반된 위험을 인지하고 관리하는 것입니다. 《주식투자 처음공부》는 그 길잡이 역할을 누구보다 충실하게 수행할 것입니다. 주식을 새로 시작하려는 투자자는 물론, 이미 기존에 투자를 해왔으면서도 주식에 대한 여러 궁금증으로 목마름을 느낀 분들에게 이 책은 항상 곁에 가까이 두고 필요하면 언제라도 꺼내볼 수 있는 초보 투자자의 소중한 매뉴얼이 될 것이라고 확신합니다.

– 건국대학교 경영학과 교수, **최병욱**

'종합주가지수 3000' 시대가 열리더니 어느새 3200을 넘나들고 있습니다. 2020년에 주식투자를 시작하지 않았던 사람들까지 주식투자를 고려할 정도로 주식시장에 대한 관심이 뜨거워지고 있습니다. 본격적인 투자의 시대가 도래했다고 할 수 있습니다.

주식시장 호황에 따라 쏟아지는 투자서의 홍수 속에서 초보자를 위한 제대로 된 주식투자 기본서에 대한 갈망이 있었습니다. 《주식투자 처음공부》는 이러한 욕구를 충족시켜 줄 책입니다. 저자의 다양한 투자 경험을 바탕으로 한 충실하고 차분한 안내가 이제 막 주식시장에 들어선, 혹은 진입하려는 투자자들을 안전하게 이끌 것입니다.

– GB투자자문 대표이사, 《차트의 기술》 저자, 김정환

2020년 동학개미운동과 함께 한국의 투자 문화의 패러다임이 변하였습니다. 2020년에만 300만 명 이상 증가한 개인 투자자 수는 초보 개인 투자자의 폭발적인 시장 유입을 의미하기도 합니다.

처음 투자를 시작하는 수백만 명의 주린이 투자자에게 주식투자는 너무도 어려운 영역이 아닐 수 없습니다. 주식이라는 개념 자체도 생소하고 어떻게 주식 거래를 시작해야 하는지, 어떻게 공부를 해야 효율적인지 등 모든 것이 낯설기만 하지요.

처음 주식투자를 시작했던 1999년의 저 역시 그러하였습니다. 그 당시 《주식투자 처음공부》 같은 친절한 안내서가 있었다면 제대로 된 투자 공부를 체계적으로 할 수 있었을 것입니다. 당시에는 그러한 책이 없었기에 좌충우돌하며 스스로 헤쳐나갈 수밖에 없었습니다. 그에 비하면 요즘 주식투자하는 분들은 시대를 잘 만났다는 생각이 들기도 합니다.

만약 주식투자를 처음 시작하던 1999년으로 타임머신을 타고 돌아갈 수 있다면, 주식투자에 대한 개념을 잡지 못하고 헤매는 사반세기 전의 제 자신에게 《주식투자 처음공부》를 전해 주겠습니다. 그리고 기왕이면 처음부터 '가치투자'를 하라고 귀띔해 줄 것입니다.

– 《가치투자 처음공부》 저자, lovefund이성수

투자 기본기와 마인드를 기르는
가장 좋은 시작

초저금리 기조가 이어짐에 따라 저축만으로는 자산 증식을 이루기 어려워졌습니다. 지난 몇 년 사이 투자를 했던 사람과 아닌 사람의 자산 격차가 급격히 벌어지면서 투자 전반에 대해서는 물론 특히 주식투자에 대한 관심이 매우 커진 것을 일상에서도 실감하고 있습니다. 카페나 식당에서 옆 테이블 사람들이 특정 회사 주식 얘기를 나눈다든지, 친하지도 않은 동창에게서 오랜만에 연락이 와서 "아직 주식 하고 있지? 나도 투자를 시작해 보려고 하는데 어떻게 해야 돼?" 하는 질문을 받게 되는 일들이 이전보다 훨씬 자주 일어나고 있거든요.

주식투자에 대한 관심이 늘어나는 현상 자체는 매우 긍정적인 일이라고 생각합니다. 그동안 우리나라 국민의 금융 지식은 국가의 발전 정도에 비해 처참한 수준이었습니다. 얼마 전에도 우리나라 중고생의 65%가 예금과 적금의 차이조차 모른다는 기사를 읽으며 아직 갈 길이 멀다는 사실을 느꼈지요. 이제라도 투자에 관심을 갖는 사람들의 수가 하나둘 늘어나고, 뉴스나 유튜브 등 각종 매체에서 만들어진 경제와 금융 콘텐츠들에 관심을 갖고, 콘텐츠 생산과 이용이 활발해지고 있어 개인적으로 기쁜 마음입니다. 이러한 변화가 국민 전반의 금융 지식 수준 향상과 조금 더 거창하게는 생활 수준의 향상에 기여하는 부분이 많으리라 생각합니다.

다만 한 가지 우려되는 것은 처음 주식시장에 발을 들인 신규 투자자들 중 다수가 '대박'이라는 잘못된 환상을 품고, 본인도 모르는 사이 매우 위험한 방식의 투자를 하며 잘못된 방향으로 나아가고 있다는 사실입니다. 주변에서 이러한 투자의 결말을 숱하게 보아온지라 저의 미미한 경험이나마 도움을 드릴 방법이 없을까 고민하고 있었습니다. 그러던 중 집필 제안을 받아 《주식투자 처음공부》를 통해 주식투자를 이제 막 시작했거나 투자를 고려하는 분들을 바른 투자 방향으로 인도할 수 있게 되어 매우 감사히 여기고 있습니다.

주식투자는 말 그대로 양날의 검입니다. 투자자가 바른 방향으로 나아간다면 주식시장은 자산 증대에 큰 도움을 주는 좋은 친구가 되고, 투자자가 잘못된 방향으로 나아간다면 주식시장은 큰 손실을 안겨 주는 원수 같은 놈이 될 것입니다. 그리고 바른 방향의 투자는 생각보다 어려운 일이 아닙니다. 좋은 머리를 타고나야만 주식시장에서 성공할 수 있다면 저 역시 진작 주식시장에서 낙오되었을 것입니다. 운이 나쁘지는 않았던지 2010년에 주식투자를 시작하여 지금까지 살아남아 은행 이자는 확실히 뛰어넘는 수익을 거두고 있습니다. 욕심을 조금 내려놓고 방어적이고 겸손한 마인드로 원칙을 지키는 투자를 이어 나간다면 뛰어난 두뇌 없이도, 정보가 빠르지 않아도, 시드머니가 크지 않더라도 충분히 오랜 기간 시장에서 살아남아 적절한 보상을 수확할 수 있습니다.

《주식투자 처음공부》가 처음 주식시장을 접하는 분들에게 올바른 투자 마인드와 적절한 투자 노하우를 알려주는 책이 되었으면 합니다. 여러분보다 조금 일찍 주식시장을 경험한 투자 선배로부터 투자 시 중요한 것, 노하우 등을 전수받는다는 느낌으로 이 책을 탐독하셨으면 합니다.

입문서로서 초보 투자자들을 대상으로 글을 쓰다 보니 집필 과정에서 나름의 어려움도 있었습니다. 너무 어렵지 않으면서도 투자에 적용하여 실질적인 도움을 받을 수 있는 내용들을 다루고자 균형점을 잡기 위해 많은 노력을 기울였습니다.

이 책은 단기간 대박을 가능하게 하는 기법을 가르쳐 주지 않습니다. 그리고 사실 그런 기법들은 어디에도 존재하지 않으니 그런 유혹에 넘어가서는 안 됩니다. 다만 이 책에 담긴 종목 선택, 매매 주문, 공시, 재무제표, 배당, 차트 등에 대한 일련의 내용들은 초보 투자자가 바른 투자 마인드와 기본기를 확립하는 데 충분한 도움을 줄 수 있을 것이라 생각합니다.

제 나름대로의 노력과 편집부의 노고에도 불구하고 여전히 책에 부족한 부분이 있을 수 있고, 읽다가 궁금한 점들이 생길 수도 있습니다. 이 경우 책 표지에 기재된 제 블로그와 이메일을 통해 언제든지 저에게 문의하시면 성심성의껏 답변 드리도록 하겠습니다.

이 책을 통해 주식투자를 알아가고, 투자에 즐거움을 느끼며 자산이 늘어나는 기쁨을 누리시길 간절히 소망합니다.

– 성상민(주판)

차
례

추천사 기초부터 차근차근 현명한 투자자들의 길잡이   004

저자의 말 투자 기본기와 마인드를 기르는 가장 좋은 시작   010

CHAPTER 1

주식투자 얼마나 알고 있나?

01 주식투자하려면 이것 먼저!

① 주식투자는 무엇일까?   026

② 우리가 주식투자를 해야 하는 이유   028

③ 끝나지 않는 고민, 직접투자와 간접투자   031

④ 주식에도 종류가 있다   035

⑤ 주식시장의 참여자들   044

02 주식은 어디서 사고팔까?

① 발행시장과 유통시장   049

② 주가지수 알기   050

③ 이웃 나라의 주식시장   054

03 주식투자 성공 키워드 네 가지

① 다양한 투자의 유형   060

② 투자를 망치는 편향과 오류   063

③ 사이클 이해하기   066

④ 합리적인 목표 수익률   067

| SUMMARY | 068

◆ 독자들과 나누고픈 소중한 경험 ◆ 세 가지만 지키면 주식투자에서 실패하지 않는다   069

CHAPTER 2

처음 주식을 매수할 때 필요한 것들

01   주식 계좌와 거래 시스템

① 나에게 맞는 증권사 고르기   074

② 온·오프라인으로 계좌 개설하기   075

③ 거래 시스템 설치하기   077

02   매매하기 가장 적절한 조건을 세팅하는 법

① 투자에 유용한 HTS 화면 만들기   080

② 차트의 구성 요소   087

03   주식시장의 기본 규칙들

① 주식시장이 열리고 닫히는 시간   094

② 주식시장 거래 규칙   096

| SUMMARY | 101

◆ 독자들과 나누고픈 소중한 경험 ◆ 거래 수수료를 줄이는 최고의 방법   102

CHAPTER 3

매매, 이것만은 알고 한다

01　알고 보면 어렵지 않은 매매 주문

① 호가 창 파악하기　　　　　　　　　　　　107

② 매매 주문 창 파악하기　　　　　　　　　　108

③ 매매 주문의 종류　　　　　　　　　　　　110

④ 매매 주문 체결 원칙　　　　　　　　　　　114

02　사고팔기, 하나의 방법만 있는 게 아니다

① 분할 매수와 분할 매도　　　　　　　　　　116

② 물타기와 불타기　　　　　　　　　　　　　118

③ 현금 비중 관리　　　　　　　　　　　　　119

④ 손실 제한　　　　　　　　　　　　　　　　122

|SUMMARY|　　　　　　　　　　　　　　　　127

◆ 독자들과 나누고픈 소중한 경험 ◆ 하락장에서는 어떻게 매매해야 하나요?　　128

CHAPTER 4

투자 종목, 어떻게 선택해야 할까?

01　종목 선택을 위한 기초 지식

① 효율적 시장 가설과 랜덤 워크 이론　　　　132

② 톱다운 방식과 보텀업 방식　　　　134

③ 금리, 환율, 주식의 삼각관계　　　　137

④ GDP와 버핏 지수　　　　140

⑤ 섹터의 순환, 주도 섹터와 대장주　　　　144

⑥ 수급과 실적　　　　148

02　제대로 된 정보를 얻는 방법

① 공시와 찌라시　　　　151

② 정보를 얻을 수 있는 사이트　　　　153

| SUMMARY |　　　　162

◆ 독자들과 나누고픈 소중한 경험 ◆ 주식시장의 소음을 줄이는 세 가지 방법　　　　163

CHAPTER 5

주린이를 위한 전자공시 활용법

01　전자공시를 알면 기업이 보인다

① 전자공시와 사업보고서　　　　168

② 기업의 교과서, 사업보고서　　　　169

③ 공시 뒤 숨겨진 진실　　　　172

④ 상장폐지 종목만은 피하자　　　　174

02　주식 수가 변하면 주가가 움직인다

① 증자와 감자　　　　179

② 주식 연계 채권 삼총사　　　　184

03 **최대주주로 기업의 미래를 판단한다**

① 지분공시   186

② 자사주 매입 및 소각   190

04 **실적 발표보다 빨리 사업 현황을 아는 방법**

① 유형자산 취득   193

② 수주 공시   197

05 **인수합병과 기업분할**

① 인수합병   200

② 기업분할   203

| SUMMARY | 207

◆ 독자들과 나누고픈 소중한 경험 ◆ 재무제표에서 숨겨진 부채를 찾아 위험을 피하자!   208

CHAPTER 6

주린이를 위한 재무제표 기초 수업

01 **재무제표는 기업의 성적표**

① 재무제표는 도대체 왜 봐야 할까?   214

② 재무제표의 삼위일체 - 재무상태표, 손익계산서, 현금흐름표   216

02 **재무상태표의 기초 이해하기**

① 기업의 건강진단서, 재무상태표   218

② 주의 깊게 살펴봐야 할 자산 항목   220

③ 재무상태표의 재무비율   **224**

03   손익계산서의 기초 이해하기

① 기업의 성과보고서, 손익계산서   **228**

② 좋은 기업을 찾는 지표, 영업이익률과 ROE   **231**

③ PER의 다양한 활용   **234**

04   현금흐름표의 기초 이해하기

① 기업의 혈류, 현금흐름을 추적하라   **239**

② 기업의 상태를 파악하라   **240**

③ 이익의 신뢰성을 확인하라   **243**

④ CAPEX와 FCF   **246**

| SUMMARY | **251**

◆ 독자들과 나누고픈 소중한 경험 ◆ 싼 게 비지떡? 밸류 트랩을 피하자!   **252**

CHAPTER 7

투자의 대가처럼 가치투자하기

01   기업의 적정 가치 찾기

① 가치투자는 무엇일까?   **256**

② 가치투자의 장점   **257**

02   가치투자의 아버지, 벤저민 그레이엄

① 그레이엄의 2대 핵심 개념   **259**

② NCAV 전략   **263**

03 **가치투자의 완성자, 워런 버핏**

① 좋은 기업을 장기 보유하라   **267**

② 스트라이크존에 들어오는 공만 노려라   **270**

04 **월스트리트의 전설, 피터 린치**

① 다양한 투자 유형   **273**

② 따분한 기업에 투자하라   **275**

05 **대가들의 투자에는 공통점이 있다?!**   **277**

| SUMMARY | **282**

◆ 독자들과 나누고픈 소중한 경험 ◆ 성장성 있는 기업을 골라내려면   **283**

CHAPTER 8

주가의 흐름은 차트로 알 수 있다

01 **주가 흐름을 한눈에 볼 수 있는 차트**

① 주가의 역사, 차트   **288**

② 달리는 말에 올라탈 것인가   **291**

02 **캔들과 차트**

① 캔들은 나무, 차트는 숲   **293**

② 지지와 저항, 추세와 돌파   **295**

③ 반전의 신호   **299**

03 **이동평균선**

① 이동평균선에서의 지지와 저항   **303**

② 수렴과 확산   **305**

③ 골든크로스와 데드크로스라는 함정   **307**

04   거래량

① 거래량은 거짓말 탐지기   **309**

② 거래 주체와 창구 분석   **311**

05   다양한 보조지표   **313**

|SUMMARY| **316**

◆ 독자들과 나누고픈 소중한 경험 ◆ 차트와 실적 연결해서 보기   **317**

CHAPTER 9

은행 이자보다 나은 배당투자

01   배당투자를 하는 이유

① 배당의 의미   **322**

② 배당투자하기 전 꼭 알아야 할 것   **324**

02   배당투자 노하우

① 배당투자의 본질   **328**

② 다양한 배당투자의 유형   **329**

③ 배당 재투자하기   **334**

03   배당투자 이것만 주의한다!

① 배당투자, 그 최적의 시기   337

② 배당수익률과 배당성향의 함정   338

|SUMMARY| 340

◆ 독자들과 나누고픈 소중한 경험 ◆ 배당주의 주가가 오르면 어떻게 해야 하나요?   341

CHAPTER 10

개별주 투자가 어렵다면 ETF는 어떨까?

01 ETF의 실체를 파헤친다!

① 패시브 투자의 진화   344

② ETF 투자의 유용성   346

02 여러 가지 ETF 효과적으로 활용하기

① ETF 이름의 비밀   348

② 유형별 ETF   349

③ 위험한 ETF도 있다   351

03 ETF 투자 이것만 주의한다!   355

|SUMMARY| 364

CHAPTER 11

투자 전 주린이가
반드시 기억해야 할 것

01   환상을 버리고 합리적으로 투자하라

① 합리적인 수익률을 추구한다   368

② 특별한 기법 같은 건 없다   371

02   좋은 기업을 싸게 사서 오래 보유하라

① 좋은 기업이란?   374

② 싸게 산다   375

③ 오래 보유한다   377

03   지금 당장 투자를 시작하라

① 단 1주라도, 당장 주식투자를 시작한다   379

② 내 지갑이 향하는 곳을 유심히 살핀다   380

③ 일상생활을 놓치지 않는다   381

보너스 챕터 착한 기업에 투자하는 방법, ESG 투자   382

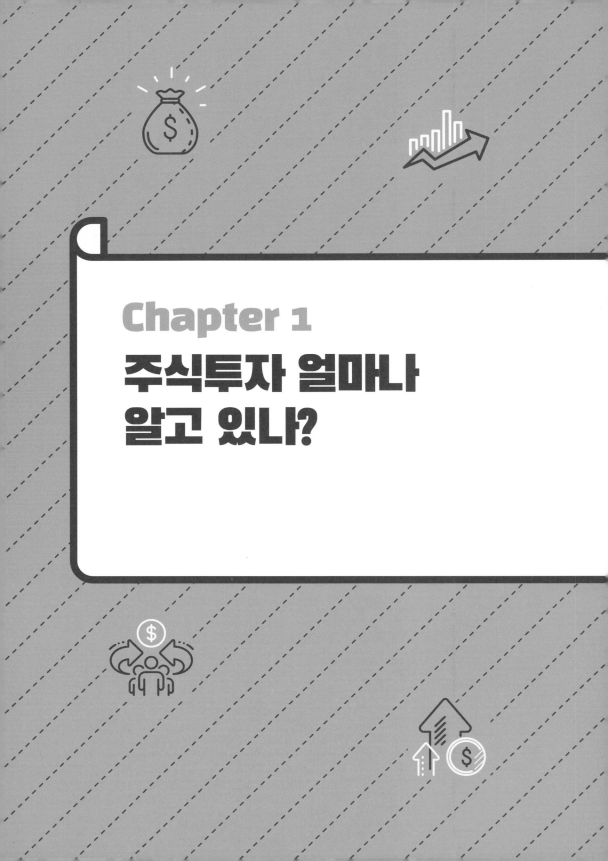

Chapter 1
주식투자 얼마나 알고 있나?

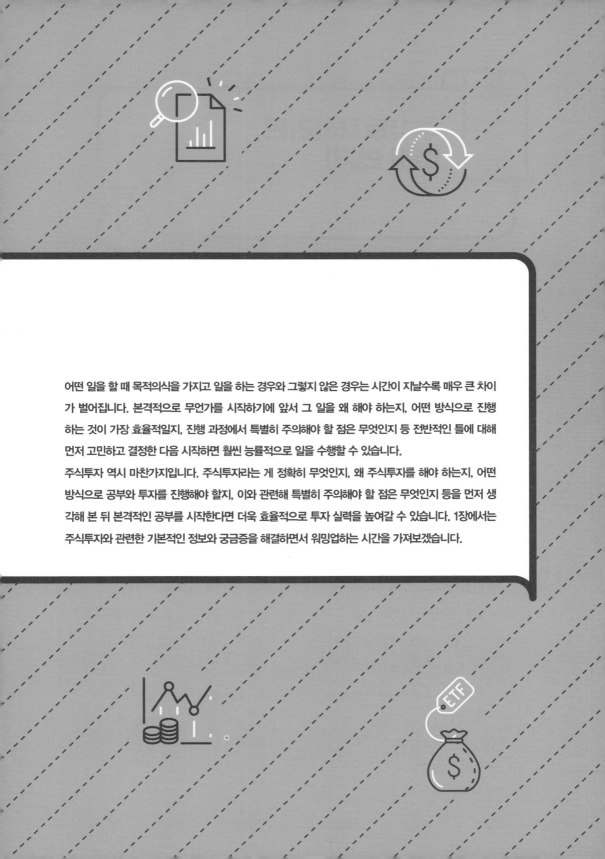

어떤 일을 할 때 목적의식을 가지고 일을 하는 경우와 그렇지 않은 경우는 시간이 지날수록 매우 큰 차이가 벌어집니다. 본격적으로 무언가를 시작하기에 앞서 그 일을 왜 해야 하는지, 어떤 방식으로 진행하는 것이 가장 효율적일지, 진행 과정에서 특별히 주의해야 할 점은 무엇인지 등 전반적인 틀에 대해 먼저 고민하고 결정한 다음 시작하면 훨씬 능률적으로 일을 수행할 수 있습니다.

주식투자 역시 마찬가지입니다. 주식투자라는 게 정확히 무엇인지, 왜 주식투자를 해야 하는지, 어떤 방식으로 공부와 투자를 진행해야 할지, 이와 관련해 특별히 주의해야 할 점은 무엇인지 등을 먼저 생각해 본 뒤 본격적인 공부를 시작한다면 더욱 효율적으로 투자 실력을 높여갈 수 있습니다. 1장에서는 주식투자와 관련한 기본적인 정보와 궁금증을 해결하면서 워밍업하는 시간을 가져보겠습니다.

1 주식투자하려면 이것 먼저!

INVESTMENT IN STOCKS

① 주식투자는 무엇일까?

'주식투자'라는 말은 '주식'과 '투자'라는 단어가 결합된 복합 명사입니다. 따라서 주식투자의 의미를 정확히 이해하기 위해서는 먼저 주식이라는 단어와 투자라는 단어 각각의 의미에 대해 이해할 필요가 있습니다.

주식은 주식회사의 자본을 구성하는 단위로서 회사의 소유권을 나타내는 증서입니다. 주식을 통해 회사의 지분을 보유한 주주들은 회사의 소유주로서 권리와 책임을 갖습니다.

예시를 통해 조금 더 쉽게 설명해 보겠습니다. 홍길동이라는 사람이 A라는 회사를 설립하려고 하는데, 회사를 만들기 위해선 10억 원의 자금이 필요하여 홍길동 씨 개인이 가진 자본만으로는 회사를 설립할 수 없는 상황입니다. 그러나 회사 설립을 포기하고 싶지는 않았던 홍길동 씨는 여러 사람들에게서 투자를 유치하여 주식회사의 형태로 A 회사를 세우기로 합니다. 홍길동 씨를 포함한 총 10명의 투자자가 1억 원씩을 출자하여 10억 원의 자본금으로 A 회사가 만들어집니다. 10명의 투자자는 A 회사에 대하여 각각 10%씩의 소유권을 가지게 됩니다. A 회사가 10억 원의 자본금으로 사업을 잘 수행하여 이익을 내고 회사가 커진다면 각각의 주주가 가진 지분의 가치도 그만큼 커질 것입니다. 회사의 소유주인 주주가 회사가 만들어낸 이익에 대해 '권리'를 갖기 때문입니다. 반대로 A 회사의 사업이 잘 안 풀려 손실이 발생한다면 주주가 가진 지분의 가치 역시 그만큼 줄어들게 될 것입니다. 주주는 본인이 투자한 금액(예시에서는 개인당 1억 원)의 한도 내에서 손실에 대한 '책임' 역시 가지기 때문입니다.

주식은 이렇게 회사의 소유권을 가짐으로써 사업을 통한 이익과 손실을 함께 나누는 권리입니다.

이제 투자라는 단어에 대해 설명할 차례입니다. 투자라는 단어를 정확히 이해하기 위해서는 투자와 투기의 차이점을 알아야 합니다. 투자라는 단어의 사전적 의미는 '이익을 얻기 위하여 어떤 일이나 사업에 자본을 대거나 시간이나 정성을 쏟음'[1]입니다. 여기서 핵심은 투자가 사업에 자본, 시간, 정성을 들이는 일이라는 것입니다. 반면 투기는 어떨까요? 투기의 정확한 의미를 알기 위해서는 투기를 뜻하는 영어 단어 'speculation'을 살펴보는 게 좋습니다. speculation이라는 단어는 투기라는 뜻 외에도 추측, 어림짐작이라는 의미를 함께 가지고 있습니다.

투자가 시간과 정성을 쏟아 사업을 자세히 분석하고, 사업의 성공과 기업의 성장에 따라 적절한 수익을 취하려고 하는 행위인 것에 반해, 투기는 기업과 사업 내용을 깊이 있게 분석하기보단 시세의 흐름을 추측하여 시세차

---

1 표준국어대사전

익을 노리는 행위입니다. 따라서 투자자의 관심은 기업에 있고, 투기자의 관심은 시세에 있겠죠. 분석의 노력과 깊이, 기업을 대하는 태도의 측면에서 투자와 투기는 크게 차이가 납니다.

결국, 주식투자란 특정 기업을 깊이 있게 분석하고 그 분석을 바탕으로 회사의 소유주가 되어 동행하는 과정입니다. 아직도 많은 사람이 주식투자를 일종의 도박이라고 생각하여 부정적인 시선으로 바라보곤 합니다. 이는 아마도 많은 사람이 투자와 투기를 혼동하여 사용하고 있기 때문일 것입니다. 주식투자는 시간과 정성을 들인 분석과 합리성을 기반으로 하는 행위이므로 도박이나 투기와는 엄연히 다릅니다. 주식을 매수함으로써 자본주의의 핵심축인 기업과 함께 성장해 나가기 때문에 주식투자는 자본주의의 꽃이라고 불리기도 합니다. 독자 여러분도 주식투자에 대한 오해와 선입견을 내려놓고 주식이라는 꽃을 키워 보시겠어요?

② 우리가 주식투자를 해야 하는 이유

이러니저러니 해도 주식투자를 하는 가장 큰 이유는 수익을 내기 위해서, 즉 돈을 벌기 위해서일 것입니다. 그러나 많은 사람이 주식시장에 참여하기를 망설이는 것은 주식투자가 위험하다는 인식이 아직 널리 퍼져있기 때문일 것입니다. 주식투자로 돈을 벌었다는 사람보다 잃었다는 사람이 훨씬 많기 때문이죠. 그렇습니다. 주식은 분명 예금이나 현금과 비교했을 때 위험한 측면이 있습니다. 예금이나 적금은 예금자보호법에 따라 보호를 받기 때문에 원금 손실의 위험이 없지만 주식투자는 원금의 일부 또는 전액 손실의 가능성이 있으니까요.

그러나 이러한 '위험'에 대한 관점을 조금만 비틀어 본다면 정반대의 결론이 도출될 수도 있습니다. 사실 진짜 위험한 것은 주식이 아니라 현금(예금)입니다. 이 무슨 사이비 교주 같은 소리냐고요? 그러나 원금 손실 가능성의 관점이 아니라 구매력 손실 가능성의 관점에서 바라본다면 이는 명백한 사실입니다.

20년 전만 하더라도 자장면 한 그릇의 가격이 3,000원 정도였습니다. 지금은 보통 5,000~6,000원은 하죠. 시간의 흐름에 따라 물가가 상승한다는 사실에 대해서는 구태여 장황한 설명을 하지 않더라도 실생활에서의 경험을 통해 이미 잘 알고 계시리라 생각합니다.

[그림 1-1] 연도별 소비자물가지수

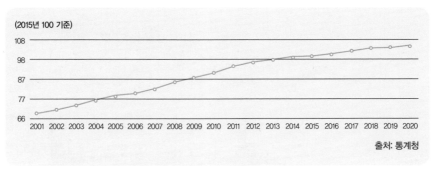

실제 데이터를 봐도 시간의 흐름에 따라 물가가 상승한다는 것은 자명한 사실입니다. 이렇게 물가 수준이 지속적으로 상승하는 현상을 일컬어 '인플레이션'이라고 합니다. 물가 상승은 바꿔 말하면 화폐의 가치가 지속적으로 하락한다는 의미입니다. 20년 전에는 1만 원으로 자장면 세 그릇을 사 먹을 수 있었지만 지금은 1만 원으로는 자장면을 두 그릇 사 먹기도 어렵습니다. 20년

전의 1만 원에 비해 지금의 1만 원은 그 가치가 훨씬 낮은 것입니다.

인플레이션과 이에 따른 화폐 가치의 하락은 매우 일반적인 현상이기 때문에 우리는 자산을 현금으로 보유하고 있으면 가만히 있었다는 이유만으로 자연스레 구매력을 조금씩 잃게 됩니다. 지금과 같은 초저금리 환경에서는 예금 역시 마찬가지입니다. 예금자보호법은 우리를 원금 손실의 위험에서 보호해 줄 뿐, 구매력 손실의 위험에서는 보호해 주지 못합니다. 이러한 맥락에서 헤지펀드계의 거물 레이 달리오는 "현금은 쓰레기다."라는 다소 과격한 발언을 하기도 했습니다.

반면 주식투자의 경우 훌륭한 구매력 보존 수단이 될 수 있습니다.

[그림 1-2] 코스피 지수 차트(1985~2021년)

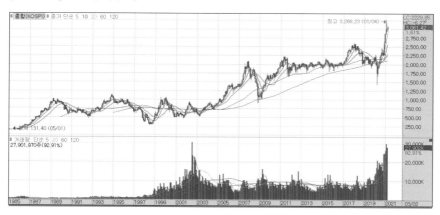

우리나라 주식을 대표하는 코스피 지수는 1980년 1월 4일에 100포인트로 시작했습니다. 이것이 점증하여 2021년 1월 6일에는 지수가 3,000포인트를 돌파했습니다. 41년 만에 주가지수가 30배가량(복리[2] 연평균 8.65%) 상승한 셈

---

2 복리는 이자에도 이자가 붙는다는 의미입니다. 이와는 달리 원금에만 이자가 붙는 것을 '단리'라고 합니다.

입니다. 이에 반해 소비자물가지수의 경우 1979년 17.173포인트에서 2020년 105.42포인트로 41년간 6.14배(연평균 4.53%) 상승하는 데 그쳤습니다.

어떤가요? 주식투자의 수익률이 소비자물가지수 상승률보다 약 2배 더 높지요? 많은 사람이 주식시장에서 실패하는 것은 잘못된 방식으로 투자를 하기 때문이지 주식투자 자체가 본질적으로 위험한 행위이기 때문이 아닙니다. 올바른 방식으로 투자에 임한다면 주식은 인플레이션으로부터 투자자들을 보호해 줄뿐만 아니라 이를 초과하는 자산 증식의 효과까지 가져다 주는 든든한 우군이 될 것입니다.

③ 끝나지 않는 고민, 직접투자와 간접투자

사회초년생 김사원 씨는 금융 지식이 전혀 없지만 요즘 같은 시대에는 투자를 하지 않는 것이 오히려 위험하다는 직장 선배 박대리 씨의 조언에 따라 주식투자를 시작해 보기로 했습니다. 그러나 막상 주식 공부를 위해 인터넷에서 정보를 찾다 보니 PER, ROE, 이동평균선 따위의 용어들이 너무나도 어렵게 느껴집니다. 주가가 오른 주식들은 이미 너무 많이 오른 것 같아 무섭고, 반대로 주가가 내려간 주식들은 회사에 뭔가 안 좋은 일들이 있어서 떨어진 게 아닌가 싶어 꺼려집니다. 소위 말하는 멘붕 상태에 빠져 마우스만 만지작거리던 김사원 씨의 눈에 어느 순간 '간접투자', '펀드 투자' 같은 단어들이 들어옵니다. 금융 전문가들이 대신 내 돈을 관리해 준다고 합니다. 유레카! 보물섬을 발견한 것만 같은 기분의 김사원 씨. 그런데 이러한 간접투자는 정말로 보물섬이 맞을까요?

앞서 설명한 인플레이션과 구매력 손실 위험에 대해 이해했다면 투자의 필요성에 대해서는 공감을 하셨으리라 생각합니다. 문제는 투자를 어떻게 하느냐에 대한 것이겠죠. 금융 지식이 전무한 김사원 씨와 같은 사람들에게는 전문가들이 투자를 대신해 주는 간접투자 방식이 좋아 보일 수도 있습니다. 그러나 저는 대부분의 경우 직접투자 방식이 더 좋은 선택지라고 생각합니다. 이유는 다음과 같습니다.

> 1 | 높은 수수료와 이해 상충 문제
> 2 | 각종 제약 요인과 투자 자율성의 차이
> 3 | 펀드 선택의 역설

이에 대해 하나씩 살펴보겠습니다.

1 | 높은 수수료와 이해 상충 문제

앞서 간접투자는 전문가들이 운용을 위임 받아 투자자 대신 자금을 관리해 주는 방식이라고 설명했습니다. 언뜻 보기에는 전문가라는 단어가 신뢰를 주지만, 조금만 더 생각해 보면 이들에게 자금을 맡기는 대가로 비용을 지불해야 함을 알 수 있습니다. 당연하게도 펀드 매니저들은 자원봉사자가 아니기 때문에 자금을 위탁받아 운용해 주는 대가로 수수료를 받습니다.

이러한 수수료의 존재 때문에 고객과 금융회사 사이의 이해관계가 상충하게 됩니다. 고객으로부터 받는 수수료가 늘어나면 금융회사의 입장에서는 수익이 증대되지만, 고객의 입장에서는 투자 수익률이 감소하게 됩니다. 금융회사의 우선순위는 고객 수익률의 극대화가 아닌 수수료 수입의 극대화가 되기 쉽고, 이로 인해 상품 설계 과정이나 운용 과정에서 고객에게 불리한 결정들이 이루어지기도 합니다.

반면 직접투자의 경우 수수료가 훨씬 저렴한 편입니다. 특히 국내 주식 직접투자의 경우 증권사 간 고객 유치 경쟁으로 인해 수수료 무료 이벤트를 진행하는 증권사들도 쉽게 찾아볼 수 있습니다. 또한, 직접투자에서는 이해 상충에 대한 우려 없이 투자자 스스로가 수익률 증대를 위해 적절한 투자 결정을 내리게 됩니다. 출발점에서 이미 직접투자가 간접투자보다 앞서 있는 것입니다.

2 | 각종 제약 요인과 투자 자율성의 차이

지불하는 수수료 이상으로 투자 수익이 증가한다면 간접투자는 여전히 좋은 선택지가 될 수 있을 것입니다. 그러나 현실적으로는 이 또한 쉽지 않습니다. 가장 큰 이유는 개인 투자자들보다 펀드 매니저들에게 제약 요인이 많다는 것입니다. 펀드 매니저 하면 투자 대상을 냉철하게 분석하여 본인의 판단을 믿고 과감한 결정을 내리는 멋진 이미지를 떠올리기 쉽습니다만, 현실에서는 수많은 제약들로 인하여 펀드 매니저가 자율적인 투자 결정을 내리기 어려운 경우가 많습니다. 시가총액 얼마 미만의 종목들은 아예 매매할 수 없다든지, 환매 요청이 몰려 더 사고 싶은 주식들을 오히려 팔아야 한다든지 하는 제약들이 있습니다. 그 때문에 펀드 매니저들은 구조적으로 펀드 운용에 있어 제 실력을 발휘하기가 어렵습니다.

시가총액

시가총액은 주가와 발행주식수를 곱해서 나오는 값입니다. 어떤 기업의 규모를 평가할 때는 개별 주가가 아닌 시가총액을 봐야 합니다. 1만 원짜리 주식 100주가 발행된 기업(시가총액 100만 원)보다 1,000원짜리 주식 2,000주가 발행된 기업(시가총액 200만 원)의 규모가 더욱 크니까요.

반면 개인 투자자들의 경우 투자에 있어 훨씬 더 많은 자율성을 가질 수 있습니다. 대형주든 소형주든 자유롭게 매매할 수 있고, 성향에 따라 종목 분산의 정도를 선택할 수 있으며, 원하는 시점에 원하는 대로 자유롭고 신속하게 매매 결정을 내릴 수 있습니다. 또한, 자금 운용 규모가 작을수록 자금 운용의 자유도와 기대수익률의 측면에서 유리하기 때문에 기본적인 운용 조건에 있어서도 직접투자가 간접투자보다 유리합니다.

3 | 펀드 선택의 역설

물론 수많은 펀드 중에는 합리적인 수수료 체계와 훌륭한 운용 철학을 갖춘 몇몇 뛰어난 펀드들도 있을 것입니다. 그러나 문제는 이같이 뛰어난 펀드들을 알아보기 위해서는 결국 투자자 본인이 나름의 투자 지식을 가지고 있어야 한다는 점입니다. 투자 지식이 부족한 사람들이 이를 극복하기 위한 대안으로 많이 선택하는 것이 간접투자(펀드) 방식인데, 좋은 펀드를 고르기 위해서는 충분한 투자 지식을 갖추고 있어야 한다는 역설이 생기는 것이죠.

단순하게 과거 수익률 데이터로 펀드들을 평가하면 되지 않을까 생각할 수도 있습니다. 그러나 과거의 높은 수익률이 실력보단 우연에 기인한 일시적 수치일 수도 있고, 실력이 뛰어난 펀드라고 할지라도 높은 수익률이 주목받으며 고객이 늘고 운용 규모가 커지게 되면 운용의 난이도가 높아져 초과수익을 이어가기 어렵게 됩니다. 그 때문에 과거의 수익률 데이터만으로는 펀드의 매력도를 제대로 평가하기 어렵습니다.

결론적으로, 직접투자를 통해서든 간접투자를 통해서든 우수한 성과를 거두기 위해서는 투자자 본인이 적절한 지식을 갖추고 있어야 합니다. 그리고 기왕에 투자 공부를 하기로 마음먹었다면 일단은 직접투자를 하겠다는 생각으로 공부를 시작하는 게 바람직하지 않을까 생각합니다. 적절한 노력이 가미된다면 기대할 수 있는 성과도, 성과에 대한 보람도 직접투자 방식이 간접투자 방식에 비해 훨씬 클 것이라고 자신 있게 말씀드릴 수 있습니다.

간접투자 방식에서 예외적으로 훌륭한 선택지가 될 수 있다고 생각하는 상품으로는 ETF가 있는데, 이에 관한 내용은 이 책의 10장에서 살펴보겠습니다.

④ 주식에도 종류가 있다

사람도 다양한 유형의 사람들이 있듯, 주식 역시 다양한 유형의 주식들이 있습니다. 이번 파트에서는 주식의 종류와 관련된 여러 용어에 대해 정리해 보겠습니다.

1 | 보통주·우선주

[그림 1-3] 삼성전자 보통주와 우선주

종목명	현재가
삼성전자 코스피	81,600
삼성전자우 코스피	74,800

증권 정보 사이트에서 삼성전자를 검색해 보면 위의 그림에서처럼 '삼성전자'와 '삼성전자우'라고 표시된 두 가지 종류의 주식이 나옵니다. 삼성전자는 알겠는데, 삼성전자우는 무엇을 뜻하는 것일까요? 기업명 뒤에 붙는 '우'라는 단어는 '우선주'의 준말입니다. 삼성전자우는 삼성전자 우선주를 뜻하

는 것이죠. 우가 붙지 않은 그냥 삼성전자 주식은 '보통주' 혹은 '본주'라고 부릅니다.

　보통주와 우선주의 가장 큰 차이점은 의결권의 유무와 배당률의 차이입니다. 의결권이란 기업의 공동 의사 결정 과정에서 주주가 기업 소유주의 일원으로서 자신의 의사를 표명할 수 있는 지분적 권리를 뜻합니다. 1주당 1개의 의결권이 주어지는 보통주와는 달리 우선주에는 이러한 의결권을 주지 않습니다. 대신에 이익배당 등의 측면에서 우선적 지위를 준다는 의미에서 우선주라는 명칭이 사용되는 것입니다. 가령 보통주에는 주당 100원의 배당금을 지급한다면 우선주에는 그보다 많은 150원의 배당금을 지급하는 식입니다.

$$괴리율 \; = \; \frac{보통주주가 \, - \, 우선주주가}{보통주주가} \; \times 100(\%)$$

　의결권은 주식의 본질에 가까운 중요한 주주의 권리이기 때문에 우선주가 일부 우선적 지위를 가진다고 하더라도 대체로 의결권을 가진 보통주의 가격이 그렇지 않은 우선주의 가격에 비해 높게 형성되는 편입니다. 이러한 보통주와 우선주 간 가격 차이(괴리)의 정도를 나타내는 지표를 괴리율이라

[그림 1-4] 삼성중공업 보통주와 우선주

종목명	현재가
삼성중공업 코스피	6,690
삼성중공우 코스피	302,500

고 합니다.

간혹 [그림 1-4]의 삼성중공업에서처럼 우선주의 가격이 보통주의 가격보다 오히려(그것도 월등히) 높게 형성되어 있는 경우도 볼 수 있는데, 이러한 경우는 투기적 수요에 의해 우선주의 가격이 비정상적으로 높게 형성되어 있는 매우 위험한 상황이기 때문에 각별히 주의할 필요가 있습니다.

2 | 우량주

우량주라는 단어는 우선주라는 단어와 비슷해 두 단어를 혼동하는 경우가 더러 있습니다만, 두 단어의 의미는 완전히 다릅니다.

우량주는 회사의 경영 및 재무 상태가 좋고 안정성이 높은, 말 그대로 '우량한' 주식을 뜻합니다. 우량주 하면 기업의 규모가 큰 대형주들을 떠올리기 쉬운데, 대형주라고 해서 꼭 우량주인 것은 아니고 반대로 중·소형주라고 해서 우량주가 될 수 없는 것은 아닙니다.

[표 1-1] 대한항공 2016~2020년 당기순이익(단위: 억 원)

	2016	2017	2018	2019	2020
당기순이익	−5,568	8,019	−1,611	−6,228	−2,300

대한항공은 우리나라를 대표하는 거대 항공 기업이며, 2021년 3월 기준 약 9조 원의 시가총액을 가진 대형주입니다. 그러나 [표 1-1]에서 보듯이 최근 5개년도 중 4개년이나 당기순이익 적자를 보인 기업이기도 합니다. 이러한 기업을 재무 상태가 안정적인 우량주라고 보기는 어렵겠죠.

[표 1-2] 코웰패션 2016~2020년 당기순이익(단위: 억 원)

	2016	2017	2018	2019	2020
당기순이익	220	467	534	544	608

반면 코웰패션이라는 기업은 2021년 3월 기준 시가총액이 약 5000억 원으로 규모의 측면에서는 대한항공의 1/18 정도지만, 지속적인 흑자와 실적 성장세를 보이고 있어 재무안정성의 측면에서는 대한항공에 비해 더 우수한 기업이라고 평가할 수 있습니다. 대한항공과 코웰패션 중 대형주를 꼽으라고 한다면 정답은 대한항공이겠지만, 우량주를 꼽으라고 한다면 저는 주저 없이 코웰패션을 꼽을 것입니다.

비슷한 맥락에서 많은 초보 투자자들이 하기 쉬운 착각 중 하나가 '대형주는 안전하다'라는 생각입니다.

삼성엔지니어링은 2011년까지 우수한 실적 및 주가 흐름을 보였으며, 많은 투자자는 '삼성 그룹의 명성과 기업의 규모, 기존의 주가 흐름 등을 고려했을 때 삼성엔지니어링 주식은 안전하다'라고 생각했습니다. 그러나 2011

[그림 1-5] 삼성엔지니어링 주가 및 당기순이익 차트

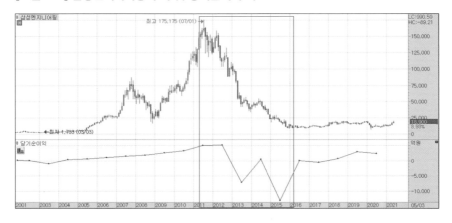

년 이후 실적과 주가는 급격한 하락을 보여 현재의 주가는 고점 대비 약 1/10 수준입니다. 많은 투자자의 기대는 착각이었던 것이죠.

기업의 규모와 주식의 안정성은 비례하지 않습니다. 기업의 규모가 우리를 보호해 줄 것이라는 착각은 버려야 합니다.

3 | 공모주

'공모'란 공개하여 모집한다는 의미입니다. 즉, 비상장 상태이던 기업의 주식을 코스피, 코스닥 등의 증권시장에 상장하여 일반인도 해당 주식을 손쉽게 거래할 수 있게끔 기업을 공개해 자금을 모은다는 의미입니다.

공모주는 주식이 증권시장에 새로이 상장될 때 청약을 통해 일반 투자자들에게 배정되는 주식을 의미합니다. 보통 주식시장이 상승장으로 분위기가 좋을 때 공모주에 대한 열기 역시 뜨거워지는 경향이 있습니다.

[그림 1-6] SK바이오팜 및 하이브 상장 직후 주가 차트

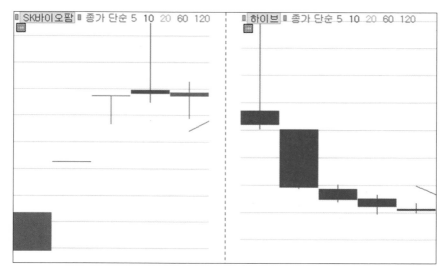

공모주 매매의 경우 [그림 1-6] 중 왼쪽의 SK바이오팜에서처럼 단기간 급등하는 성과를 거둘 수도 있지만, 반대로 오른쪽의 하이브처럼 급격한 하락을 맞게 될 수도 있습니다. 상장 직후의 기업들은 분석에 활용할 만한 주가와 실적 데이터들이 많지 않고 변동성이 큰 편이기 때문에, 초보 투자자라면 가급적 공모주 혹은 상장 직후의 기업들보다 상장한 지 2년 이상 지난 기업들 위주로 매매할 것을 권합니다.

4 | 가치주·성장주

가치주는 실적이나 자산 등 기업이 가진 가치에 비해 가격, 즉 시가총액이 낮게 형성되어 있는 저평가 주식을 뜻합니다. 가령 어떤 기업이 150억 원가량의 현금을 가지고 있고 부채도 없는데 시가총액 100억 원에 거래되고 있다면, 이 기업에 100억 원을 투자하여 기업 전체를 매입해 버리면 즉시 150억 원가량의 현금을 얻을 수 있다는 의미이니 이 주식을 저평가 상태의 가치주라고 부를 수 있을 것입니다.

성장주는 말 그대로 성장성이 좋은 기업의 주식을 뜻합니다. 가령 어떤 기업의 실적이 매년 10%씩 꾸준히 성장한다면, 이 기업의 주식을 성장주라고 부를 수 있을 것입니다.

성장주라고 불리는 주식들은 대체로 시장의 주목을 받고 인기가 많기 때문에 그만큼 높은 주가에 거래되는 경우가 많습니다. 이 때문에 가격을 강조하는 가치주라는 단어와 성장을 강조하는 성장주라는 단어는 서로 반대 개념으로 보는 경우가 많습니다. 그러나 투자를 하다 보면 간혹 성장성이 있으면서 주가 역시 합리적인 주식들을 발견하기도 하는데, 이러한 '가치성장주'들은 매우 훌륭한 투자 기회를 주는 팔방미인 주식이 됩니다.

가치주와 성장주에 관해서는 이후에 더 자세히 다루도록 하겠습니다.

5 | 경기민감주·경기방어주

모든 기업은 경기의 영향을 받습니다. 다만 어떤 기업들은 상대적으로 경기 변동에 민감하고, 다른 어떤 기업들은 경기 변동의 영향을 덜 받습니다. 경기 변동에 민감하게 반응하는 주식들을 경기민감주라고 하고, 경기가 나쁠 때 상대적으로 타격을 덜 받는 주식들을 경기방어주라고 합니다.

일반적으로 제품의 단위당 가격이 높은 사업을 하는 기업들이 경기의 영향을 크게 받는 편입니다. 경기가 안 좋을 때 사람들은 가장 먼저 자동차, 가전제품, 항공(여행) 등 고가 제품의 소비를 줄이는 경향이 있기 때문입니다. 정유나 화학, 철강 같은 원자재 사업 역시 최종 제품 소비 정도에 따라 큰 영향을 받기 때문에 경기민감주에 속합니다.

반대로 전력이나 도시가스 같은 공공재나 식료품, 의약품처럼 단위당 제품 가격이 낮은 필수소비재의 경우 경기의 영향을 거의 받지 않는 경기방어주에 속합니다. 담배 업종도 경기가 안 좋을 때 오히려 소비가 늘기도 하는 경기방어주의 일종입니다.

경기가 좋고 주식시장이 활황일 때는 경기방어주에 비해 경기민감주가 우수한 성과를 기록합니다. 반대로 경기가 불황이고 주식시장이 하락기일 때는 경기방어주가 우수한 성과를 보이게 됩니다. 이 점을 인지하고 경기방어주와 경기민감주를 적절히 섞어 포트폴리오를 구성한다면 경기 변동에 따른 영향을 최소화하며 안정적으로 포트폴리오를 운용할 수 있습니다.

[그림 1-7] 서브프라임 모기지 사태 전후 주가 차트

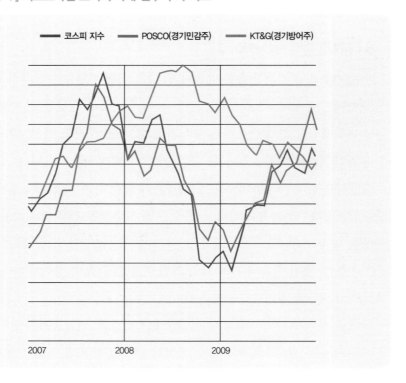

위의 [그림 1-7]을 보면 2008년 금융 위기 당시 실제로 경기방어주인 KT&G(담배)가 경기민감주인 POSCO(철강)에 비해 주가 방어를 잘 해내는 것을 확인할 수 있습니다.

6 | 테마주 · 작전주

테마주는 증권시장에 영향을 주는 큰 사건이 일어났을 때 그 주제(테마)와 관련하여 한꺼번에 움직이는 여러 주식을 뜻합니다. 가령 정치권에서 남북 경협(남한과 북한 간 경제 협력)과 관련된 활발한 움직임이 일어날 경우 이를 통

해 수혜를 입을 수 있는 철도주, 건설주, 개성공단 입주기업 등 남북경협 테마주가 오른다든지, 대선이 다가오면 유력 대선 후보의 인맥이 회사의 임원으로 있는 인맥 관련주나 해당 후보의 정책으로 수혜를 입을 수 있는 정책관련주 등 대선 테마주가 움직인다든지 하는 식입니다.

작전주는 세력주라고도 불립니다. 주가 흐름에 큰 영향을 미칠 수 있는 정도의 자금력을 가진 큰손(세력)이 주가를 움직여 단기간에 큰 폭의 시세차익을 취하려는 작전이 이루어지는 주식을 뜻합니다. 아마 이러한 내용을 다룬 영화 등을 한 번쯤은 접한 바 있으리라 생각합니다.

테마주와 작전주는 단기간에 엄청난 폭의 급등을 보이기도 하므로 특히 초보 투자자들은 이러한 유혹에 휩싸이기 쉽습니다. 그러나 이러한 테마주,

공모주 청약과 따상

신규 상장한 종목이 첫 거래일에 공모가 대비 2배의 시초가를 형성한 뒤 상한가까지 올라 마감하는 것을 '따상'이라고 합니다. 이 경우 주가는 하루 만에 공모가 대비 160% 상승하게 됩니다. [그림 1-6]에서 살펴본 SK바이오팜이 대표적인 따상 성공 사례입니다.

하이브처럼 주가가 상장 직후 하락하더라도 시장에서 뜨거운 관심을 받는 공모주들은 여전히 공모가보다는 높은 가격에서 거래되기 때문에 청약한 물량들에 대해 손실을 볼 가능성은 낮습니다. 그러나 공모주 청약은 수천만 원을 예치해야만 겨우 1주를 배정받는 등 투자 효율성이 떨어집니다. 근래 공모주 청약 투자 수익률은 CMA 이자와 크게 다를 바 없는 정도입니다. 따라서 어떤 공모주 청약에 얼마를 넣어서 얼마를 벌었다더라 하는 주변의 말에 너무 휘둘릴 필요가 없습니다.

작전주 중 대부분은 실적과 재무 상태가 불량하고 해당 테마에 대한 실체 없이 소문으로만 움직이는 초 고위험 주식들입니다. 일시적으로는 이러한 초 고위험 매매를 통해 높은 수익을 거둘 수 있을지도 모르나, 장기적으로 봤을 때 이러한 매매 습관은 파멸적인 결과로 이어지게 될 가능성이 매우 큽니다. 감당 가능한 리스크까지만 짊어지고 투자를 할 수 있도록 과도한 욕심은 버리고 올바른 투자 마인드를 확립하는 것이 중요합니다.

⑤ 주식시장의 참여자들

[그림 1-8] 삼성전자 수급 동향

일자	현재가	전일비	거래량	개인	외국인	기관계	금융투자	보험	투신	기타금융	은행	연기금등	사모펀드
누적순매수	+1,150,532	-433,562	-828,568	+4,552	-75,252	-19,041	-1,296	-8,408	-728,968	-155
21/06/25	81,600 ▲	400	13,481,405	-138,581	-57,625	+200,221	+160,416	-185	+8,432	+136	-1,059	+20,440	+12,041
21/06/24	81,200 ▲	1,100	18,771,080	-150,691	-2,708	+154,521	+136,015	+2,041	+29,999	+144	-346	-2,160	-11,174
21/06/23	80,100 ▲	100	13,856,548	+91,978	-25,290	-68,079	+18,865	+1,897	-27,491	+108	-1,704	-46,363	-13,390
21/06/22	80,000 ▲	100	11,773,365	+86,389	-60,970	-53,984	-14,643	-13,548	+381	-38	-80	-23,801	-2,255
21/06/21	79,900 ▲	600	16,063,340	+607,836	-340,607	-261,525	-160,117	-5,097	-1,979	-302	-546	-80,353	-13,132
21/06/18	80,500 ▲	400	14,916,721	+397,706	-450,211	+43,437	+66,956	-16,076	+5,224	-58	-390	-10,933	-1,297
21/06/17	80,900 ▼	900	14,007,385	+348,151	-178,612	-173,861	-128,833	+991	-9,095	+33	+658	-29,103	-8,512
21/06/16	81,800 ▲	900	14,999,855	-229,292	+228,496	-7,686	-3,274	-3,645	-1,394	+223	-649	-3,076	+4,127
21/06/15	80,900 ▲	400	10,075,685	+32,576	+35,557	-69,391	-32,818	-5,008	+24,781	-190	-3	-47,564	-8,589
21/06/14	80,500 ▼	500	10,550,078	+263,179	-80,562	-185,793	-76,452	-1,610	-11,401	+2,203	+87	-83,581	-15,038
21/06/11	81,000	0	14,087,952	+247,790	-244,348	-39,036	+999	+5,191	-8	+17	+313	-44,824	+276
21/06/10	81,000 ▼	100	17,586,995	+158,726	+198,767	-358,404	-217,189	-2,900	-36,399	-86	-6	-114,364	+12,539
21/06/09	81,100 ▼	800	14,908,823	+178,506	+42,550	-232,602	-93,482	-4,568	-18,920	+318	-352	-93,280	-22,318
21/06/08	81,900	0	12,781,226	-5,422	-85,370	+89,564	+110,024	-1,952	+1,498	-2,141		-20,246	+2,382
21/06/07	81,900 ▼	300	16,495,197	+119,781	-119,133	-5,287	+35,589	-44	-1,399	-1,352	-68	-40,084	+2,070

주식시장에는 다양한 부류의 투자자가 존재합니다. 특정 주식을 어떤 부류의 투자자가 사고팔았는지에 대한 정보 역시 투자에 활용할 수 있습니다. 해당 정보를 어떻게 확인할 수 있는지는 이후에 살펴보기로 하고, 주식시장에 어떤 매매 주체들이 참여하는지에 대해 알아보겠습니다.

1 | 개인 투자자

아마 대부분의 독자들이 여기에 해당할 것입니다. 속칭 개미라고도 불리는 개인 투자자입니다. 예전에는 개인 투자자 하면 정보도, 자금력도, 투자 실력도 부족하여 항상 기관과 외국인 투자자들에게 휘둘리는 수동적인 이미지가 강했지만, 최근(특히 코로나19 사태 이후)에는 스마트 개미, 동학개미운동 같은 신조어들이 생겨날 정도로 개인 투자자가 적극적이고 능동적으로 변모하여 주식시장을 주도해 나가는 모습을 보이고 있습니다.

2 | 기관 투자자

개인의 자격이 아닌 법인의 형태로 증권시장에 참여하는 투자자들을 뜻합니다. 기관 투자자의 세부 분류는 다음과 같습니다.

[표 1-3] 기관 투자자의 종류

금융투자	증권사, 자산운용사 등이 고유자산(회사자산)으로 투자
투신(투자신탁)	증권사, 자산운용사 등이 고객자산으로 투자(주로 펀드)
사모펀드	펀드 중에서 공모가 아닌 사모(소수의 투자자를 대상으로 자금을 모집)의 방식으로 설정된 펀드의 경우 사모펀드로 따로 분류
은행	은행이 고객의 예금을 운용하여 투자
보험	보험사가 고객의 보험금을 운용하여 투자
연기금	각종 연금 및 기금의 운용에 따른 투자
기타금융	새마을금고, 저축은행 등 기타 금융기관

3 | 외국인 투자자

말 그대로 우리나라 주식시장에 투자하는 외국인 투자자들을 뜻합니다. 외국인 투자자들의 국내 주식 보유 비중은 30%를 웃도는 수준이며 그만큼 외국인은 국내 증시에서 큰 영향력을 행사하는 매매 주체입니다. 상대적으로 매매에 있어 환율의 영향을 크게 받는다는 특징이 있습니다(원화 가치가 높아지면 환차익을 기대하는 외국인 투자 자금이 국내로 유입됨).

4 | 기타법인 투자자

개인, 기관, 외국인이 3대 매매 주체이고 기타법인은 다소 마이너한 수급 주체라고 볼 수 있습니다. 금융업과 관련이 없는 일반 기업들도 주식을 매매할 수 있는데, 이들의 거래가 기타법인의 거래로 기록됩니다.

5 | 내외국인 투자자

이 역시 마이너한 수급입니다. 기타외국인으로 표시되기도 하는데, 우리나라에 6개월 이상 거주하고 있는 외국인을 뜻합니다. 대부분은 개인 투자자입니다.

많은 투자자가 기관과 외국인에 대한 일종의 환상을 가지고 있는 것 같습니다. 기관과 외국인 투자자가 그들의 네트워크를 활용한 방대한 미공개 정보를 무기로 개인 투자자들을 찍어 누른다는 식의 생각 말이죠. 사실 그들이라고 해서 개인 투자자들은 알 수 없는 특별한 정보를 가지고 있는 것은 아닙니다. 더 깊이, 더 철저히 기업을 분석하고 자료들을 수집할 뿐이죠. 미공개 정보, 내부자 정보를 이용한 투자는 범죄 행위로서 증권 당국이 이를 철저히 감시하고 있으며, 우리나라는 전자공시시스템이 발달해 있어 개인 투자자들도 조금만 노력을 기울이면 양질의 정보를 충분히 취득할 수 있습니다. 더군다나 날이 갈수록 개인 투자자들도 스마트해지고 있고, 이제는 도리어 기관 투자자가 개인 투자자들의 생각을 알아보기 위해 유튜브 등을 찾아보기도 한다고 합니다. 그러니 처음부터 주식투자에 너무 겁먹지 말고, 계속해서 공부를 이어 나가면 좋겠습니다.

최초의 주식회사

16세기 유럽을 대표하는 키워드는 '대항해 시대'입니다. 콜럼버스, 마젤란 등이 활약하며 적극적으로 신항로를 개척하고 신대륙을 발견하던 시기입니다. 신항로 개척, 신대륙 발견이 성공적으로 이루어진다면 교역을 통해 막대한 부를 거머쥘 수도 있었지만, 엄청난 자본과 시간의 투하가 필요한 장거리 항해의 특성상 실패할 경우 피해 역시 막대했습니다.

이러한 특성과 함께 신항로 개척의 발목을 잡은 것이 '무한책임제도'입니다. 쉽게 말해 채무자의 전 재산이 채무의 담보가 되는, 채무에 대하여 무한으로 책임을 지게 하는 제도입니다. 무한책임제도는 채무에 대한 부담이 너무 커지므로 투자자가 적극적으로 신항로 개척에 뛰어들지 못하게 하는 원인이 되었고, 결국 사회 전반의 생산성이 낮아지는 데 일조했습니다.

이러한 사회적 분위기에서 새로이 등장한 개념이 '유한책임제도'와 '주식회사'입니다. 유한책임이란 사업에 실패하더라도 투자자가 투자한 금액의 한도 내에서만 책임을 지게 하는 제도입니다. 유한책임의 개념을 갖는 최초의 주식회사가 바로 네덜란드의 동인도 회사입니다. 기존에는 어떤 사업에 1만 원을 투자했다가 사업이 실패할 경우 내가 투자한 1만 원을 초과하는 채무를 부담할 수도 있었다면, 네덜란드 동인도 회사의 주식에 투자할 경우 사업이 실패하더라도 1만 원짜리 주식이 0원이 될지언정 마이너스는 되지 않는다는 개념이었죠. 지금으로선 특별할 것이 없어 보이지만 당시에는 굉장히 혁신적인 개념이었고, 이것은 네덜란드 동인도 회사의 자본 확보에 엄청난 이점이 되었습니다.

세계 최초의 주식회사의 등장으로 자본 확보의 측면에서 엄청난 경쟁우위를 갖게 된 17세기 네덜란드는 신대륙 발견 경쟁에서 앞서갈 수 있었고, 당시 최고 강대국의 지위까지 확보하게 됩니다. 곧이어 최초의 증권거래소 역시 네덜란드 암스테르담에 생겨납니다.

막대한 자본 확보로 네덜란드가 앞서 패권을 확보할 수 있었지만, 네덜란드의 몰락에 큰 영향을 미친 것 역시 자본시장이었습니다. 성숙하지 못했던 자본시장에서는 정상적인 투자와 무분별한 투기를 구별하지 못했고 그 폐해 역시 알지 못했기 때문에 결국 네덜란드는 거품 경제로 인한 위기를 맞았고, 이후 세계 패권은 영국으로 넘어가게 됩니다.

네덜란드 동인도 회사의 역사는 우리에게 '주식투자와 성숙한 증권시장은 자본주의 사회의 꽃으로도 작용할 수 있지만, 증권시장이 과도한 열기와 무분별한 투기에 휩싸이면 그 결과는 개인은 물론 국가의 흥망에까지 영향을 미칠 정도로 파멸적일 수 있다'라는 교훈을 줍니다.

2 주식은 어디서 사고팔까?

INVESTMENT IN STOCKS

① 발행시장과 유통시장

　주식시장은 발행시장과 유통시장으로 나눌 수 있습니다. 앞서 잠깐 설명해 드렸던 공모주 청약과 신규 상장을 통해 기업이 새로이 주식을 발행하고 이 주식을 투자자들에게 판매함으로써 기업이 자금을 공급받게 되는 시장을 발행시장이라고 합니다. 그리고 이렇게 발행된 주식이 투자자들 사이에서 거래되는 시장을 유통시장이라고 합니다. 보통 우리가 주식시장이라고 하면 떠올리게 되는, 투자자들끼리 주식을 사고파는 시장은 유통시장입니다.

　기업들에 직접적으로 자금을 공급하는 역할은 발행시장이 담당하기 때문에 혹자는 유통시장은 기업과 사회에는 기여하는 바 없이 오로지 투자자들의 시세차익만을 위해 존재하는 시장이라며 유통시장의 역할을 과소평가하기도 합니다.

　그러나 투자한 자금을 수월하게 회수할 수 있게 하는 유통시장이 있기에 발행시장이 더욱 활성화될 수 있으며, 기업이 추가적인 사업 자금이 필요하여 추가적인 주식 발행을 통해 자금을 모집할 때도 유통시장의 가격을 기준으로 신주의 발행이 이루어지는 등 두 시장은 서로 밀접한 관계를 맺고 있습니다. 그러니 발행시장과 유통시장 그 어느 쪽의 중요성도 과소평가해서는 안 되겠습니다.

② 주가지수 알기

주가지수는 주식시장에 상장된 모든 주식의 주가 수준을 종합적으로 나타내는 지수입니다. 한국을 대표하는 주가지수로는 종합주가지수(코스피)와 코스닥 지수가 있습니다.

1 | 형님 코스피, 동생 코스닥

코스피 지수는 코스피 시장에 상장된 모든 주식의 시가총액을 합한 값을 기준 시점인 1980년 1월 4일의 100포인트와 비교하여 나타내는 값입니다. 현재 코스피 지수가 3,000포인트라면 기준 시점인 1980년 1월 4일에 비해 코스피 시장 전체 시가총액이 30배로 늘어났다는 의미입니다.

코스닥 지수는 코스피와는 별개의 시장인 코스닥 시장에 상장된 모든 주식의 시가총액을 합한 값을 기준 시점인 1996년 7월 1일의 1,000포인트와 비교하여 나타내는 값입니다. 처음에는 코스닥 지수 역시 기준 지수를 100포인트로 놓고 산출하였으나 2003년 코스닥 지수가 30포인트대까지 떨어지게 되자 낮은 주가지수가 대외 증시 이미지에 타격을 줄 수 있다는 주장이 제기

되며 기준 지수를 1,000포인트로 수정하게 되었습니다.

코스피와 코스닥의 차이는 기업의 규모에 따라 결정됩니다. 코스피 시장에는 상대적으로 규모가 큰 대기업 또는 중견기업들이 상장하는 반면, 코스닥 시장은 설립 목적 자체가 유망 중소·벤처기업들의 자금 조달을 돕는 것이기 때문에 자기자본 30억 원 이상이며 시가총액 90억 원 이상인 벤처기업과 중소기업들 위주로 구성되어 있습니다.

그 밖에 알아둬야 할 지수로는 코스피200 지수가 있습니다. 코스피 시장에 상장된 기업 중에서 시장 대표성, 업종 대표성, 유동성(거래량)을 고려하여 선정한 상위 200개 종목으로 나타낸 지수입니다. 코스피 상위 200개 종목을 지수로 나타낸 것이라고 이해하면 되겠습니다. 코스피200은 1990년 1월 3일을 기준 시점으로 하므로 수치 자체는 코스피 지수와 큰 차이가 있는 것처럼 보이지만, 코스피200 종목들의 시가총액이 코스피 전체 시가총액의 대부분

[그림 1-9] 코스피, 코스닥, 코스피200 지수

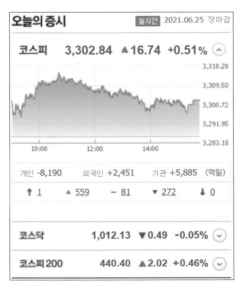

을 차지하기 때문에 코스피와 코스피200은 거의 동일하게 움직입니다.

2 | 변경 사항의 반영

만약 코스피 시장의 전체 시가총액이 100조 원인데 시가총액 1조 원짜리 기업 A가 코스피 시장에 새로이 상장하게 된다면 기업 A를 제외한 나머지 기업들의 시가총액에는 전혀 변화가 없음에도 코스피 지수는 기업 A의 상장으로 인해 1% 상승하게 되는 모순적인 상황이 발생하게 됩니다. 이처럼 신규 상장이나 퇴출 등으로 인하여 상장 주식 수에 변동이 생기는 경우 지수의 연속성이 유지될 수 있게끔 해당 변동의 영향을 최소화하는 기준 시가총액 및 현재 시가총액의 수정 작업이 이루어지게 됩니다.

3 | 코넥스, KSM, 비상장 주식 거래

모든 기업이 코스피나 코스닥 시장에 바로 상장할 수 있는 것은 아닙니다. 특정 상장 요건을 충족시킨 기업들만이 상장을 할 수 있는데요. 그렇다면 상장 요건을 충족시키지 못한 나머지 소규모 기업들은 자금 조달의 어려움으로 인해 도태될 가능성이 커질 것입니다. 이러한 문제점을 해결하기 위해 한국거래소(KRX)에서 새롭게 출범한 시장이 코넥스와 KSM입니다. 해당 시장에 대해서는 상장 요건을 대폭 완화하여 기술력 있는 중소·벤처기업들을 육성하겠다는 의도입니다. 기업의 성숙도를 기준으로 했을 때 KSM < 코넥스 < 코스닥 < 코스피 순의 부등호로 기업의 성장 단계를 나타낼 수 있겠습니다.

코넥스와 KSM 시장의 경우 사업 초기의 기업들에 투자하는 시장인 만큼 높은 투자 수익을 기대할 수 있지만 그만큼 높은 리스크를 내포하고 있는 시

[그림 1-10] KRX 기업 맞춤형 상장사다리 체계

출처: 코넥스 협회

장이기도 합니다. 따라서 코넥스 시장은 일반 투자자의 경우 3000만 원 이상을 예탁하여 어느 정도의 위험 감수 능력을 갖춘 투자자들만 시장에 참여할 수 있도록 제한을 두고 있습니다.

한편 코넥스와 KSM 시장에도 속하지 않는 비상장 기업들도 다수 존재합니다. 최근에는 이러한 비상장 주식에 대한 관심 또한 커지고 있습니다. 비상장 주식은 거래소를 거치지 않고 투자자들끼리 거래하면, 최근에는 비상장 주식 거래를 중개해 주는 플랫폼들도 여럿 등장하고 있는 상황입니다. 그러나 비상장 주식에 대한 투자는 정보 취득이 제한적이고 변수가 많아 투자 위험이 상당히 큰 편입니다. 적당한 위험이 있는 상장 주식들로도 충분히 만족스러운 투자 수익을 거둘 수 있으니 위험도가 매우 높은 비상장 주식에는 가급적 관심을 두지 마시길 바랍니다.

③ 이웃 나라의 주식시장

당연히 해외에도 주식시장이 있습니다. 미국, 중국, 일본의 다양한 주가지수와 그 특징을 살펴보겠습니다.

1 | 미국

■ S&P500, 나스닥

S&P500과 나스닥은 한국으로 치면 각각 코스피, 코스닥에 해당합니다. 기본적으로 S&P500이 미국 전체 주식에 대한 더 높은 대표성을 가지고 있지만 최근에는 페이스북, 애플, 아마존, 구글 등 IT 기업들의 덩치가 커지고 지위가 높아짐에 따라 이러한 IT주들이 다수 상장된 나스닥 시장의 입김 역시 강해지고 있습니다.

미국 주식시장은 세계에서 가장 선진화된 자본시장으로서 개방성, 회계 투명성, 주주환원 정책 등의 측면에서 최고 수준의 성숙도를 보이는 시장입

[그림 1-11] S&P500 지수 차트(1998~2021년)

니다. 이러한 강점들에 힘입어 S&P500으로 대표되는 미국 주식시장은 꾸준히 주가가 우상향하는 모습을 보여 왔습니다. 최근에는 한국 투자자들 사이에서도 미국 주식에 대한 정보를 예전보다 훨씬 수월하게 얻을 수 있게 되었습니다. 해외 주식투자에 관심이 있다면 가장 선진화되고 안정적인 미국 주식부터 시작할 것을 권합니다.

■ 다우 존스 산업평균 지수

다우 존스 산업평균 지수(이하 다우 지수) 역시 미국 증시를 대표하는 주가지수 중 하나입니다. 다우 지수의 경우 코스피, 코스닥, S&P500, 나스닥 등과는 계산 방식에서 차이를 보입니다. 코스피 등 대부분의 주가지수는 전체 시가총액을 기준으로 계산되는 반면, 다우 지수는 수정 주가 평균 방식을 통해 산출됩니다. 지수 구성 종목들의 전체 시가총액이 아니라 주가의 평균을 활용하여 지수를 산출하는 방식입니다.

그러나 1만 원짜리 주식 1주가 1,000원짜리 주식 20주보다 크지 않듯, 수정 주가 평균 방식은 시가총액 방식에 비해 지수에서 특정 종목이 차지하는 비중을 제대로 반영하지 못한다는 단점이 있습니다. 또한, 다우 지수는 구성 종목의 수가 30개밖에 되지 않아 미국 주식 전체를 대표한다고 보기는 어렵습니다. 때문에 다우 지수의 실효성은 S&P500이나 나스닥 지수에 비해 다소 떨어진다는 평가를 받습니다.

2 | 중국

■ 상해종합, 선전(심천)종합

상해종합지수는 한국으로 치면 코스피, 선전종합지수는 코스닥으로 볼 수 있습니다. 상해종합지수는 금융, 에너지, 산업재 등 전통 산업 위주로 구성되었으며 선전종합지수는 중·소형주와 기술주 위주로 구성되어 있습니다.

■ 홍콩 항생

상해종합지수와 선전종합지수는 중국 본토 지수라고 하며 이와는 별개로 홍콩 지수가 존재합니다. 홍콩 증권거래소는 주로 외국인 투자자가 폐쇄적인 중국 주식시장에 우회적으로 투자하기 위해 이용하던 거래소입니다. 최근에는 본토 시장이 많이 개방되어 예전과 비교하면 그 위상이 다소 떨어졌다고는 하지만, 여전히 홍콩 거래소와 이를 대표하는 홍콩 항생 지수는 중국과 세계의 주요 주식시장 중 하나로 꼽히고 있습니다.

매우 빠른 속도로 GDP가 성장하는 중국과 중국 주식시장은 특히 성장성 측면에서 매력적인 시장인 것은 분명합니다. 그에 반해 회계 신뢰성, 금융정책 등의 측면에서 시장 성숙도가 낮아 아래 차트에서도 알 수 있듯이 굉장히

[그림 1-12] 상해종합 지수 차트(2005~2021년)

큰 변동성을 지닌 시장입니다. 따라서 중국의 성장만을 보고 덜컥 중국 증시에 투자하는 것은 위험할 수 있습니다.

3 | 일본

■ 닛케이225

일본을 대표하는 주가지수는 닛케이225입니다. 닛케이225는 다우 지수처럼 수정 주가 평균 방식을 통해 산출됩니다.

[그림 1-13] 닛케이225 지수 차트

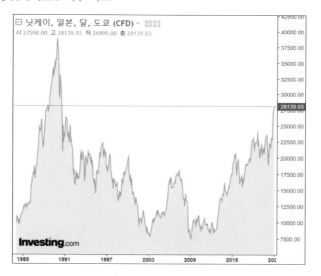

일본 증시 하면 떠오르는 단어는 '잃어버린 20년'입니다. 1990년대 버블 붕괴 이후 20년이 넘는 기간 동안 일본 증시는 저성장의 늪에서 헤어 나오지 못했습니다. 그러나 아베노믹스를 실시한 이후 주식시장에 훈풍이 도는 등 조금 변화된 흐름을 보이고 있습니다. 미국, 중국과는 여전히 꽤 차이가 벌어져 있지만 그럼에도 세계 3위의 경제 대국인 일본은 여전히 저력을 가지고 있는 국가이며, 최근의 주가 흐름 역시 다시금 상승 추세를 보입니다. 그러나 100주 단위 거래 제도 등 제약 요인들이 있어 한국의 개인 투자자가 참여하기에는 어려움이 많은 시장입니다.

코스피와 해외 지수의 상관관계?

[그림 1-14] 코스피와 해외 지수의 상관계수

코스피와의 상관계수	
2020.1.1 ~ 2020.12.31	
S&P500	0.8553
홍콩 항셍	0.7743
닛케이225	0.8043

구글 스프레드시트를 활용하면 다양한 투자 자산 간의 상관관계를 계산할 수 있습니다. 위 그림은 제가 직접 2020년 코스피와 해외 주가지수들(S&P500, 홍콩 항셍, 닛케이225) 간의 상관계수를 계산한 결과입니다(환율은 고려하지 않음).

상관계수가 1에 가까울수록 두 자산은 같은 방향으로 움직이며, -1에 가까울수록 역방향으로 움직인다는 의미입니다. S&P500, 홍콩 항셍, 닛케이225 모두 코스피와 0.7이 넘는 상관계수를 보였는데, 이는 세계화와 글로벌 증시 동조화에 따라 코스피와 해외 지수들이 서로 영향을 주고받으며 유사한 방향으로 움직이고 있다는 것을 의미합니다.

어떤 투자자들은 다양한 투자 자산 간의 상관관계를 파악하여 분산이 잘 이루어진(자산이 서로 다르게 움직일수록, 즉 상관계수가 -1에 가까울수록 분산 효과가 높음) 포트폴리오를 구성하기도 하는데, 이를 '자산배분'이라고 합니다.

국내 주식과 해외 주식 간에는 상관계수가 높은 편이라 분산 효과가 크지는 않지만 상관계수가 1이 아닌 이상 분산 효과는 조금이라도 발생하며, 환율을 고려한다면 이러한 상관계수는 조금 더 낮아질 수 있습니다. 따라서 여러 국가의 주식들로 포트폴리오를 구성하는 것이 꾸준히 좋은 성과를 올리는 데 도움이 됩니다.

참고로 채권, 금 등 다른 종류의 자산들과 주식 사이에는 더 큰 분산 효과가 발생하기 때문에 다양한 자산들로 포트폴리오를 구성할수록 포트폴리오의 안정성을 더욱 높일 수 있습니다. 10장에서 살펴볼 ETF를 활용하면 더욱 쉽게 자산배분을 실천할 수 있습니다.

3 주식투자 성공 키워드 네 가지

　단기적으로는 운만 좋아도 주식시장에서 높은 수익을 거둘 수 있겠지만 장기적으로는 실력이 뒷받침되는 투자자만이 성공을 거둘 수 있습니다. 이번 파트에서는 주식투자에서 성공을 거두기 위해 반드시 알아야 할 네 가지 키워드에 대해 살펴보겠습니다.

> ① 다양한 투자의 유형
> ② 투자를 망치는 편향과 오류
> ③ 사이클 이해하기
> ④ 합리적인 목표 수익률

① 다양한 투자의 유형

　주식시장에는 다양한 유형의 투자자가 있습니다. 성공적인 투자를 위해 가장 먼저 해야 할 일은 자신이 어떤 성향을 가지고 있으며 어떠한 유형의 투자를 지향해야 하는지 파악하는 일입니다.

■ 스캘핑, 데이 트레이딩, 스윙 트레이딩

스캘핑, 데이 트레이딩, 스윙 트레이딩은 모두 주가 차트와 투자자들의 심리 분석을 통해 단기간에 시세차익을 얻으려는 매매 유형입니다. 세 유형 모두 단기간에 이루어지는 매매 방식이지만 각각 주식 보유 기간에 차이가 있습니다. 분 단위로 거래하며 하루에도 수십수백 번 거래하는 박리다매식 매매를 스캘핑, 주식 보유 기간이 하루를 넘지 않는 매매를 데이 트레이딩, 이들보다 조금 더 오랜 기간(짧으면 며칠, 길면 몇 주) 주식을 보유하는 매매를 스윙 트레이딩이라고 합니다.

한 가지 주목해야 할 점은 이들의 정확한 명칭이 데이 투자, 스윙 투자가 아니라 데이 트레이딩, 스윙 트레이딩이라는 것입니다. 즉, 이 매매 방식은 기업의 본질인 사업 내용 분석에 초점을 맞추기보다는 주가 변동 자체(차트)에 초점을 맞춥니다. 따라서 이런 매매 방식은 투자라기보다는 트레이딩, 매매, 승부 등의 표현이 적절하고, 승부사적 기질을 타고난 극소수의 플레이어들만이 해당 방식을 통해 성공을 거둘 수 있습니다. 본인이 타인의 심리 파악과 대담한 승부에 능하다고 생각한다면 이러한 유형의 매매에 대해 공부하는 것도 좋을 것입니다. 단기간에 높은 수익을 얻을 수도 있어 많은 투자자가 관심을 갖지만, 위험성과 그에 따른 정신적 소모 역시 매우 크다는 점에서 대다수 일반인에게는 권하고 싶지 않은 방법입니다. 카지노에서도 소수의 승부사는 돈을 벌 수 있겠지만 대부분의 사람은 잃게 되는 것과 마찬가지입니다.

■ 성장주 투자

말 그대로 성장성이 높은 기업을 찾아 투자하는 방식입니다. 기업이 성장하면 주가도 오른다는 논리에 근거하며, 사업 내용과 실적 추이 등을 분석하여 기업의 향후 성장성을 파악하려고 노력하는 투자 방식입니다. 개인적으로는 기업의 성장성이 중요하다는 전반적인 골조에는 동의합니다만 성장성만을 고려하는 것에는 한계가 있다고 생각합니다. 우리가 다 좋아하는 음식인 한우 꽃등심과 자장면 중에서 어떤 것이 더 비싼가요? 한우 꽃등심이 고급 음식이죠. 그러나 가격이라는 요소 때문에 항상 한우 꽃등심만 사 먹을 수는 없습니다. 투자에서도 성장성이라는 키워드에만 몰두하여 너무 비싼 가격에 성장주를 사는 것보단 차라리 평범한 주식을 저렴한 가격에서 사는 것이 좋은 결과를 가져다줄 수 있습니다.

■ 가치투자

기업의 실적, 재무 상태 등으로 대변되는 기업의 가치에 초점을 맞추고, 이러한 가치에 비해 저렴한 가격에 거래되는 주식들에 투자하는 유형입니다. 성장 가치도 가치에 포함되기 때문에 성장주 투자 역시 가치투자의 일종이 될 수도 있지만, 가치투자자들은 항상 가치와 가격을 함께 고려한다는 특징이 있습니다. 성장주도 적당한 가격에 사야 좋은 투자가 될 수 있고, 평범한 기업들은 더욱 싼 가격에 사야 좋은 투자가 될 수 있는 것이죠. 가치투자에 대해서는 7장에서 자세히 설명하도록 하겠습니다.

■ 특수상황 투자

인수합병, 기업분할, 유상증자 등 특수한 사건들과 이에 따른 주가 변동을 활용해 투자 기회를 찾는 유형입니다. 기업과 주가, 특수상황에 대한 충분한 이해도를 가지고 있는 투자자들만이 성공을 거둘 수 있기 때문에 아주 높은 난이도의 투자 방식이라고 볼 수 있습니다. 다양한 특수상황들에 관해서는 이 책의 5장에서 다루도록 하겠습니다.

■ 인덱스 투자

특정 종목을 골라 투자하는 것이 아니라 주가지수 전체에 투자하는 것을 인덱스 투자라고 합니다. 개별 종목을 분석하는 데 시간을 들이지 않아도 되고 투자자의 실력에도 크게 영향 받지 않는 투자법이라는 점에서 장점이 있습니다. ETF나 인덱스 펀드를 활용하면 해당 방식의 투자를 할 수 있습니다. 더 자세한 내용은 10장에서 다루도록 하겠습니다.

② 투자를 망치는 편향과 오류

인간의 본성은 많은 약점을 가지고 있고, 이에 기인하는 여러 편향과 오류들은 합리적인 투자를 방해합니다. 좋은 투자를 위해서는 이러한 편향과 오류들을 인지하고 항상 경계할 필요가 있습니다.

■ 초심자의 행운

과학적으로 설명하기는 어렵지만 유독 초심자들에게 운이라는 요소가 긍정적으로 작용하는 경우가 많습니다. 이를 초심자의 행운이라고 합니다. 투자는 운과 실력의 방정식이기 때문에 투자를 시작하고 한동안은 이러한 초심자의 행운에 힘입어 좋은 성과를 거둘 수도 있을 것입니다. 그러나 이러한 성과에 취해 본인의 실력을 과신한다면 위험한 투자와 큰 손실로 이어질 수 있습니다. 초심자의 행운이 언제까지나 지속되는 것은 아닙니다. 주식시장에선 단기적으로는 운이, 장기적으로는 실력이 성과의 주된 요인으로 작용한다는 사실을 명심해야 합니다. 언제나 겸손한 마음으로 배우는 자세를 가지고 보수적인 투자를 이어 나가야만 오랜 기간 주식시장에서 살아남을 수 있습니다.

■ 확증편향

확증편향이란 자신의 판단에 부합하는 정보만을 수용하고 그 외의 정보는 무시하는 것, 즉 보고 싶은 것만 보는 심리적 편향을 의미합니다. 한번 어떤 기업을 좋게 평가하게 되면 그 이후에는 확증편향이 작용하여 그 기업의 좋은 면만을 보게 될 가능성이 큽니다. 이렇게 균형을 잃어버리면 기업이 가진 리스크 요인들은 놓치게 됩니다. 어떤 주식을 평가하려고 할 때는 완벽한 주식은 없다는 사실을 인지하고, 항상 좋은 면과 나쁜 면을 균형감 있게 바라보도록 노력해야 합니다. 좋은 뉴스만 받아들이지 말고 리스크 요인에는 어떤 것들이 있는지도 꼼꼼히 살펴보며 확증편향을 경계하려는 노력이 필요합니다.

■ 정박 효과

정박 효과란 배가 닻을 내리면 움직이지 않는 것처럼 특정 시점이나 숫자가 기준점으로 작용하여 이후의 판단에서도 이 기준점에서 벗어나지 못하는 심리적 오류를 뜻합니다. 가령 1만 원에 매수한 주식이 9,000원으로 떨어진 상황에서 매수가인 1만 원이 기준점이 되어 팔아야 할 상황에서도 팔지 못한다든지, 1만 원에 매수한 주식이 2만 원으로 올라 2만 원이 새로운 기준점이 되었을 때 주가가 1만 5,000원으로 다시 떨어지면 실제로는 50%의 수익을 기록하고 있음에도 심리적으로 2만 원 대비 손실을 보고 있다고 느낀다든지 하는 것들이 정박 효과에 해당합니다. 지나간 사랑을 오래 잊지 못하면 정상적인 생활에 어려움을 겪을 수 있듯 이전의 가격을 잊지 못하는 것은 투자에서 큰 걸림돌로 작용할 수 있습니다. 좋은 투자를 위해서는 항상 이전의 가격이 아니라 현재의 가격을 기준으로 해야 하며, 현재의 가격이 싼지 비싼지만을 판단하여 투자 결정을 내릴 필요가 있습니다.

■ 군중심리

많은 사람이 모이는 주식시장에서는 군중심리가 작용하기 쉽습니다. 인간 본성상 사람들은 다수와 반대되는 결정을 내리는 것을 두려워하고, 이에 따라 다수의 의견에 쉽게 휘둘리게 됩니다. 그래서 남들이 많이 사는 시점, 즉 주가가 오르는 시점에는 남들을 따라서 사고, 남들이 많이 파는 시점, 즉 주가가 내려가는 시점에는 남들을 따라서 파는 식으로 투자 결정을 내리기 쉽습니다. 그러나 이처럼 다른 사람들의 의견에 휘둘려 스스로가 냉철한 판단을 내리지 못한다면 우수한 성과를 거두기는 어렵습니다. 군중심리에 휩쓸려 남들을 따라하는 투자보다는 오히려 다수에 역행하는 방향으로 투자하는 역발상 투자가 좋은 성과를 가져다주는 경우가 많습니다. 중요한 것은 투자자 스스로가 직접 투자 대상을 분석하고, 이에 관한 판단을 내릴 수 있어야 한다는 점입니다.

③ 사이클 이해하기

경기, 업황, 주가 등 거의 모든 경제 요소들은 각자 저마다의 사이클을 가지고 있습니다. 경기에도 호황과 불황이 있듯 주식시장에도 과열기와 침체기가 있지요. 좋은 투자를 위해서는 경제 요소들의 사이클에 대해 이해하고 있어야 합니다.

[그림 1-15] 사이클의 과열과 침체

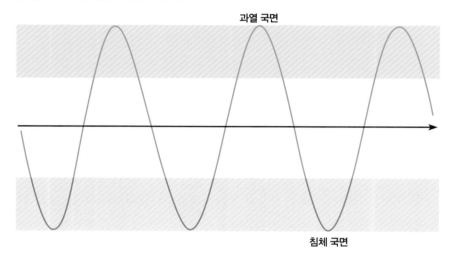

주가 상승기가 시작되면 군중심리가 작용하여 한동안 매수세가 강화됩니다. 그러나 상승의 열기가 너무 과열되고, 투자자가 하나둘 비싸진 주가에 의문을 품기 시작하면 임계점을 지난 주가는 이내 하락 추세로 전환됩니다. 하락 추세로 접어든 주가는 한동안 하락을 이어가지만, 오랜 하락기를 거쳐 가격적인 메리트를 보이게 된 침체 국면의 주식들은 다시금 대중의 관심을 받게 되고 이내 주가 상승기로 접어들게 됩니다.

이렇듯 주식시장에서는 항상 상승과 하락, 과열과 침체가 반복됩니다. 따라서 현명한 투자자라면 단기간 너무 가파른 상승을 보인 주식들에 대해서는 뜨거운 열기에 가려져 있는 리스크 요인들은 없는지 꼼꼼히 점검하며 하락을 대비해야 하고, 반대로 침체되고 소외된 주식들에 대해서는 아직 시장의 주목을 받지 못하는 숨겨진 저력들은 없는지에 대해 관심을 기울이며 상승 시점을 잡기 위한 준비를 해야 합니다.

④ 합리적인 목표 수익률

대부분의 신규 투자자는 수익률에 대해 높은 기대를 가지고 주식시장에 들어옵니다. 아무리 주변에서 단기간에 높은 수익을 거뒀다 한들 초보자가 처음부터 너무 높은 수익률을 목표로 하다 보면 결국은 위험한 투자를 하게 됩니다. 고위험 투자는 금전적인 손실뿐만 아니라 일상까지 파괴할 수 있습니다. 온종일 모니터 위의 주가 그래프만 바라보고 잠을 설쳐 가며 스스로를 갉아먹는 일은 반드시 피해야 합니다.

따라서 투자를 시작하기 전에 합리적인 수익률이 어느 정도인지 알고, 그 정도의 기대치를 설정하는 것이 중요합니다. 처음에는 은행 이자보다 조금 높은 정도의 수익을 거두겠다는 마인드로 투자를 시작하는 것이 바람직합니다. 연 6~10% 정도가 가장 합리적인 기대 수준일 것입니다. 시간이 흐르고 실력이 쌓이다 보면 자연스레 이보다 높은 수익률을 달성할 수 있게 될 것이고, 그때가 되면 스스로가 본인의 투자 방식에 맞는 합리적인 수익률 목표치를 설정할 수 있을 것입니다.

SUMMARY

- 주식투자는 화폐 가치 하락으로부터 자산을 보호하고, 이를 초과하는 자산 증식을 얻을 수 있다.

- 주식시장에서 유통되는 주식은 보통주와 우선주가 있는데 차이점은 의결권의 유무와 배당률의 차이다.

- 한국의 주식시장은 크게 코스피와 코스닥이 있으며 코스피는 대기업, 중견기업 위주, 코스닥은 중소기업, 벤처기업 위주로 구성된다.

- 코스피와 코스닥에 상장하지 못한 소규모 기업들을 위한 시장이 있는데 코넥스, KSM 이다. 그 외에 비상장주식을 거래하는 곳도 있다.

- 인간의 본성과 편향이 투자를 망치는 원인이 될 수 있다. 확증편향, 정박 효과, 군중 심리 등을 경계해야 한다.

- 주식투자를 시작할 때 목표 수익률은 은행 이자보다 조금 높은 수준으로 잡는 것이 좋다.

세 가지만 지키면
주식투자에서 실패하지 않는다

저 역시 초보 투자자 시절이 있었고, 지금 생각해 보면 도대체 무슨 생각
으로 그런 매매를 했나 싶은 투자도 정말 많습니다.

[그림 1-16] 현대제철 주가 차트

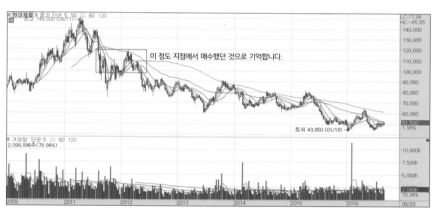

초보 시절의 실패담을 하나만 소개해 드리겠습니다. 저는 2011년 현대제
철 주식을 10만 원대 초반에 매수했다가 이후 주가가 반 토막이 나고서야 손
실을 감수하고 매도했던 경험이 있습니다. 별다른 투자 근거도 없이 매수했
다가 크게 혼쭐이 난 거죠.

이처럼 초보 시절 '그냥', '좋아 보여서'라는 이유로 덜컥 매매했던 개별 종

목 중에 큰 손실을 기록한 주식들이 더러 있습니다. 하지만 운이 좋았는지 전체 계좌 측면에서는 큰 위기를 겪지는 않았습니다. 아마 본능적으로 다음의 세 가지 원칙을 잘 지켜 투자한 덕분이라고 생각합니다.

1. 분산투자

현대제철에서는 큰 손실을 보기도 했으나, 현대제철만 몰빵하지는 않았습니다. 여러 종목들로 충분히 분산된 상태였지요. 현대제철처럼 손실을 안겨 준 종목도 있었지만 네이버나 SK하이닉스처럼 큰 수익을 안겨 준 종목도 있었습니다. 경험적으로는 10종목 내외로 분산된 포트폴리오를 구성하는 것이 가장 효과적이라고 생각합니다.

2. 여유자금 내에서 투자

단기간 내에 사용처가 정해진 자금을 투자에 활용했다면 손실을 보는 순간 심리 상태가 위축되고 악화되어 훨씬 더 잘못된 투자 판단을 내릴 가능성이 높습니다. 또한 장기간 보유하면 분명 주가가 오를 수 있는 기업임에도 특정 목적의 자금 활용을 위해 손실을 보고 주식을 매도해야 한다면 그에 따른 손실과 기회비용은 막대할 것입니다. 최소 3년 이상 특정한 사용처가 정해지지 않은 여유자금으로만 투자를 진행하기 바랍니다.

3. 장기 투자

만약 제가 어설픈 실력으로 단기 매매를 활발하게 진행했다면 늘어난 매매 횟수에 비례하여 손실 역시 커졌을 것이라 생각합니다. 초보 투자자일수록 짧은 시간 내에 이것저것 매매하려는 욕심은 독으로 작용하곤 합니다.

비슷한 맥락에서 급등주에 대한 욕심 역시 버릴 필요가 있습니다. 산이 높으면 골이 깊다는 말이 있듯, 단기간의 급등에 눈이 멀어 이미 오를 대로 오른 주식을 따라 샀다가는 낭패를 볼 가능성이 큽니다.

주식시장에서는 속된 말로 쫄보 기질이 오히려 긍정적으로 작용하는 것 같습니다. 크게 버는 것보다는 잃지 않는 것에 초점을 맞춰 방어적인 매매를 지향한다면 완벽히 준비되지 않은 투자자라고 할지라도 재기 불가능할 정도의 실패는 겪지 않을 것입니다.

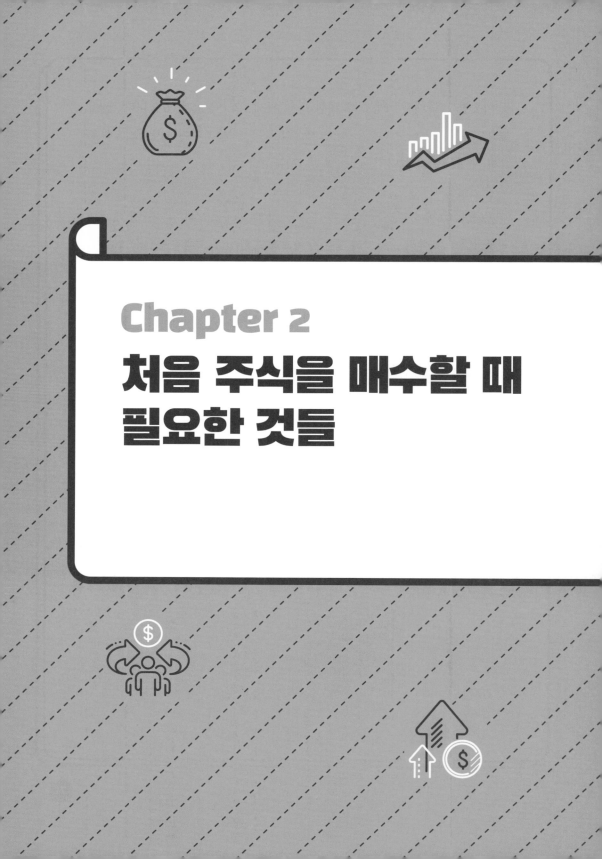

Chapter 2
처음 주식을 매수할 때 필요한 것들

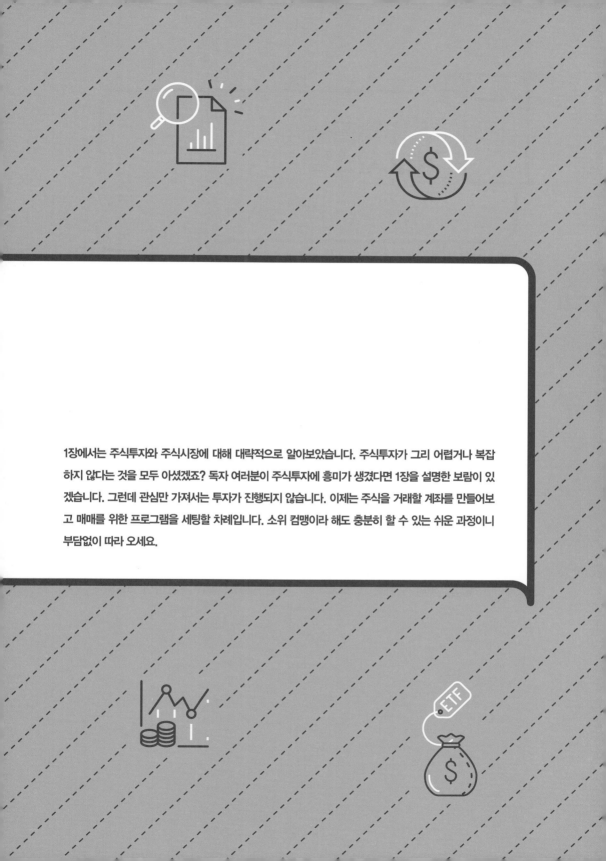

1장에서는 주식투자와 주식시장에 대해 대략적으로 알아보았습니다. 주식투자가 그리 어렵거나 복잡하지 않다는 것을 모두 아셨겠죠? 독자 여러분이 주식투자에 흥미가 생겼다면 1장을 설명한 보람이 있겠습니다. 그런데 관심만 가져서는 투자가 진행되지 않습니다. 이제는 주식을 거래할 계좌를 만들어보고 매매를 위한 프로그램을 세팅할 차례입니다. 소위 컴맹이라 해도 충분히 할 수 있는 쉬운 과정이니 부담없이 따라 오세요.

1 주식 계좌와 거래 시스템

INVESTMENT IN STOCKS

① 나에게 맞는 증권사 고르기

가장 먼저 해야 할 일은 계좌를 개설할 증권사를 선택하는 일입니다. 시중에 수십 개의 증권사들이 있는데 어떤 증권사를 선택하는 것이 좋을까요? 증권사의 선택 기준에는 거래 수수료, HTS/MTS[1]의 편의성, 분석 보고서의 질, 신용도 등 다양한 요인이 있겠지만, 이 중 가장 명확히 수치로 비교할 수 있는 부분은 거래 수수료입니다. 매수와 매도를 할 때마다 증권사에서 수수료를 떼기 때문인데요. 대부분의 증권사에서 국내 주식은 0.01~0.015% 정도의 수수료를, 해외 주식은 0.25~0.3% 정도의 수수료를 부과합니다. 그런데 최근 주식투자에 대한 관심이 높아지면서 증권사 간 경쟁도 치열해져 여러 증권사에서 수수료 무료 혹은 감면 이벤트를 진행하고 있습니다. 따라서 특

---

1 각각 Home Trading System/Mobile Trading System의 준말로서 HTS는 PC를 통해, MTS는 스마트폰을 통해 주식의 분석과 거래를 가능하게 하는 프로그램을 뜻합니다.

정 증권사로 결정하기 전에 포털사이트에 '증권사 수수료 이벤트', '증권사 수수료 비교' 등을 검색해서 현재 진행 중인 증권사별 수수료 혜택을 알아보기 바랍니다. 어느 정도 인지도가 있는 증권사라면 나머지 요인들은 대체로 비슷한 편이므로, 수수료 외에 HTS/MTS의 사용 편의성이나 환전우대 등의 요인을 살펴보면 됩니다.

[그림 2-1] 다양한 증권사 로고

② 온·오프라인으로 계좌 개설하기

가까운 곳에 증권사 영업점이 있다면 신분증을 지참하고 해당 영업점을 방문해서 계좌를 개설할 수 있습니다. 창구 직원이 필요한 과정을 전부 안내해 주기 때문에 온라인 방식이 익숙하지 않은 분에게는 이 방법이 좋을 것입니다.

그러나 저는 웬만하면 온라인으로 계좌를 개설하는 것을 추천합니다. 온라인 방식은 거리의 제약을 받지 않기 때문에 다양한 증권사 중에서 선택할 수 있으며, 앞서 언급한 수수료 이벤트들 대부분이 비대면 온라인 방식으로 계좌를 개설한 고객에게만 해당되기 때문입니다.

비대면 방식으로 계좌를 개설하기 위해서는 다음과 같은 순서대로 하면 됩니다.

앱을 설치한 뒤 계좌 개설 절차대로 진행하면 되므로 크게 어려운 부분은 없습니다. 다만, 한 가지 까다로울 수 있는 부분은 본인 인증의 일환인 계좌 인증입니다. 본인 소유의 다른 계좌 입금 내역을 확인하여 이에 표시된 코드를 입력하는 방식입니다. 계좌번호를 입력한 뒤 인증을 요청하면 입력한 본인의 계좌로 1원이 송금되는데, 이 1원의 송금인 부분을 확인하여 '키움○○○'이면 ○○○을 입력하는 식입니다. 기존에 인터넷 뱅킹을 이용하던 분들

[그림 2-2] 포털에서 '키움증권 비대면 계좌개설'을 검색했을 때 나오는 화면

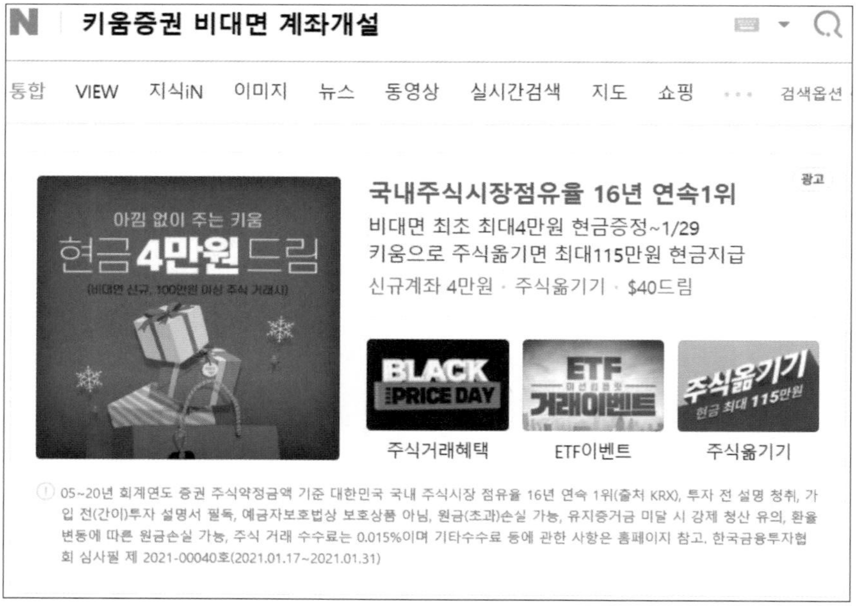

N 키움증권 비대면 계좌개설

통합 VIEW 지식iN 이미지 뉴스 동영상 실시간검색 지도 쇼핑 ··· 검색옵션

아낌 없이 주는 키움
현금 4만원 드림
(비대면 신규, 100만원 이상 주식 거래시)

광고
국내주식시장점유율 16년 연속1위
비대면 최초 최대4만원 현금증정~1/29
키움으로 주식옮기면 최대115만원 현금지급
신규계좌 4만원 · 주식옮기기 · $40드림

BLACK PRICE DAY   ETF 거래이벤트   주식옮기기 현금 최대 115만원

주식거래혜택   ETF이벤트   주식옮기기

ⓘ 05~20년 회계연도 증권 주식약정금액 기준 대한민국 국내 주식시장 점유율 16년 연속 1위(출처 KRX), 투자 전 설명 청취, 가입 전(간이)투자 설명서 필독, 예금자보호법상 보호상품 아님, 원금(초과)손실 가능, 유지증거금 미달 시 강제 청산 유의, 환율 변동에 따른 원금손실 가능, 주식 거래 수수료는 0.015%이며 기타수수료 등에 관한 사항은 홈페이지 참고, 한국금융투자협회 심사필 제 2021-00040호(2021.01.17~2021.01.31)

이라면 이 과정이 크게 어렵지 않을 것입니다. 인터넷이나 모바일 뱅킹을 하지 않는 분이라면 해당 은행 ATM을 방문해서 입출금 내역을 확인하거나, 대체 방식(증권사에 따라 영상통화를 활용한 인증 등으로 대체 가능)을 활용하셔야 하기 때문에 다소 까다로울 수 있습니다. 다소 어려움이 있더라도 앱에서 안내문이 나오는 대로 진행하면 되고, 혹시 막히는 부분이 있으면 상담전화를 통해 안내 받을 수 있으므로 도전해 보시길 바랍니다.

첫 계좌 개설 시에만 수수료 혜택을 받을 수 있으므로 반드시 이벤트 페이지를 통해 계좌를 개설해서 수수료 혜택을 받으시길 바랍니다.

③ 거래 시스템 설치하기

성공적으로 계좌를 개설했다면 이제는 거래 시스템인 HTS, MTS를 설치할 차례입니다. PC에서 사용하는 HTS가 스마트폰을 매개로 하는 MTS에 비해 더 많은 정보와 기능들을 제공하기 때문에 자세한 분석은 HTS로 진행하고, 거래 시에는 신속성, 편의성 측면에서 강점을 갖는 MTS를 활용하는 것을 추천합니다.

이 책에서는 HTS를 설치하고 화면을 세팅하는 것을 보여드릴 텐데, 키움증권 HTS를 예시로 활용하도록 하겠습니다. 다른 증권사 역시 큰 틀은 비슷하므로 이용하는 증권사의 HTS를 활용하셔도 되고, 키움증권의 경우 계좌개설 없이도 준회원 가입만으로 HTS를 활용할 수 있으니 키움증권 HTS를 설치해서 따라 하셔도 좋습니다.

HTS의 설치는 아주 간단합니다. [그림 2-3]에서처럼 키움증권 홈페이지에 들어가면 메인화면 우측에서 '영웅문4 다운로드' 메뉴를 찾을 수 있습니다. 영웅문은 키움증권 HTS의 명칭이며 클릭하면 바로 다운로드됩니다.

[그림 2-3] 키움증권 홈페이지 화면

2 매매하기 가장 적절한 조건을 세팅하는 법

INVESTMENT IN STOCKS

HTS를 다운로드 받아 설치하셨나요? HTS에서 어떠한 기능들을 제공하는 지 먼저 살펴보고, 정보 분석과 매매를 위해 최적의 화면 구성을 어떻게 세 팅하는지 알아보겠습니다.

[그림 2-4] HTS 구성

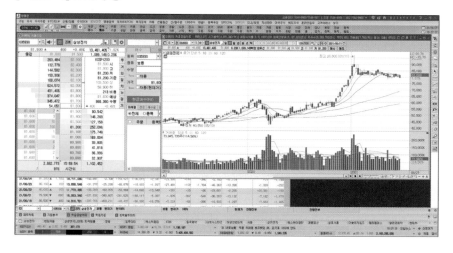

HTS에 접속하면 [그림 2-4]에서처럼 많은 세부 화면이 뜨고, 상단·하단에 매우 많은 탭들이 있습니다. 처음 접하는 분에게는 이러한 화면들이 생소하고 복잡하게 느껴지는 것이 당연합니다. HTS가 어떠한 기능들을 제공하는지, 이 중 특히 유용한 기능들은 무엇인지 살펴보겠습니다.

① 투자에 유용한 HTS 화면 만들기

[그림 2-5] 오른쪽 위 메뉴 바

먼저 오른쪽 위의 메뉴 바를 보시면 '1 2 3 4 5 6 7 8'이라는 숫자가 표시된 것을 확인할 수 있습니다. 이것은 하나의 HTS에서 여러 화면을 활용할 수 있게 하는 메뉴입니다. 1번 탭, 2번 탭, 3번 탭에 각각 다른 화면을 구성하여 더 많은 정보를 효율적으로 확인할 수 있게 합니다. 1번 탭에는 기업의 실적 분석을 위한 메뉴들을, 2번 탭에는 차트 및 수급 분석을 위한 메뉴들을, 3번 탭에는 주식 주문을 위한 메뉴들을 배치하는 식으로 하면 보다 효율적인 분석과 매매를 진행할 수 있습니다.

[그림 2-6] 상단 메뉴 바

다음으로 화면 상단의 메뉴 바들을 살펴보면 HTS가 굉장히 다양한 기능들을 제공하고 있는 것을 확인할 수 있습니다. 수많은 기능 중 특히 투자에 유용하다고 생각하는 항목들을 몇 가지만 꼽아 소개해 드리겠습니다. [그림 2-6] 좌측에 돋보기 아이콘이 있는 곳이 검색 탭입니다. 이곳에 다음에 소개하는 항목의 화면코드(숫자) 혹은 화면명을 검색하면 해당 항목을 볼 수 있습니다.

■ 키움종합차트(0600)

입문자들은 주식투자 하면 가장 먼저 아래와 같은 차트를 떠올릴 것입니다. 매매 기준을 차트에만 둘 경우 투자보다 투기에 가까운 매매를 하게 될 위험성도 있습니다. 물론 적절히 활용한다면 차트 역시 좋은 분석 도구가 될 수 있습니다. 아래의 차트를 보면 여러 가지 색상의 선과 막대들이 차트를 구성하고 있는데요. 이 선과 막대들의 의미는 뒤에서 자세히 설명해 드리겠습니다.

[그림 2-7] 키움종합차트

■ 종목별 투자자(0796)

[그림 2-8]은 1장에서 살펴봤던 다양한 투자 주체들의 매매 동향을 확인할 수 있는 종목별 투자자 메뉴입니다. 이 메뉴를 통해 어떤 주식을, 어떤 투자 주체들이 사고팔았는지 확인하고 이를 투자에 활용할 수 있습니다. 과거에는 주로 개인 투자자가 파는(기관과 외국인이 사는) 주식들의 향후 주가 흐름이 양호할 가능성이 크다고 여겨졌으나, 최근에는 개인 투자자들의 영향력이 확대됨에 따라 이러한 매매 동향의 해석이 더욱 모호해지고 있습니다.

> **차공용어 뽀개기**
>
> **쌍끌이 매수·매도**
>
> 어떤 종목을 기관과 외국인이 동시에 매수하는 경우를 쌍끌이 매수라고 하고, 반대로 기관과 외국인이 동시에 매도하는 경우를 쌍끌이 매도라고 합니다. 개인적으로는 기관과 외국인의 매매 동향을 중요시하는 편은 아니지만, 일반적으로 쌍끌이 매수는 주가에 긍정적이라고 여겨지고, 쌍끌이 매도는 주가에 부정적이라고 평가합니다. 따라서 연일 쌍끌이 매수가 이어지는 기업들에는 관심을 가지고 분석을 진행하는 것도 괜찮은 투자 접근 방식입니다.

[그림 2-8] 종목별 투자자

일자	현재가	전일비	거래량	개인	외국인	기관계	금융투자	보험	투신	기타금융	은행	연기금등	사모펀드	기타법인	내외국인
			누적순매수	7,510,127	2,862,166	4,984,553	1,188,679	-561,074	-780,897	-8,721	-15,472	2,172,001	-256,836	+189,415	+26,466
11:11	87,200 ▼	2,200	17,561,948	+18,199	-138,474		-2,270	-109,125				-27,206			-437
21/01/26	89,400 ▲	2,600	27,258,534	-414,567	+138,600	+267,325	+219,546	-18,567	+13,543	-3,938	-2,467	+53,629	+5,580	+10,035	-1,390
21/01/22	86,800 ▼	1,300	30,861,661	+870,710	-315,332	-562,645	-298,925	-27,942	-45,278	-964	-1,054	-166,371	-22,110	+5,018	+2,250
21/01/21	88,100 ▼	900	25,318,011	+250,206	-162,992	-60,638	+106,343	-28,732	-15,613	-38	-18	-133,415	+10,835	-27,881	+1,225
21/01/20	87,200 ▲	200	25,211,127	+430,116	-89,958	-364,476	-257,515	-15,811	-832	+2,475	-69	-91,660	-1,067	+22,981	+1,308
21/01/19	87,000 ▲	2,000	39,895,044	-173,484	+81,561	+95,523	+299,978	+1,042	-2,312	+1,990	+694	-207,563	+11,694	-3,250	-345
21/01/18	85,000 ▼	3,000	43,227,951	+14,829	-79,143	+42,324	+119,952	-18,848	-8,466	-98	+261	-50,663	+205	+22,682	-692
21/01/15	88,000 ▼	1,700	33,431,809	+661,609	-247,945	-440,769	-231,744	-18,527	-34,856	-1,966	+821	-150,636	-3,862	+25,442	+1,662
21/01/14	89,700	0	26,393,970	+298,414	+244,537	-523,892	-256,630	-25,737	-56,249	-734	-1,141	-182,773	-628	-10,940	+1,881
21/01/13	89,700 ▼	900	36,068,848	+413,206	-261,000	-160,609	+80,750	-30,669	-118,525	-6,702	-3,757	-55,718	-26,089	+7,598	+88
21/01/12	90,600 ▼	400	48,682,416	+737,798	-222,159	-526,533	-308,882	-36,787	-72,427	-6,806	-2,077	-72,415	-27,138	+7,985	+2,905
21/01/11	91,000 ▲	2,200	90,306,177	1,749,038	-511,035	1,258,341	-715,638	-66,184	-113,162	-312	-153	-278,053	-64,839	+16,205	+4,134
21/01/08	88,800 ▲	5,900	59,013,307	-169,881	+602,764	-436,089	-119,601	-77,191	-19,394	+5,259	-170	-209,270	-15,722	+1,958	-1,246
21/01/07	82,900 ▲	700	32,644,642	-71,008	-197,081	+250,130	+483	-26,823	-24,237	-1,581	-2,216	-169,905	-8,063	+17,803	+956
21/01/06	82,200 ▼	1,700	42,089,013	1,013,153	-586,458	-442,464	-215,263	-39,315	-56,483	+150	-5,704	-89,022	-36,826	+13,521	+2,247
21/01/05	83,900 ▲	900	35,335,669	+622,727	-426,621	-203,964	-21,001	-26,823	-24,237	+283	-500	-113,515	-16,167	+7,236	+621
21/01/04	83,000 ▲	2,000	38,655,276	+658,902	-381,371	-326,137	-111,575	-36,035	-65,464	+1,287	+849	-98,355	-14,843	+48,480	+12?
20/12/30	81,000 ▲	2,700	29,417,421	-96,686	-23,437	+97,651	+213,310	-24,087	-22,945	+999	+2,201	-65,480	-6,346	+21,658	+81?
20/12/29	78,300 ▼	400	30,339,449	+706,839	-248,704	-481,530	-417,055	-14,901	-12,142	-2,352	-1,316	-19,989	-12,975	+22,344	+1,050
20/12/28	78,700 ▲	900	40,085,044	+18,127	-193,790	+189,134	+250,547	+5,036	+973	+4,326	+344	-43,597	-28,494	-19,022	+5,551

■ 기업분석(0919)

기업분석 메뉴에서는 기업의 사업 내용과 재무제표, 각종 재무비율 등을 확인할 수 있습니다. 기업이 무엇을 판매하는지, 이를 통해 얼마만큼의 돈을 벌고 있는지를 파악하는 것은 기업분석에 있어 가장 기본이 되는 내용입니다.

[그림 2-9] 기업분석

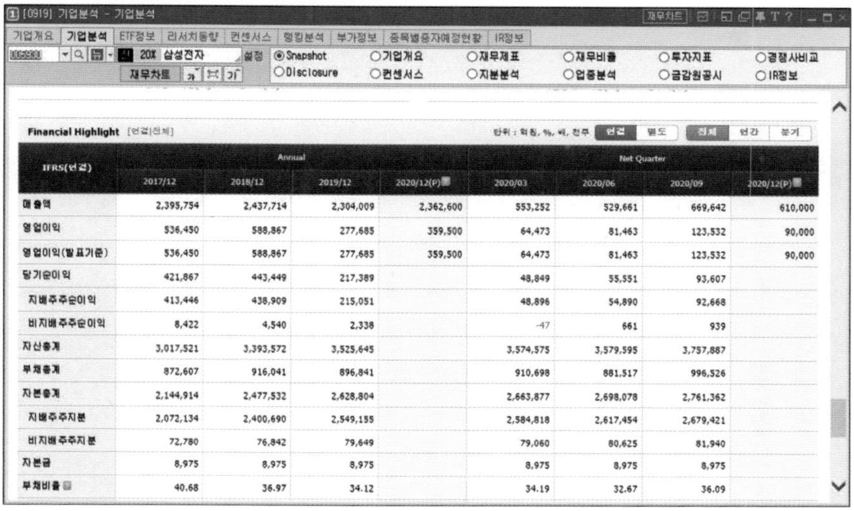

IFRS(연결)	Annual				Net Quarter			
	2017/12	2018/12	2019/12	2020/12(P)	2020/03	2020/06	2020/09	2020/12(P)
매출액	2,395,754	2,437,714	2,304,009	2,362,600	553,252	529,661	669,642	610,000
영업이익	536,450	588,867	277,685	359,500	64,473	81,463	123,532	90,000
영업이익(발표기준)	536,450	588,867	277,685	359,500	64,473	81,463	123,532	90,000
당기순이익	421,867	443,449	217,389		48,849	55,551	93,607	
지배주주순이익	413,446	438,909	215,051		48,896	54,890	92,668	
비지배주주순이익	8,422	4,540	2,338		-47	661	939	
자산총계	3,017,521	3,393,572	3,525,645		3,574,575	3,579,595	3,757,887	
부채총계	872,607	916,041	896,841		910,698	881,517	996,526	
자본총계	2,144,914	2,477,532	2,628,804		2,663,877	2,698,078	2,761,362	
지배주주지분	2,072,134	2,400,690	2,549,155		2,584,818	2,617,454	2,679,421	
비지배주주지분	72,780	76,842	79,649		79,060	80,625	81,940	
자본금	8,975	8,975	8,975		8,975	8,975	8,975	
부채비율	40.68	36.97	34.12		34.19	32.67	36.09	

그럼에도 이런 기본적인 내용조차 분석하지 않고 주식을 매매하는 분들도 더러 있습니다. 지금부터 주식투자를 시작하는 분들이라면 기본적인 기업분석을 한 뒤 매매에 임하기를 바랍니다. 기업의 사업 내용과 재무제표, 숫자들을 읽고 해석하는 방법에 대해서는 이후의 챕터에서 자세히 설명하겠습니다.

■ 재무 추이(0663)

앞에서 살펴본 기업분석 메뉴에서는 5년 치까지의 재무 데이터만 제공하기 때문에 그 이상의 데이터를 원하는 투자자들에게는 아쉬움을 남깁니다. 반면 재무 추이 메뉴에서는 20년 치의 재무 데이터를 제공하며, 메뉴 왼쪽 위의 톱니바퀴 아이콘을 클릭했을 때 나오는 설정 화면에서 훨씬 더 다양한 재무 항목들을 확인할 수도 있습니다. 재무 추이는 기업의 재무 분석에 굉장히 유용한 도구가 될 수 있습니다.

[그림 2-10] 재무 추이

결산년도	주가	자본총계	매출액	영업이익	당기순익	영업흐름	투자흐름	재무흐름	PER	PBR	배당성향	부채율	영익율	지배ROE	매출총익	DPS	ROIC
2019년	55,800	2,628,804	2,304,009	277,695	217,389	453,829	-399,482	-94,845	17.63	1.49	44.73	34.12	12.05	8.69	831,613	1,416	13.19
2018년	38,700	2,477,532	2,437,714	588,867	443,449	670,319	-522,405	-150,902	6.42	1.10	21.92	36.97	24.16	19.63	1,113,770	1,416	30.36
2017년	2,548,000	2,144,914	2,395,754	536,450	421,867	621,620	-493,852	-125,609	9.40	1.76	14.09	40.68	22.39	21.01	1,102,847	850	33.23
2016년	1,802,000	1,929,630	2,018,667	292,407	227,261	473,856	-296,587	-86,695	13.18	1.48	17.81	35.87	14.49	12.48	815,890	570	20.25
2015년	1,260,000	1,790,598	2,006,535	264,134	190,601	400,618	-271,678	-65,735	11.47	1.15	16.42	35.25	13.16	11.16	771,714	420	18.85
2014년	1,327,000	1,680,882	2,062,060	250,251	233,944	369,754	-328,064	-30,571	9.78	1.32	13.00	37.08	12.14	15.06	779,272	400	22.07
2013년	1,372,000	1,500,160	2,286,927	367,850	304,748	467,074	-447,470	-41,370	7.83	1.54	7.23	42.70	16.08	22.80	909,964	286	33.16
2012년	1,522,000	1,214,802	2,011,036	290,493	238,453	379,728	-313,216	-18,645	11.17	2.08	5.20	49.05	14.44	21.65	744,517	160	28.66
2011년	1,058,000	1,013,136	1,650,018	156,443	137,590	229,179	-211,126	31,097	13.45	1.72	6.18	53.78	9.48	14.65	528,567	110	17.52
2010년	949,000	893,491	1,546,303	166,210	161,465	238,268	-239,849	-1,523	10.22	1.73	9.47	50.30	10.75	20.37	519,635	200	23.34
2009년	799,000	730,452	1,363,237	109,800	97,606	185,225	-141,773	-13,636	14.20	1.74	12.38	53.58	8.05		417,288	160	
2008년	451,000	581,135	729,530	41,341	55,259	106,333	-92,897	-10,102	13.89	1.14	14.64	24.79	5.67	10.08	175,724	110	13.72
2007년	556,000	515,606	631,760	59,429	74,250	132,643	-96,884	-25,272	12.74	1.56	15.77	26.50	9.41	15.35	163,294	160	19.40
2006년	613,000	451,976	589,728	69,339	79,165	128,742	-104,812	-24,685	13.17	1.98	10.36	27.90	11.76	18.66	166,130	110	24.31
2005년	659,000	396,566	574,577	80,598	76,402	127,904	-99,453	-27,494	14.67	2.46	10.92	27.44	14.03	20.62	172,995	110	33.88
2004년	450,500	344,404	576,324	120,169	107,867	148,043	-87,917	-63,231	7.16	1.99	14.50	27.22	20.85	33.79	203,527	200	59.04
2003년	451,000	294,145	435,820	71,927	59,590	102,717	-73,426	-30,703	13.36	2.41	14.88	33.28	16.50	21.85	140,633	110	45.14
2002년	314,000	251,389	398,131	74,782	70,518	111,932	-84,621	-23,121	7.92	2.02	12.94	37.00	18.78	31.61	135,125	110	47.52

■ 재무차트(0604)

재무 추이 메뉴의 데이터들은 숫자로만 표시되어 있으므로 시각화 측면에서 아쉬울 수 있습니다. 재무차트 메뉴에서는 이러한 재무 데이터들을 차트의 형태로 시각화하여 한눈에 볼 수 있기 때문에 재무 데이터들의 추이와주가의 흐름에 대해 더욱 명확히 파악할 수 있습니다.

[그림 2-11] 재무차트

■ 조건검색(0150)

조건검색 메뉴는 말 그대로 특정 조건을 설정하면 해당 조건을 충족시키는 주식들을 찾아 주는 메뉴입니다. 차트상의 신호들을 조건으로 설정할 수도 있고, 재무적 신호들을 조건으로 설정할 수도 있습니다. 메뉴 좌측의 추천식을 클릭해서 보면 증권사에서 자체적으로 설정해둔 조건식들을 확인할 수 있습니다. 사용자가 직접 조건식을 작성하고 저장하여 지속적으로 활용할 수도 있습니다.

[그림 2-12] 조건검색

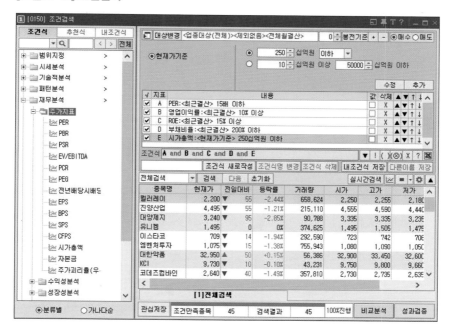

■ 관심종목(0130)

관심이 있는 주식들을 관심종목으로 등록하여 가격 흐름 등을 지속적으로 추적·관리할 수 있게 돕는 메뉴입니다.

[그림 2-13] 관심종목

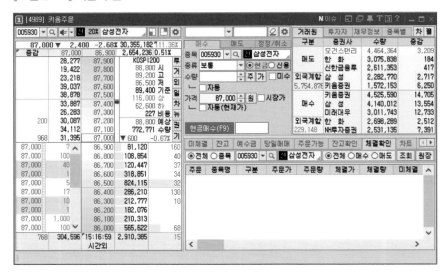

■ 키움 주문(4989)

주식을 사고(매수) 파는(매도) 것도 HTS 상에서 진행할 수 있습니다. 주식 주문 메뉴를 열어 수량과 가격을 입력하고 주문을 진행하면 됩니다. [그림

[그림 2-14] 키움 주문

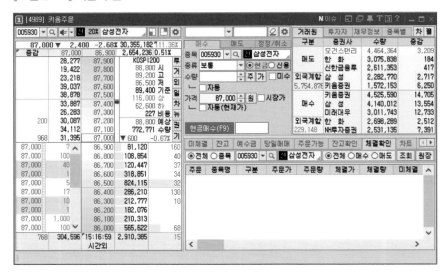

2-14를 보면 주문 화면이 다소 복잡하다고 느껴질 수도 있는데요, 이러한 주문과 관련된 개념들도 이후의 챕터에서 자세히 다룰 예정이니 걱정하지 말고 따라오세요.

② 차트의 구성 요소

[그림 2-15] 삼성전자 주가 차트

차트에 대해서는 이 책의 8장에서 자세히 다룰 예정이지만, 먼저 차트 기본적인 구성 요소들에 대해서는 간략히 설명을 드리고 넘어가려고 합니다. 기본적인 주가 차트의 구성 요소는 크게 다음과 같습니다.

① 차트 화면 상단의 빨간색, 파란색이 번갈아 가며 나타나는 막대
② 차트 화면 상단의 분홍색, 파란색, 노란색, 초록색, 회색으로 나타나는 선
③ 차트 화면 하단의 빨간색, 파란색이 번갈아 가며 나타나는 막대

1번은 주가 캔들, 2번은 이동평균선, 3번은 거래량이라고 부릅니다. 이에 대해 하나씩 살펴보겠습니다.

1 | 주가 캔들

일반적으로 추세를 나타내는 그래프라고 하면 선으로 나타나는 그래프를 떠올리기 쉽습니다만, 주가 차트는 특이하게도 선이 아닌 여러 개의 막대로 표시됩니다. 주가를 막대 형태로 나타내는 이유는 선에 비해 막대가 더 많은 정보를 전달할 수 있기 때문입니다. 이때 각각의 막대들을 캔들(양초 모양을 닮았다고 하여 양초라는 뜻의 영어 단어 candle을 사용함) 또는 봉이라고 부르며,

[그림 2-16] 양봉 캔들, 음봉 캔들

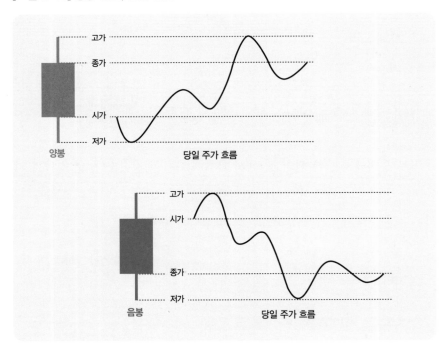

이러한 봉들로 구성되는 차트를 봉 차트 혹은 캔들 차트라고 부릅니다. 하나의 봉이 하루 치의 주가 변동을 나타내면 일봉 차트, 일주일 치의 주가 변동을 나타내면 주봉 차트, 한 달 치의 주가 변동을 나타내면 월봉 차트라고 합니다.

캔들은 두꺼운 몸통 부분과 가느다란 선인 꼬리 부분으로 나뉘는데, 그날의 전체 주가 변동 중에서 시가(시작하는 가격)와 종가(끝나는 가격) 사이의 부분은 몸통으로, 시가와 종가 밖의 부분은 꼬리로 나타나게 됩니다.

캔들 중 빨간색으로 표시된 캔들은 양봉, 파란색으로 표시된 캔들은 음봉이라고 부릅니다. 앞의 [그림 2-16]을 보면 알 수 있듯 양봉과 음봉의 차이는 종가가 시가 대비 높은가 낮은가를 기준으로 합니다. 즉, 시작할 때에 비해 끝날 때의 가격이 올랐으면 양봉, 떨어졌으면 음봉이 됩니다.

일봉에서 시가는 장 시작 시점인 오전 9시의 주가, 종가는 장 종료 시점인 오후 3시 30분의 주가입니다. 주봉에서 시가는 일주일 장의 시작 시점인 월요일 오전 9시의 주가이고, 종가는 일주일 장의 종료 시점인 금요일 오후 3시 30분의 주가입니다. 월봉에서는 그 달의 첫 평일 오전 9시의 주가가 시가, 그 달의 마지막 평일 오후 3시 30분의 주가가 종가입니다.

캔들은 주가의 흐름을 나타내는 가장 기본적인 요소이기 때문에 개념을 정확히 알아둘 필요가 있습니다.

2 | 이동평균선

이동평균선(이평선)은 특정 기간 동안 주가의 평균을 선으로 이어 표시한 지표입니다. 5일 이동평균선(5일선)이라고 하면 그날을 포함한 최근 5일간의 종가 평균을 나타내는 지점들을 표시하고, 이들을 선으로 이어 나타내는 지표인 것이죠. 마찬가지로 10일선은 10일간의 종가 평균, 20일선은 20일간의 종가 평균을 나타냅니다.

5일선, 10일선 같이 짧은 기간의 주가 평균을 나타내는 이평선을 단기 이평선이라고 하고, 60일선, 120일선 같이 긴 기간의 주가 평균을 나타내는 이평선을 장기 이평선이라고 합니다. 실제로 가장 많이 사용되는 이동평균 기간은 5일, 20일, 60일, 120일입니다. 그런데 왜 하필 5일, 20일, 60일, 120일일까요?

주식시장은 평일에만 열리기 때문에 주식시장에서 5일은 일주일에 해당됩니다. 그리고 한 달은 약 4주이기 때문에 5×4=20일은 한 달에 해당됩니다. 3개월, 즉 60일은 하나의 분기에 해당되죠. 마찬가지로 120일은 반년, 즉 하나의 반기를 나타냅니다. 그 밖에 2주를 나타내는 10일선이나 1년을 나타내는 240일선 등도 더러 활용됩니다. 어떤 투자자가 어떤 주식을 매일 꾸준

[그림 2-17] 이동평균선

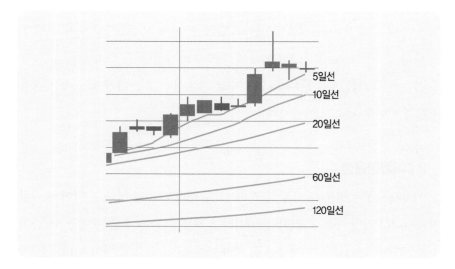

히 한 달 동안 매수했을 때 평균 매수가는 20일선에 해당하는 금액이 될 것이고, 석 달 동안 매수했다면 평균 매수가는 60일선에 해당하는 금액이 될 것입니다. 이 점을 이용하여 투자자들의 평균적인 매수 단가를 추정해 보고, 이와 관련된 심리를 파악하여 투자에 활용하고자 하는 시도에서 나온 지표가 이동평균선이라고 할 수 있습니다.

3 | 거래량

[그림 2-18] 거래량

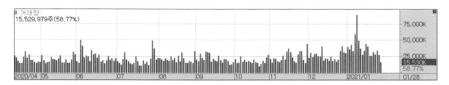

차트 분석은 결국 그 주식을 거래하는 거래 주체들의 심리를 파악하여 투자에 활용하려는 시도입니다. 그렇기 때문에 어떤 주식이 어떤 날에 얼마만큼 거래되었느냐를 나타내는 거래량은 당연히 중요한 보조지표로 작용합니다.

매수자는 주식을 낮은 가격에 매수하길 원하고, 매도자는 주식을 높은 가격에 매도하길 원합니다. 매수자와 매도자 사이에서 가격의 균형점이 만들어지게 되고, 하나의 매수와 하나의 매도가 만나 하나의 거래가 이루어지게 됩니다. 어떤 주식의 거래량이 10,000주라는 것은 10,000주만큼의 매수 물량과 10,000주만큼의 매도 물량이 가격 측면의 타협점에서 만나 거래가 성사되었다는 것을 뜻합니다. 거래량이 많다는 것은 그만큼 매수자와 매도자 사이에서 거래가 활발히 이루어졌다는 것을 의미하겠죠. 거래량이 많은 날에는 어떠한 이유로 거래가 활발히 이루어졌는지, 이때 주가와 이동평균선은 어떤 위치에 있었는지 등을 살펴보는 것이 거래량 분석의 기본입니다.

참고로 거래량의 경우, 보통 전날 대비 거래량이 늘었다면 빨간색, 줄었다면 파란색으로 표시됩니다. 이때의 색상은 단순히 시각적 편의성을 위한 것이므로 주가 캔들에서만큼 중요한 의미가 있지는 않습니다.

모의투자로
매매 감각 익히기

바로 실전 투자로 뛰어드는 것이 부담스럽다면 모의투자를 통해 매매 감각을 익히는 것도 좋습니다. 모의투자란 말 그대로 실제가 아닌 가상의 돈으로 투자를 해 볼 수 있게끔 증권사에서 제공하는 가상 매매 기능을 뜻합니다.

[그림 2-19] 모의투자 신청 및 접속

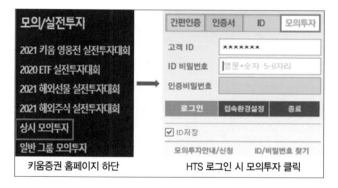

키움증권의 경우 상시 모의투자 기능을 제공하고 있으며, 홈페이지 하단에서 위의 그림과 같은 부분을 찾아 모의투자를 신청하면 HTS에서 모의투자를 진행할 수 있습니다.

모의투자는 실제 자금 손실의 위험 없이 투자를 연습하면서 HTS 활용법과 매매 감각을 익힐 수 있어서 매우 유용합니다. 그러나 실제 자금을 가지고 매매를 하는 것과 가상의 투자금을 가지고 매매를 하는 것은 심리적인 측면에서 큰 차이가 있으므로 모의투자를 통해 투자 실력을 키우는 것에는 명확한 한계가 있습니다. 또한, 모의투자는 기간이 3개월 정도로 제한되어 있으므로 장기 투자의 습관을 기르기도 어렵습니다.

따라서 모의투자는 실제 매매에 들어가기에 앞서 HTS 사용법과 매매 방법을 익히는 용도로 활용하는 것이 바람직합니다. 모의투자를 통해 투자 실력을 키우겠다는 생각은 희망사항에 불과합니다. 소액이라도 실전 경험을 통해 주식시장의 분위기와 심리적 압박감에 정면으로 부딪쳐 봐야만 빠르게 투자 실력을 높여 갈 수 있습니다.

주식시장의 기본 규칙들

INVESTMENT IN STOCKS

주식시장에는 여러 규칙들이 있습니다. 수많은 규칙을 전부 다 알 필요는 없지만, 기본적인 규칙 정도는 알고 투자를 시작하는 것이 좋겠지요. 이번 파트에서는 주식시장의 기본 규칙들에 대해 살펴보겠습니다.

① 주식시장이 열리고 닫히는 시간

우리나라 증시는 주말과 공휴일, 그리고 12월 31일을 제외한 평일에 열립니다.

주식시장의 거래 시간은 다음의 [표 2-1]에서 보는 바와 같습니다. 정규 장은 오전 9시에 열려서 오후 3시 30분에 닫힙니다. 이 중 특히 거래가 활발히 이루어지는 시간은 장 시작 후 1시간(09:00~10:00), 종료 전 1시간(14:30~15:30)입니다. 정규 장은 하루에 6시간 30분 동안 열려 있지만, 이 시간

[표 2-1] 주식시장 거래 시간

정규 장		09:00~15:30 (새해 첫 거래일 10:00~15:30, 수능일 10:00~16:30)
동시호가	장 시작	08:30~09:00
	장 마감	15:20~15:30
시간 외 종가	장 전	08:30~08:40
	장 후	15:40~16:00
시간 외 단일가		16:00~18:00

내내 주가 변동을 지켜보고 있어야 한다면 엄청난 스트레스로 인해 일상생활에 타격을 입을 것입니다. 주가의 흐름을 계속 지켜본다고 해서 내 주식이 오르는 것도 아니고, 더 좋은 투자 성과를 거둘 수 있는 것도 아닙니다. 오히려 잔물결에 흔들리지 않는 초연한 마음을 지닐 때 더 좋은 투자 성과를 거두게 될 가능성이 큽니다. 그러니 거래가 활발한 시간을 이용하여 하루에 한 차례 정도만 주가를 확인하고 느긋하게 장기 투자한다는 마인드로 투자에 임할 것을 권해 드립니다.

동시호가라는 단어는 다소 생소하게 느껴지실 수도 있습니다. 앞의 캔들에 대한 설명에서도 말씀드렸듯 하루 사이의 주가 흐름에서 특히나 중요한 가격을 꼽으라면 단연 시가와 종가입니다. 이렇게 중요한 시가와 종가를 아무렇게나 산정할 수는 없겠죠. 충분히 많은 매수와 매도 주문들을 종합하고 이를 한꺼번에 반영하여 시가와 종가를 산정해야 할 것입니다. 이를 위한 거래 체계가 바로 동시호가입니다. 장 시작 전 30분간(08:30~09:00) 진행되는 장 시작 동시호가에서 접수된 주문들을 종합하여 시가가 산정되고, 이 주문들은 장 시작 시점(09:00)에 시가를 기준으로 일괄적으로 체결됩니다. 마찬가지로 장 마감 전 10분 동안(15:20~15:30) 진행되는 장 마감 동시호가에서 접수된 주문들을 종합하여 종가가 산정되고, 이 주문들은 장 마감 시점(15:30)에 종가를 기준으로 일괄적으로 체결됩니다.

시간 외 종가, 시간 외 단일가는 '시간 외'라는 말에서 알 수 있듯 정규 매매 시간 외의 정해진 시간에 매매를 할 수 있는 제도입니다. 시간 외 종가의 경우, 장 전 시간 외 종가에서는 전일 종가, 장 후 시간 외 종가에서는 당일 종가를 기준으로 거래를 성립시킵니다. 장 후 시간 외 종가가 끝나고 나서는 2시간 동안(16:00~18:00) 시간 외 단일가 매매가 진행되는데, 여기서는 당일 종가의 ±10% 이내 가격에서 10분 단위로 거래가 이루어집니다.

처공용어 또개기

단일가 매매

시간 외 거래는 정규 장보다 거래량이 적기 때문에 실시간 체결 대신 주문을 일정 시간 모아서 일시에 체결시킵니다. 이런 방식을 단일가 매매라고 합니다. 정규 장을 보조하는 용도로 활용되는 매매 방식입니다.

② 주식시장 거래 규칙

■ 상하한가 제도

단기간 주가의 급등락으로 인한 피해를 방지하기 위해 우리나라 주식시장에서는 주가가 하루에 오르내릴 수 있는 등락 폭을 최대 ±30%로 제한하고 있습니다. 전일 종가 대비 최대로 오를 수 있는 한계치(+30%)를 상한가, 반대로 최대로 내릴 수 있는 한계치(-30%)를 하한가라고 합니다. 상하한가의 비율 제도는 국가에 따라 차이가 있으며, 미국 증시의 경우 상하한가 제도가 존재하지 않기 때문에 미국 주식시장에서는 하루에 수백 퍼센트씩 주가가 변동하는 주식도 간혹 볼 수 있습니다.

■ 변동성 완화장치

변동성 완화장치[2](주로 VI라고 함)는 개별 종목에 대한 체결 가격이 일정 범위를 벗어날 경우 주가의 안정화를 위해 발동하는 장치로, 동적 VI와 정적 VI로 구분됩니다. 동적 VI는 직전 체결 가격을 기준으로 2~3% 이상 변동이 있을 경우 2분간 실시간 체결을 멈추고 단일가 매매로 전환하는 것을 의미하고, 정적 VI는 전일 종가를 기준으로 10% 이상 변동이 있을 경우 2분간 실시간 체결을 멈추고 단일가 매매로 전환하는 것을 의미합니다.

가령 어떤 주식이 10시 30분까지는 1만 원에 거래되다가 10시 30분 1초에 갑작스레 3% 오른 1만 300원에 거래된다면 이때 발동하는 VI는 동적 VI라고 합니다. 이와 달리 전일 종가가 1만 원인 어떤 주식의 가격이 장 중에 서서히 올라 전일 대비 10% 오른 가격인 1만 1,000원 지점에 도달하게 된다면 이때 발동하는 VI는 정적 VI라고 합니다.

■ 서킷브레이커·사이드카[3]

VI가 개별 종목에 대한 가격 안정화 장치라면, 서킷브레이커와 사이드카는 시장 전체에 대한 가격 안정화 장치입니다.

서킷브레이커는 3단계로 구성되어 있습니다. 1단계는 종합주가지수가 전일 대비 8% 이상 하락한 경우, 2단계는 종합주가지수가 전일 대비 15% 이상 하락하고 1단계 발동지수 대비 1% 이상 추가 하락한 경우, 3단계는 종합주가지수가 전일 대비 20% 이상 하락하고 2단계 발동지수 대비 1% 이상 추가 하락한 경우 발동됩니다. 서킷브레이커가 발동되면 1, 2단계에서는 20분간

---

2 시사상식사전
3 두산백과

모든 주식 거래가 중단되며 3단계에서는 발동 시점 이후 당일의 모든 주식 거래가 종료됩니다.

사이드카는 선물[4] 시장이 급변하여 전일 종가 대비 5% 이상 상승 또는 하락하는 경우 이것이 현물 시장에 미치는 영향을 최소화하기 위하여 프로그램 매매의 매매 호가 효력을 5분간 정지하는 제도입니다.

프로그램 매매

일정한 조건에 따라 컴퓨터 프로그램이 자동으로 매수 및 매도 주문을 내리는 방식으로, 가격이 일정 수준 이하로 내려가면 프로그램이 자동 매도 주문을 내기 때문에 매도세를 강화시킵니다.

서킷브레이커와 사이드카는 말 그대로 주식시장의 비상조치로서 평상시에는 쉽게 접할 수 없는 장치들입니다. 금융 위기, 북한의 대남 도발, 코로나 사태 등 굵직한 위기 상황에서 이 장치들을 만나게 될 수도 있습니다. 이러한 상황을 마주하게 되면 인간은 당연히 본능적으로 공포에 휩싸이곤 합니다. 그러나 그동안 주식시장의 역사를 살펴봤을 때 주식시장은 항상 숱한 위기들을 끝내 이겨내며 우상향해 왔다는 점을 기억하며 공포를 이성으로 이겨내고 위기를 오히려 기회로 활용할 수 있게끔 노력해야 할 것입니다.

■ 호가 단위

주식의 가격대별 호가 단위는 [표 2-2]와 같습니다. 1,000원까지는 900원, 901원, 902원처럼 1원 단위로 거래되며 주가가 움직이다가 1,000원을 넘으면 1,005원, 1,010원, 1,015원처럼 5원 단위로, 그 이상 주가가 커지면 호가 단위도 10원, 50원, 100원, 500원, 1,000원까지 늘어나게 됩니다. 다만, 코스닥의 경우는 10만 원 이상의 주식들도 호가 단위는 100원으로 유지됩니다.

4　선물(futures)이란 파생상품의 한 종류로, 상품이나 금융자산을 미리 결정된 가격으로 미래 일정 시점에 인도·인수할 것을 약속하는 거래를 의미합니다. 주가지수를 포함한 다양한 현물들이 기초자산이 되며, 현물과 선물의 가격은 서로 밀접한 영향을 미칩니다.

 **옵션 만기일, 네 마녀의 날, 이런 날들은 도대체 무엇인가요?**

파생상품 중 대표적인 것이 '선물'과 '옵션'입니다. 이러한 파생상품들은 기초자산이 되는 주가지수, 개별 주식 등으로부터 파생된 상품으로서, 서로가 서로의 가격 변동에 밀접한 영향을 미칩니다.

주가지수, 개별 주식과는 달리 파생상품에는 만기가 정해져 있습니다. 만기가 다가올수록 기초자산과 파생상품의 가격 변동성이 커지게 되며 예상하기 힘든 주가 흐름을 보이게 됩니다. 특히 3, 6, 9, 12월의 둘째 목요일은 주가지수 선물, 주가지수 옵션, 개별 주식 선물, 개별 주식 옵션의 네 가지 파생상품 만기일이 겹치기 때문에 네 개의 파생상품이 심술을 부리는 날이라고 하여 '네 마녀의 날'이라고 불리기도 합니다.

단기적인 관점에서는 네 마녀의 날 즈음에 주가 변동성이 확대되기 때문에 매매에 주의해야 하는 시점으로 볼 수도 있으나, 장기적인 관점에서는 기업의 본질적인 가치 변화 없이 금융상품의 거래에 따라 가격 변동성만 커지므로 주가가 큰 하락을 보인다면 해당 시기를 매수 기회로 활용할 수 있습니다.

[표 2-2] 시장별 호가 단위

주가	코스피	코스닥
~ 1,000원	1원	1원
1,000원~5,000원	5원	5원
5,000원~10,000원	10원	10원
10,000원~50,000원	50원	50원
50,000원~100,000원	100원	100원
100,000원~500,000원	500원	
500,000원~	1,000원	

라운드 피겨

1만 원, 2만 원, 3만 원처럼 딱 떨어지는 숫자를 라운드 피겨(round figure)라고 합니다. 라운드 피겨는 심리적으로 중요한 가격권으로 작용하는 경우가 많습니다. 사람들이 가격에 대해 생각할 때 딱 떨어지는 깔끔한 숫자를 가장 먼저 떠올리기 때문입니다. 사람들은 일반적으로 어떤 것을 1만 원 정도에 사야겠다고 생각하지 9,960원에 사야겠다고 생각하지 않으니까요. 그렇기 때문에 라운드 피겨 가격에는 매수 물량과 매도 물량이 상대적으로 많이 쌓이게 됩니다.

그러나 물량이 많이 쌓인다는 건 그만큼 해당 가격에 쌓이는 물량들이 전부 체결되기는 어렵다는 의미입니다. 이 점을 고려하여 매도할 때는 라운드 피겨(가령 2만 원)보다 조금 낮은 가격(1만 9,900원)에 매도 주문을 넣고, 매수할 때는 조금 높은 가격(2만 100원)에 매수 주문을 넣는 식으로 매매를 진행한다면 수익률은 조금 줄어들 수 있겠지만 훨씬 수월하게 거래를 체결시킬 수 있을 것입니다.

SUMMARY

- 주식 계좌를 개설하기 전 증권사별 수수료를 비교하여 가능하면 수수료가 무료이거나 적은 곳을 선택한다.

- 대부분의 증권사 수수료 이벤트는 온라인(컴퓨터, 모바일)을 이용해 계좌를 개설하는 경우에 해당된다.

- HTS에서 보이는 수많은 화면과 메뉴가 어떤 기능을 하는지 알아야 효율적으로 사용할 수 있다.

- 차트는 화면 상단의 막대와 선, 화면 하단의 막대로 구성되는데 상단의 막대는 캔들, 선은 이동평균선이라 한다. 하단의 막대는 거래량을 의미한다.

- 실제 투자를 시작하기 전 모의투자를 통해 HTS 활용법과 매매 감각을 익힐 수 있다.

- 주식시장은 평일 오전 9시에 열고 오후 3시 30분에 닫는다. 거래가 활발한 시간대는 장 시작 후 1시간, 종료 전 1시간이다.

- 주식시장에는 여러 거래 규칙이 있는데, 상하한가 제도, 변동성 완화장치, 서킷브레이커 · 사이드카 등이다.

거래 수수료를 줄이는 최고의 방법

앞서 증권사의 수수료 우대 이벤트와 비대면 계좌 개설을 통해 수수료를 최소화하는 방법에 대해 설명을 드린 바 있습니다. 수수료 우대 조건으로 계좌를 개설하면 계속해서 거래 비용을 줄일 수 있어 좋지만, 이것 못지않게 확실하게 거래 비용을 줄일 수 있는 방법이 하나 더 있습니다. 바로 매매 빈도를 줄이는 일입니다.

매매를 한 번 할 때마다 증권사 거래 수수료 외에도 증권거래세, 슬리피지[5] 등 각종 비용들이 발생합니다. 거래 수수료를 0으로 만든다고 해도 여전히 증권거래세나 슬리피지 비용이 남아 있죠. 따라서 각종 거래 비용을 가장 확실하게 줄일 수 있는 방법은 거래 횟수 자체를 줄이는 것입니다.

거래를 자주 한다고 해서 수익률이 좋아지는 것이 아닙니다. 오히려 여유로운 마음으로 장기 투자를 이어 나갈 때 시간과 함께 수익률이 증대되는 경우가 더 많습니다. 매매 빈도 감소에 따른 거래 비용의 축소 역시 이러한 성과 차이에 일부분 기여하죠.

투자를 하다 보면 혹시 CCTV가 나를 지켜보는 것 아닌가 싶을 때가 많습니다. 어째선지 내가 사면 주가가 떨어지고, 내가 팔면 주가가 오르는 일이

---

5   매매 주문 시 발생하는 체결 오차로 인해 원하는 가격과 다른 가격에 주문이 체결되는 경우 발생하는 가격 차이

이상할 정도로 자주 일어납니다. 처음에는 저만 그런 건가 싶었는데 주변의 투자자들과 얘기를 나눠 보니 이러한 일은 저에게만 일어나는 일이 아니더 군요. 이러한 경험을 수차례 겪다 보니 단기 주가 변동은 그 누구도 정확히 예상하기 어렵다는 교훈 하나만큼은 확실하게 얻게 되었습니다. 반면 장기 적인 관점에서 지금의 주가가 저렴한가 그렇지 않은가를 판단하는 것은 비 교적 쉬운 일이라는 것 역시 깨닫게 되었습니다.

투자에 있어 장기 투자 마인드를 갖는 것은 매우 중요합니다. 아마 제가 이렇게 말씀을 드리더라도 투자 경험이 없는 상태에서는 공감하기 어려울 수 있습니다. 그러나 몇 번 주식을 사고팔다 보면 아마 금세 저와 비슷한(사 고 나니 주가가 떨어지고, 팔고 나니 주가가 오르는) 경험을 하게 될 것입니다. 해당 시점에라도 다시금 제가 드린 이 말씀을 떠올리시고, 조금 더 장기적인 관점 에서 기업과 주가의 변화를 바라보는 것을 연습할 필요가 있겠구나 생각하 시면 좋겠습니다.

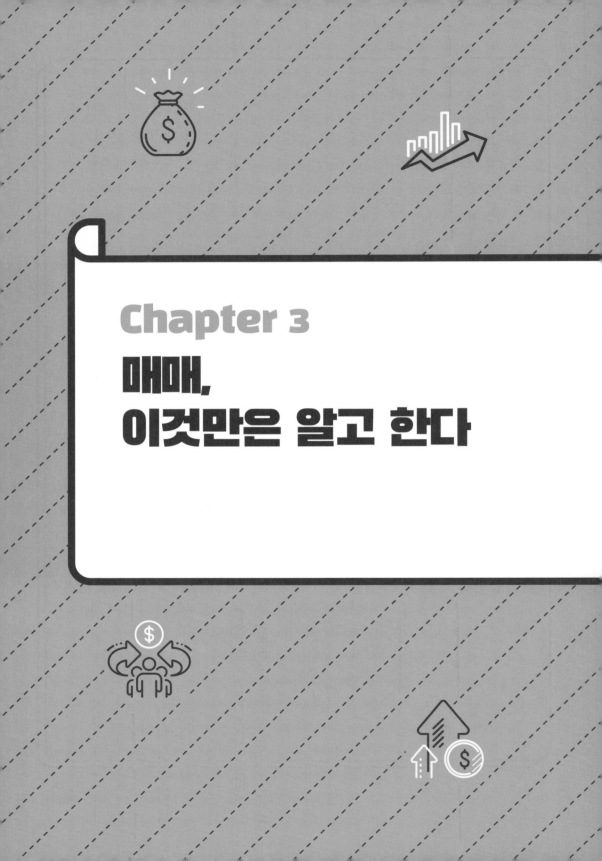

Chapter 3

매매,
이것만은 알고 한다

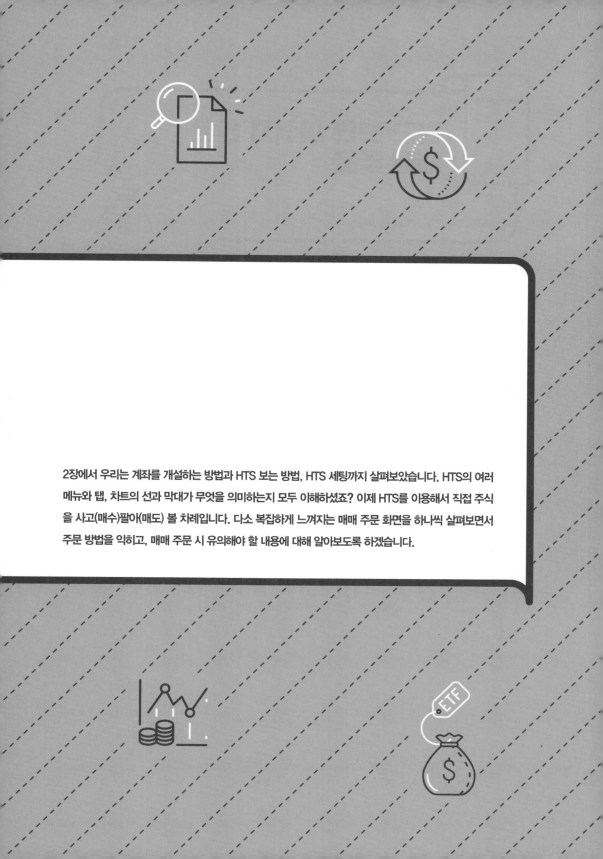

2장에서 우리는 계좌를 개설하는 방법과 HTS 보는 방법, HTS 세팅까지 살펴보았습니다. HTS의 여러 메뉴와 탭, 차트의 선과 막대가 무엇을 의미하는지 모두 이해하셨죠? 이제 HTS를 이용해서 직접 주식을 사고(매수)팔아(매도) 볼 차례입니다. 다소 복잡하게 느껴지는 매매 주문 화면을 하나씩 살펴보면서 주문 방법을 익히고, 매매 주문 시 유의해야 할 내용에 대해 알아보도록 하겠습니다.

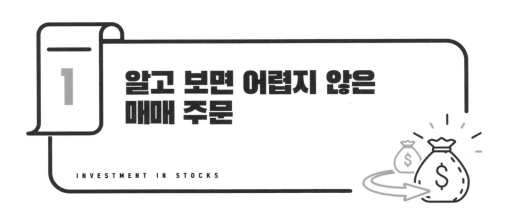

알고 보면 어렵지 않은 매매 주문

INVESTMENT IN STOCKS

[그림 3-1] 매매 주문 화면

① 호가 창 파악하기

[그림 3-2] 한국전력 호가 창

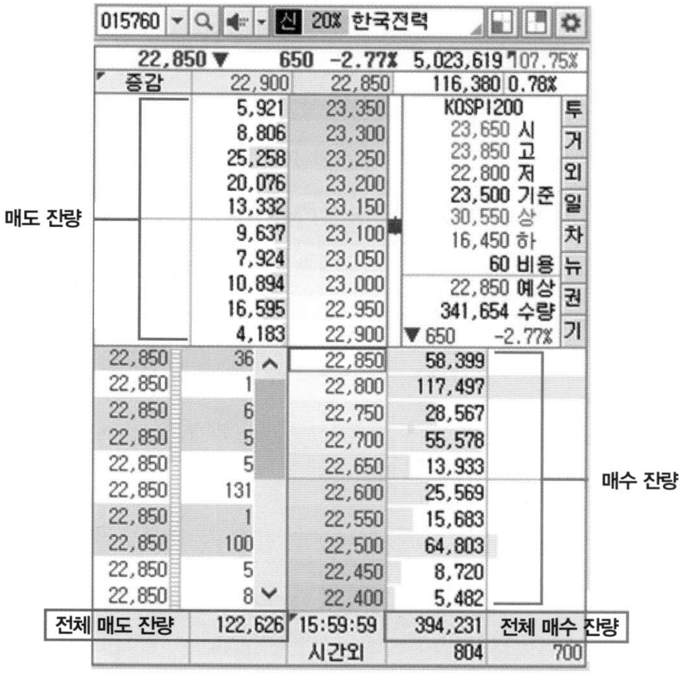

2장에서 우리는 호가 단위에 관해 살펴봤습니다. 이러한 호가 단위마다 얼마만큼의 매수 및 매도 잔량이 쌓여 있는지를 나타내는 창을 '호가 창'이라고 합니다.

[그림 3-2]의 한국전력 호가 창을 보면 현재 주가인 2만 2,850원을 기준으로 아래로는 매수 잔량이, 위로는 매도 잔량이 쌓여 있는 것을 확인할 수 있습니다. 매수자들은 더 싼 가격에 주식을 매수하기를 원하고 매도자들은 더 비싼 가격에 주식을 매도하기를 원하므로 매수 잔량은 가격보다 아래에 쌓

이고 매도 잔량은 가격보다 위에 쌓입니다. 이러한 매수자와 매도자가 만나는 균형점에서 주가가 형성되는 것이죠.

여기서 만약 2만 2,900원 이상의 가격으로 5,000주를 매수하겠다는 주문이 들어온다면, 2만 2,900원에 쌓여 있는 4,183주의 매도 잔량이 먼저 체결되어 전부 없어지고, 남은 817(5,000-4,183)주는 2만 2,950원에 체결됩니다. 2만 2,950원에 쌓여 있는 매도 잔량은 기존의 16,595주에서 817주가 줄어 15,778주가 되고, 주가는 2만 2,950원으로 상승하게 됩니다.

반대로 만약 2만 2,850원 이하의 가격으로 60,000주를 매도하겠다는 주문이 들어온다면, 2만 2,850원에 쌓여 있는 58,399주의 매수 잔량이 먼저 체결되어 전부 없어지고, 남은 1,601(60,000-58,399)주는 2만 2,800원에 체결됩니다. 2만 2,800원에 쌓여 있는 매수 잔량은 기존의 117,497주에서 1,601주가 줄어 115,896주가 되고, 주가는 2만 2,800원으로 하락하게 됩니다.

정리하자면, 매수 잔량은 아래에서 매도 잔량은 위에서 쌓이게 되며 이러한 매수세와 매도세가 만나는 균형점에서 주가가 형성됩니다. 대량의 매수세가 유입되어 쌓여 있는 매도 잔량들을 걷어 내면 그만큼 주가는 오르고, 반대로 대량의 매도세가 유입되며 주가 아래에 쌓여 있는 매수 잔량들을 걷어 내면 그만큼 주가는 내려갑니다.

② 매매 주문 창 파악하기

호가 창의 오른쪽을 보면 [그림 3-3]과 같은 매매 주문 창을 찾을 수 있습니다. 위에서부터 차례대로 살펴보겠습니다. 먼저 창의 상단에서 매수 주문

[그림 3-3] 매매 주문 창

을 내릴지, 매도 주문을 내릴지, 기존 주문을 정정·취소하는 주문을 내릴지를 선택할 수 있습니다. 다음으로 종목 란에서 주문을 내려는 종목명을 입력한 뒤 주문의 종류(이에 대해서는 다음 파트에서 살펴봅니다), 수량, 가격을 차례로 입력하여 주문을 진행할 수 있습니다.

우측에 신용, 미수라는 단어가 보이죠? 신용 거래는 증권사로부터 대금을 융자받아 주식을 매입하는 것을 말하고, 미수 거래는 전체 주문 금액의 30% 이상의 증거금만을 지불하고 외상으로 주식을 매입한 뒤 이틀 뒤인 결제일까지 나머지 금액을 추가로 납입하는 것을 말합니다. 즉, 신용과 미수는 수중에 가진 현금 이상으로 주식을 매입할 수 있게 하는 기능입니다.

신용, 미수는 양날의 검으로 작용합니다. 신용, 미수를 이용해 매입한 주식의 가격이 단기간에 오른다면 수익을 극대화해 줄 수도 있겠지만, 반대로 주가가 내려간다면 신용과 미수는 투자자를 단번에 시장에서 영구 퇴출시켜 버리는 치명타로 작용할 수도 있습니다. 시속 200km로 달리는 차는 사고만 나지 않는다면 시속 100km로 달리는 차에 비해 조금 더 빨리 목적지에 도착할 수 있지만, 사고가 날 가능성과 사고가 났을 때의 피해 역시 상당히 클 것입니다. 무리하게 속도를 높이지 않더라도 목적지에 다다를 수 있습니다. 주식투자에서의 보다 안전한 운행을 위해 신용, 미수에는 관심을 가지지 않는 것이 좋습니다.

③ 매매 주문의 종류

[그림 3-4] 매매 주문 종류

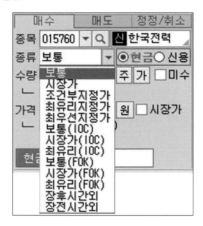

매매 주문 창에서 '종류'를 클릭해 보면 위의 그림에서와 같이 다양한 매매 주문의 종류를 확인할 수 있습니다.

■ 보통가·시장가

보통가(지정가라고도 함) 주문은 가장 많이 이용되는 주문 방식으로, 가격과 수량을 지정하여 주문을 내는 방식입니다. 어떤 주식을 1만 원에 100주 매수하겠다는 보통가 주문을 넣을 경우 1만 원 이하로 들어오는 매도 물량에 대해서만 체결이 이루어지게 됩니다. 만약 1만 원 이하의 매도 물량이 충분하지 않아 장 마감 시점(15:30)까지 체결이 이루어지지 않는다면 남은 물량에 대한 주문은 자동으로 취소됩니다.

시장가 주문은 보통가 주문과는 달리 가격은 지정하지 않고 수량만 지정하여 주문을 내는 방식입니다. 시장가 주문은 가격을 신경 쓰지 않고 주문을 즉시 체결시키기 위해 내는 주문으로, 주문 즉시 가장 유리한 호가 순으로 주문을 전량 체결시킵니다. 가령 호가 창에 5,000주의 시장가 매수 주문을 넣는다면 5,620원에 1,900주, 5,630원에 1,436주, 5,640원에 남은 1,664주가 즉시 매수 체결되는 것입니다. 이는 상한가에 보통가 주문을 넣는 것과 같은 효과입니다.

현재 주가보다 낮은 가격(매도의 경우 높은 가격)에 매수 주문을 걸어 놓고 느긋한 마음으로 체결을 기다리겠다면 보통가 주문을, 조금 비싸게 사더라도 전량을 체결시키는 것에 초점을 둔다면 시장가 주문을 이용하면 됩니다.

■ 조건부지정가

조건부지정가는 보통가와 시장가를 섞어 놓은 것입니다. 조건부지정가 주문은 가격과 수량을 지정한 주문을 내는 것으로서 오후 3시 20분까지는 보통가 주문과 동일하게 작용합니다. 그러나 장 마감 시점까지 원하는 가격이 오지 않을 경우 자동으로 주문이 취소되는 보통가 주문과는 달리, 조건부지정가 주문은 장 마감 동시호가 시점인 오후 3시 20분이 되면 잔량이 시장가 주문으로 전환되어 종가 기준으로 잔량이 전부 체결됩니다. 먼저 내가 원하는 가격을 기다려 보고, 장 중에 원하는 가격이 오지 않으면 종가를 기준으로 체결을 완료시키는 방법입니다.

■ 최유리 지정가·최우선 지정가

	4,411	5,640	5,600 예상	권
	1,436	5,630	4,638 수량	
	1,900	5,620	0%	기
5,600	114 ∧	5,600	4,337	
5,600	90	5,590	2,806	
5,600	1	5,580	4,127	

이번에는 최유리 지정가와 최우선 지정가에 대해 설명하겠습니다.

최유리 지정가는 상대측의 호가 중에서 나에게 가장 유리한 호가로 지정가 주문을 넣는 방식입니다. 가령 [그림 3-5]의 호가 창에서 최유리 지정가로 5,000주의 매수 주문을 넣는다면 상대측 호가인 매도 호가 중에서 나에게 가장 유리한(가장 낮은) 호가인 5,620원에 5,000주의 지정가 주문이 들어가 1,900주는 즉시 체결되고, 남은 3,100주는 5,620원에 매수 잔량으로 남는 식입니다.

최우선 지정가는 내 주문과 같은 방향의 호가 중에서 가장 우선적인(매수의 경우 가장 높은, 매도의 경우 가장 낮은) 호가로 지정가 주문을 넣는 방식입니다. 가령 [그림 3-5]의 호가 창에서 최우선 지정가로 5,000주의 매수 주문을 넣는다면 내 주문과 같은 방향의 호가인 매수 호가 중에서 가장 높은 호가인 5,600원에 5,000주의 지정가 주문이 들어가 매수 잔량이 기존의 4,337주에서 9,337주로 늘어나는 식입니다.

사실 최유리 지정가, 최우선 지정가 주문을 활용하지 않더라도 보통가 주문으로 5,620원, 5,600원에 주문을 넣으면 같은 효과를 낼 수 있습니다. 따라서 군이 복잡한 최유리 지정가, 최우선 지정가 주문을 이용하기보단 개념만 알아 두면 됩니다. 실제 주문 시엔 호가 창을 보며 가격을 입력하여 보통가로 주문을 내는 것이 주문 실수를 줄일 수 있는 방법입니다.

■ IOC·FOK

주문의 종류 뒤에 괄호로 IOC, FOK라고 표시된 주문도 있습니다. IOC, FOK는 주문에 추가적인 조건을 부여하는 방식입니다.

IOC는 Immediate Or Cancel의 준말로서, '즉시 체결되는 물량 이외의 물량은 취소한다'라는 의미입니다. [그림 3-5]의 호가창에서 5,620원에 5,000주의 보통가(IOC) 매수 주문을 넣는다면 1,900주만큼은 기존의 매도 잔량과 만나 즉시 체결되고, 이외의 물량인 3,100주에 대한 매수 주문은 즉시 자동으로 취소됩니다.

FOK는 Fill Or Kill의 준말인데, '즉시 전부 체결되거나, 즉시 전부 취소되거나'라는 의미입니다. [그림 3-5]의 호가창에서 5,620원에 5,000주의 보통가(FOK) 매수 주문을 넣는다면 기존의 매도 잔량이 1,900주밖에 되지 않아 즉시 전부 체결이 불가능하므로 주문 전체가 즉시 자동으로 취소됩니다. 반면 5,620원에 1,000주의 보통가(FOK) 매수 주문을 넣는다면 즉시 전부 체결이 가능하므로 매수 주문이 즉시 체결됩니다.

이렇게 다양한 주문의 종류를 전부 완벽하고 상세히 알 필요는 없습니다. 사실, 보통가와 시장가 주문 방법만 알아도 주식을 사고파는 데 전혀 지장이 없습니다. 그러니 복잡한 주문들에 대해 전부 기억하려고 애쓰지 마시고, 어렵다 싶으면 과감하게 다음 내용으로 넘어가셔도 좋습니다.

저 역시 오랫동안 보통가와 시장가에 대해 많은 고민을 해 왔습니다만, 아직까지 어느 주문이 더 나은가에 대한 명쾌한 해답을 내지는 못하고 있습니다. 보통가 주문의 경우 대체로 현재의 주가보다 낮은 가격에 주문을 넣게 되기 때문에 조금이라도 더 싼 가격에 주식을 살수 있다는 장점이 있습니다. 그러나 내가 주문을 넣은 가격까지 주가가 떨어지지 않는다면 매매가 체결되지 않는 단점이 있습니다. 반면 시장가 주문의 경우 즉시 주문 전량이 체결되기 때문에, 어차피 목표가까지 충분한 여유가 있다면 조금 더 높은 가격을 지불하더라도 시장가 주문을 통해 확실하게 매매를 체결시키는 것이 유리할 수도 있습니다.

가장 중요한 것은 목표가와 지금의 주가 사이에 충분한 여유가 있어야 한다는 것입니다. 가령 목표가까지 30%의 여유가 있다면 보통가로 조금 더 싸게 사서 기대수익률이 31~32% 정도로 늘든, 시장가로 즉시 매수하여 기대수익률이 28~29% 정도로 줄든 둘다 충분히 좋은 매매가 될 수 있습니다. 이러한 전제 아래 직접 두 방법을 번갈아 사용해보며 경험에 따라 취향에 맞는 주문 방식을 선택하는 것이 바람직하다고 생각합니다. 낮은 가격에 보통가 주문을 걸어 놓고 기다려 보니 기대하던 가격까지 주가가 내려오는 경우가 많더라 하면 보통가 주문 위주로 매매를 진행하면 되고, 체결이 되지 않고 주가가 오르는 경우가 너무 답답하게 느껴지더라 하면 시장가 주문 위주로 매매를 진행하면 될 것입니다.

④ 매매 주문 체결 원칙

주식시장에는 대단히 많은 수의 투자자가 참여하고 있으며 수많은 투자자 사이에서의 거래는 합리적이고 공정한 방식으로 이루어져야 하므로 몇 가지 원칙들을 바탕으로 주식 거래와 매매 주문 체결이 이루어지게 됩니다. 매매 주문의 체결은 기본적으로 가격 > 시간 > 수량 우선의 원칙대로 이루 어집니다.

■ 가격 우선의 원칙

가장 먼저 적용되는 원칙은 가격 우선의 원칙입니다. 쉽게 말해 매수 시 에는 높은 가격의 주문이, 매도 시에는 낮은 가격의 주문이 먼저 체결된다는 것입니다. 가령 어떤 주식에 대해 A라는 투자자는 5,000원에 매수 주문을 넣 고 B라는 투자자는 5,100원에 매수 주문을 넣는다면 높은 가격을 부른 B의 매수 주문이 A의 주문에 비해 우선적으로 체결된다는 것입니다.

■ 시간 우선의 원칙

여러 주문이 같은 가격에 들어올 때 먼저 들어온 주문부터 순차적으로 체 결이 되며 이를 시간 우선의 원칙이라고 부릅니다.

■ 수량 우선의 원칙

많은 사람이 주문을 하다 보면 같은 가격, 같은 시간에 복수의 주문이 들 어오는 경우도 생길 수 있습니다. 이러한 경우에는 대량 주문이 소량 주문보 다 우선적으로 체결되는 수량 우선의 원칙이 적용됩니다.

2 사고팔기, 하나의 방법만 있는 게 아니다

INVESTMENT IN STOCKS

투자자들은 다양한 방식으로 주식을 매매할 수 있습니다. 어떤 주식을 300주 사야겠다고 마음 먹었을 때 300주를 하루 만에 다 살 수도 있고, 세 차례에 걸쳐 100주씩 매수할 수도 있습니다. 매도할 때도 마찬가지입니다. 어떤 주식을 사고 나서 주가가 내려가면 더 큰 손실을 막기 위해 해당 주식을 팔아 버릴 수도 있고, 주가가 저렴해졌으니 더 살 수도 있습니다. 이처럼 다양한 매매 관련 선택지들과 유의 사항에 대해 알아보겠습니다.

① 분할 매수와 분할 매도

분할 매수와 분할 매도는 하루 만에 내가 매매하기를 원하는 수량 전부를 매매하는 것이 아니라 여러 날에 나눠서 매매하는 것을 뜻합니다. 단기간 주가 변동에 따른 리스크를 줄이기 위한 매매 방식입니다.

가령 현재 주가는 1만 원인데 기업분석 결과 실제 가치는 1만 5,000원이라고 생각되는 A라는 기업이 있을 때 내 분석이 틀리지 않았다면 A의 주가는 장기적으로는 결국 제 가치를 찾아 1만 5,000원으로 수렴하게 될 것입니다. 그러나 단기적으로는 주가가 바로 급등할 수도 있지만 한참을 1만 원 부근에 머무르다가 천천히 올라갈 수도 있고, 매수했는데 주가가 더 내려가서 7,000원까지 떨어졌다가 올라갈 수도 있습니다. 이런 단기적인 주가의 흐름은 장기적인 주가의 흐름에 비해 훨씬 예측하기가 어렵습니다. 따라서 내가 A 주식 300주를 매수하기를 원한다면 이것을 1만 원 가격일 때 하루 만에 전부 사 버리는 것이 아니라, 100주씩 세 차례에 걸쳐 분할 매수함으로써 단기적인 주가 하락 위험에 대비하면서 매수할 수 있습니다.

매도 역시 마찬가지입니다. 주가가 제 가치인 1만 5,000원에 도달했을 때 즉시 상승을 멈출 수도 있겠지만, 이를 넘어서도 한동안 상승을 이어 나갈 수도 있습니다. 따라서 주가가 1만 5,000원에 도달했을 때 300주를 한 번에 즉시 팔아 버리는 것보단 100주씩 세 차례에 걸쳐 분할 매도하는 것이 효과적일 수 있습니다.

물론 세 차례에 걸쳐 분할 매수를 하려고 했는데, 첫 매수 직후 바로 가격이 올라 버린다면 내가 원하는 수량의 1/3밖에 채우지 못한 채 상승을 맞이하는 아쉬움을 겪을 수도 있습니다. 사실 분할 매매는 기대수익률을 높여 주는 장치라기보다는 리스크를 관리하기 위한 장치입니다. 분할 매매를 하다가 내가 원하는 수량을 전부 채우기 전에 주가가 방향을 바꾼다면 분할 매매를 하지 않았을 경우에 비해 수익의 크기가 다소 줄어들 수도 있습니다. 그러나 분할 매매를 통해 사자마자 주가가 추가 하락하거나 팔자마자 주가가 추가 상승했을 때의 스트레스 상황을 최소화하며 심적 안정감을 유지할 수 있을 것입니다. 매수든 매도든 분할 매매는 내가 제어할 수 없는 단기 주가 변동으로부터의 영향을 최소화하고, 안정적인 심리 상태로 투자에 임할 수 있어 투자에 큰 도움을 줄 수 있습니다.

② 물타기와 불타기

추가 매수에는 두 가지 방식이 있습니다. 주가가 기존 매수 가격에서 더 내려갔을 때 추가로 매수하는 것을 물타기라고 하고, 주가가 기존 매수 가격에서 조금 올랐을 때 추가 매수하는 것을 불타기라고 합니다.

물타기는 기존에 내가 매수한 가격보다 주가가 더 저렴해졌을 때 가격 측면의 메리트를 보고 추가로 매수하는 개념입니다. 앞서 예시로 들었던 A 주식의 제 가치를 1만 5,000원으로 보고 1만 원에 매수했는데 여기서 주가가 더 내려가 7,000원이 되었다면 원래도 싼 가격이었던 주식이 더욱 싸졌기 때문에 추가로 매수한다는 것이죠.

반대로 불타기는 기존에 내가 매수한 가격에 비해 주가가 올랐을 때 추가로 매수하는 개념입니다. 이는 주가가 한번 탄력을 받으면 추세적인 상승을 이어갈 가능성이 크다는 논리를 바탕으로 합니다. 가령 A 주식의 가격이 1만 2,000원으로 올랐을 때, 가격적인 메리트는 조금 줄어들었지만 여전히 1만 5,000원까지는 추가적인 상승 여력이 있고 주가가 탄력을 받기 시작했기 때문에 빠르게 목표가에 도달할 수 있을 것이라고 기대한다면 불타기를 진행하는 것이죠.

이렇게 주가가 한번 추세를 형성하면 한동안 해당 추세의 움직임을 지속한다는 논리의 투자를 모멘텀 투자라고 합니다. 혹은 꼭 이러한 모멘텀의 논리가 아니더라도 기존에 생각했던 것보다 회사 사업이 잘되어 목표가를 1만 8,000원으로 상향한다면, 주가가 1만 2,000원으로 올랐다고 하더라도 기존 매수 시점에 비해 목표가와 주가의 괴리는 오히려 더욱 커졌으므로 추가 매수한다는 식의 불타기 또한 가능합니다.

결국, 투자의 핵심은 물타기를 하느냐 불타기를 하느냐가 아니라 기업의 가치와 주가 사이의 괴리를 파악하는 데 있습니다. 기업의 가치보다 싼 가격에서는 물타기를 하든 불타기를 하든 장기적인 수익 기대치가 커지게 됩니다. 그러나 기업의 가치보다 비싼 가격에서는 물타기를 하든 불타기를 하든 잠재적 손실만 키우게 될 뿐입니다. 기업의 가치 평가에 관한 내용은 이 책의 6, 7장에서 다루도록 하겠습니다.

③ 현금 비중 관리

투자하다 보면 종종 '현금 비중을 관리하라', '현금 보유도 투자다'라는 말을 듣게 됩니다. 실제로 어느 정도의 현금을 보유하고 있어야만 시장에 큰 하락이 오더라도 주식을 싼 가격에 추가 매입하는 식으로 유연하게 대처할 수 있게 됩니다. 그러나 현금은 기대수익률이 0이기 때문에 전체 투자금 중 현금의 비중이 너무 클 경우 그만큼 전체 투자 수익률이 저조해집니다.

현금성 자산 대 주식의 적절한 비중에 대한 생각은 투자자마다 다릅니다. 가장 대표적인 현금 비중 관리법은 주식 비중을 '100-투자자의 나이'로 유지하는 방법입니다. 이는 젊을수록 공격적인 투자를 지향하여 주식 비중을 늘리고 나이가 들수록 방어적인 투자를 지향하여 현금 비중을 늘리는 것이 바람직하다는 관점에서 나온 계산식입니다. 30세의 투자자는 은퇴까지 충분한 시간이 남아 있기 때문에 여유 자금을 공격적으로 운용하여 자산을 늘려나가는 것이 최선이겠지만(주식 비중=100-30=70%), 60세 즈음이 되면 대체로 근로소득이 끊기게 되므로 방어적인 투자를 통해 자산을 지키는 것에 초점을 맞추는 것입니다(주식 비중=100-60=40%). 주식투자를 조금 더 긍정적인 관점에서 바라보는 투자자들은 '100-나이' 대신 '110-나이'로 주식 비중을 유지할 것을 추천하기도 합니다. 30세 투자자라면 주식 비중 80%, 60세 투자자라면 주식 비중 50%를 추천하는 것이죠.

반드시 나이를 기준으로 삼을 필요는 없습니다. 개개인의 성향, 투자 유형, 투자 실력, 여유 자금의 규모 등에 따라 이상적인 주식 대 현금 비중은 각기 다를 것입니다. 개인적으로는 대체로 여유 자금에서 주식 비중을 100%에 가깝게 가져가는 편입니다. 주식은 기대수익률과 위험 측면에서 훌륭한 투자 대상이며 폭락의 시기가 오더라도 충분히 공부하고 매입한 주식은 겁을

[그림 3-6] 코스피 지수 차트

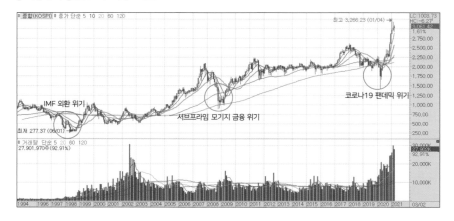

먹고 팔아 버리지만 않으면 결국 힘든 시기를 이겨내고 우상향으로 보답한다는 믿음이 있기 때문입니다.

우리나라 주식시장은 그동안 수차례의 큰 위기를 만났지만 언제나 위기를 이겨냈습니다. 1997년 외환 위기, 2008년 금융 위기, 2020년 코로나19 팬데믹 위기 등 커다란 위기들과 브렉시트, 중국 증시 폭락, 한일 무역 분쟁 등 수많은 지역적 위기 중에 그 어떤 것도 장기적 관점에서의 주가지수 우상향을 막지 못했습니다.

그러나 위기 상황을 이겨내지 못하고 시장에서 퇴출당하는 투자자들은 이러한 우상향의 과실을 누리지 못할 것입니다. 이것이 신용, 미수와 같은 레버리지 투자[1]를 경계해야 하는 이유입니다. 시장에 큰 위기가 닥쳐 50%의 대폭락이 일어날 경우 주식 비중만 100%인 투자자는 견뎌낼 수 있지만, 2배의 레버리지를 사용한 투자자는 전액 손실을 입으므로 시장에서 퇴출됩니다. 여유 자금의 한도 내에서 바른 투자관으로 투자에 임한다면 주식을 100% 보유하더라도 준수한 투자 수익을 기대할 수 있습니다. 적정 수준의 여유 현금을 유지하는 것 역시 위기 상황에서 방파제를 제공해 주는 좋은 투자 방식이 될 수 있습니다. 결국, 어느 정도의 현금 비중이 적당할 것인지는 각자가 본인의 상황에 대해 깊이 생각하고 결정해야 할 문제입니다. 갑작스레 위기 상황이 들이닥쳤을 때 어느 정도 비중의 현금을 보유하고 있어야 폭락을 견뎌내고 이후의 상승을 맞이할 수 있을 것인가를 스스로 고민해 보고 결정하기 바랍니다.

---

1 수익 증대를 위해 부채를 끌어다가 자산을 매입하는 것

④ 손실 제한

주식을 사자마자 바로 그 주식이 급등하면 좋겠지만 현실적으로 그런 경우는 흔하지 않습니다. 오히려 체감상 주식을 사고 나면 떨어지는 경우가 더 많다고 느끼는 분들이 많을 텐데요. 주가가 기존 매수가보다 떨어질 때 투자자는 크게 세 가지 행동 중 하나를 취할 수 있습니다. 하나는 앞서 설명해 드린 물타기, 다른 하나는 별다른 추가 행동 없이 그대로 기존 주식을 보유하는 것, 그리고 남은 하나는 손실이 더 커지지 않도록 약간의 손실을 감수하고 주식을 팔아 버리는 손절매입니다.

가치투자자들은 가치 대비 가격이 싼 주식을 선호하기 때문에 주가가 내려갈 때 대체로 물타기로 대응하는 반면, 차트 매매를 하는 트레이더와 모

[그림 3-7] HTS 스탑 로스 기능

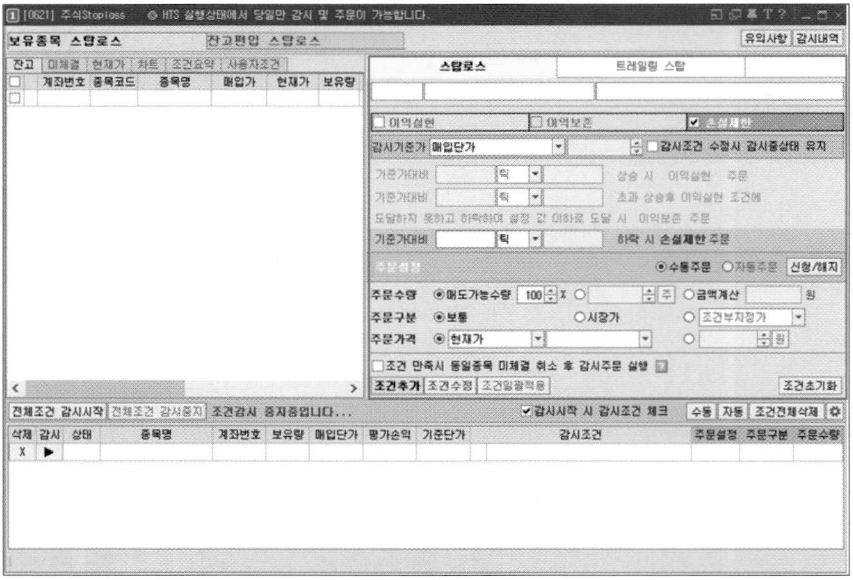

멘텀 투자자들은 주가가 내려갈 경우 대체로 하락 추세가 이어질 가능성이 크다고 판단해 손절매로 대응하는 편입니다. 트레이더와 모멘텀 투자자들은 차트상 부정적 신호를 확인하고 손절매를 진행하기도 하고, 미리 정해둔 퍼센트 이상의 손실이 발생하면 기계적으로 손절매를 진행하기도 합니다. HTS에서도 이러한 손절매를 위한 스탑 로스 기능을 제공합니다.

키움증권에서는 '주식 Stop loss(0621)'라는 메뉴에서 해당 기능을 제공합니다. 스탑 로스라는 말은 손실을 멈춘다는 의미입니다. 앞의 [그림 3-7]의 빨간색 네모로 표시된 부분에서 주가가 얼마로 떨어졌을 때 어떤 종류의 주문을 낼 것인지를 선택하여 해당 가격까지 하락 시 알림을 보내거나 자동으로 손절매 주문이 나가게 하는 스탑 로스를 설정할 수 있습니다. 또한 해당 메뉴에서는 손실 제한 기능 외에도 목표가 도달 시 자동으로 매도 주문이 나가게 하는 이익 실현 기능, 주가가 특정 수준 이상으로 상승했다가 다시 떨어질 경우 추가적인 이익의 훼손을 막기 위해 자동으로 매도 주문이 나가게 하는 이익 보존 기능을 활용할 수 있습니다.

다만, 투자자가 손절매를 결정하기 전에 생각해야 할 점이 있습니다. 손절매는 좋게 보면 더 큰 손실을 막아 주지만, 나쁘게 보면 손실을 확정시켜 버리는 장치라는 것입니다. 회사에 특별한 악재가 없는데 가격이 더 내려갔다는 이유만으로 주식을 팔아 버리는 것은 어리석은 행동일 수 있습니다. 내가 모멘텀 투자자인지 가치투자자인지에 대해 잘 생각해 보고, 본인의 투자 유형에 맞는 매도 방식을 결정할 필요가 있겠습니다.

공매도란 무엇이고, 주식시장에 어떤 영향을 주나요?

코로나 사태 직후 주가지수 급락과 시장 충격에 따른 조치로 한시적으로 금지되었던 공매도가 2021년 5월 3일부터 다시 재개되면서 투자자들 사이에서 공매도 찬반에 대한 열띤 토론이 있었습니다.

공매도란, 주가가 하락할 것으로 예상되는 종목에 대하여 해당 주식을 빌려서 매도 주문을 내는 것을 의미합니다. 쉽게 말해 없는 주식을 파는 것이죠. 일부 투자자들은 "없는 주식을 파는 것이 말이 되냐?", "매도 물량이 쏟아지며 시장 전반에 악영향을 끼친다." 등의 논거를 들어 공매도 폐지를 주장하기도 합니다.

개인적으로는 공매도에 대해 그렇게까지 부정적인 입장을 취할 필요는 없다고 생각합니다. 공매도의 순기능 중 대표적인 것은 '가격 발견 기능'입니다. 가치에 비해 과도하게 높은 가격에 거래되는 주식들이 공매도의 대상이 되는 경우가 대부분이기에 공매도를 통해 주가에 거품이 끼는 것을 방지하고, 적정 가격을 발견하게 한다는 것이죠. 미국 등 선진 시장에서는 공매도 투자자가 본인들의 투자 근거를 입증하기 위해 분식회계를 밝혀내는 등 긍정적인 작용을 하기도 합니다. 때문에 내가 보유한 주식이 공매도의 대상이 된다면 무조건 적대감을 표출하기보다는, "왜 공매도 투자자가 이 주식을 공매도 대상으로 정했을까?", "혹시 이 주식이 가치에 비해 비싼 가격에 거래되고 있는 것은 아닐까?" 등 조금 더 객관적인 시선으로 회사 상황을 살펴볼 필요가 있을 것입니다. 물론 기업 가치에 문제가 없더라도 공매도의 대상이 될 수 있습니다. 이러한 경우라면 개의치 않고 투자를 이어 가면 될 것입니다.

물론 공매도 제도의 세부적인 내용과 구체적 실행 과정에 있어 불법적인 부분이 발생한다면 세부 내용에 있어서는 제도 개선을 진행할 필요가 있을 것입니다. 그러나 이 경우에도 세부적인 적용 방안이 비판의 대상이 되어야지 공매도 자체에 대해 무조건적인 비판의 태도를 취하는 것은 득보다 실이 많다고 생각합니다.

포트폴리오 구성, 어렵지 않아요!

투자할 때 '100% 된다', '무조건 뜬다'라는 말은 믿으면 안 됩니다. 아무리 철저히 분석하더라도 변수는 남아 있기 마련이고, 때로는 가장 신뢰하던 종목이 커다란 손실을 안겨 주기도 합니다. 그렇기 때문에 한 종목에 너무 큰 비중을 싣는 소위 몰빵 투자는 지양하고, 분산투자를 통해 리스크를 관리할 필요가 있습니다. 이러한 분산투자를 위해 보유 종목을 여러 종류로 나누는 것을 포트폴리오 구성이라고 합니다. 삼성전자 40%, 현대차 30%, LG화학 20%, 네이버 10%와 같은 식으로 여러 개별 종목들이 하나의 포트폴리오가 되는 것입니다. 축구에서 11명의 선수들이 하나의 팀으로 구성되어 게임을 이끌어 나가는 것과 마찬가지입니다.

포트폴리오는 분산의 의미를 잘 살릴 수 있도록 구성되어야 합니다. 축구에서도 11명이 모두 공격을 하는 것이 아니라 공격수, 미드필더, 수비수, 골키퍼로 팀이 조화롭게 구성되어야 하듯, 포트폴리오 역시 비슷한 종목들로만 구성하는 것이 아니라 특성이 서로 다른 종목들로 구성하여야 합니다. 경기민감주, 경기방어주, 성장주 등이 적절한 비중을 차지하도

[그림 3-8] 축구에서의 팀 구성과 투자에서의 포트폴리오 구성

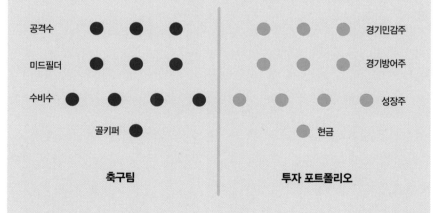

록 구성할 수도 있고, 업종 측면에서 반도체주, 자동차주, 식품주, 은행주, 제약주 등으로 분산이 잘 이루어지게끔 구성할 수 있습니다.

이렇게 분산의 의미를 잘 살려 포트폴리오를 구성할 경우 반도체주가 주춤할 때 식품주가 좋은 흐름을 보인다든가, 은행주가 주춤할 때 제약주가 좋은 흐름을 보인다든가 하는 식으로 전체적인 변동성을 축소시키며 안정적인 투자를 이어갈 수 있습니다. 반면 같은 업종의 주식들끼리는 비슷한 방향으로 주가가 움직이는 경향이 있으므로 분산의 효과가 크지 않을 것입니다. 이 점을 유의하여 신중히 균형감 있는 포트폴리오를 구성할 필요가 있습니다.

SUMMARY

■ 호가 창에서 매수 잔량은 아래에서, 매도 잔량은 위에서 쌓이며 매수세와 매도세가 만나는 균형점에서 주가가 형성된다.

■ 매매 주문의 종류에는 보통가·시장가, 조건부지정가, 최유리지정가, 최우선지정가 등이 있다.

■ 보통가와 시장가는 각기 장단점이 있다. 어떤 주문이 더 나은지는 직접 경험해보고 취향에 맞는 것을 선택한다.

■ 단기간 주가 변동에 따른 리스크를 줄이기 위해 언제나 분할 매수, 분할 매도하는 것이 좋다.

■ 추가 매수에는 기존 매수가보다 더 내려갔을 때 하는 물타기, 기존 매수가보다 올랐을 때 하는 불타기가 있다.

■ 현금을 보유하는 것도 중요하다. 투자자의 나이, 성향, 투자 유형, 여유자금의 규모 등에 따라 현금 비중은 달라질 수 있다.

하락장에서는 어떻게 매매해야 하나요?

투자를 하다 보면 지수 하락과 위기들을 경험할 수밖에 없습니다. 북한의 대남 도발이나 미중·한일 무역 분쟁 등이 초래하는 지수의 출렁임은 1년에도 수차례 일어나고, 10년에 한 번 정도는 코로나 사태 같은 거대한 폭락장이 찾아오기도 합니다. 지수 전체의 하락과 함께 계좌가 멍드는 것을 보고 있노라면 아무리 숙련된 투자자라고 할지라도 마음이 좋지 않고, 두려움을 느낄 수도 있습니다. 이러한 시장 전체의 하락과 두려움 속에서 어떤 투자 판단을 내리느냐에 따라 이후의 성과는 극명하게 갈리게 됩니다.

하락장에서는 어떤 방식으로 매매를 해야 할까요? 핵심은 이미 큰 하락이 있은 뒤에 주식 비중을 줄여서는 안 된다는 점입니다. 주가가 하락했다는 것은 가격이 저렴해졌다는 이야기입니다. 주식시장에서 바겐세일을 진행하는데 팔아버려서는 안 되겠죠. 이때는 매수의 적기입니다. 주가가 수십 퍼센트 하락한 뒤 뒤늦게 공포에 질려 가진 주식을 파는 것이 아니라, 공포를 이겨내고 주식을 추가로 매수할 수 있어야 합니다.

만약 여유 현금을 보유하고 있다면 현금을 추가로 투입하여 매수를 늘려야 합니다. 만약 이미 주식 비중이 100%라면 그대로 비중은 유지하되 하락장에서 상대적으로 주가가 덜 떨어진 주식을 매도하여 더 많이 떨어진 주식을 매수하는 전략이 유효합니다.

[그림 3-9] 코스피 지수 차트

미중 무역분쟁 등 경제 불안으로 인한 지수 하락

코로나 발생으로 인한 지수 급락

그러나 결국 지수 회복

실제로 저 역시 코로나 발생 이전부터 주식 비중이 100%였고, 팬데믹과 주가 폭락 이후에도 특별한 비중 조절을 취하지 않았기 때문에 한동안 계좌가 큰 손실을 기록하고 있었습니다. 이 정도의 폭락장을 경험한 것은 저 역시 처음이었기 때문에 약간의 불안감은 있었습니다만, 책에서 배운 내용들을 기억하며 주식을 팔아 치우지 않고 그대로 보유하고 있었습니다. 상대적으로 덜 떨어진 종목들을 매도하여 상대적으로 더 떨어져 더 큰 가격 메리트를 보이고 있던 종목들을 사는 등 포트폴리오에 약간의 변화를 줬을 뿐입니다. 결국 이후 주가지수와 제 계좌는 위의 그림에서 보는 것처럼 빠르고 완전하게 회복되었으며, 계좌 잔고는 코로나 이전보다 큰 수치로 불어났습니다.

물론 각각의 위기마다 구체적인 형태와 회복의 시기, 회복의 정도는 조금씩 다를 것입니다. 코로나 사태에 따른 주가 하락은 비교적 빠르게 진정되어 회복되었지만, 다음에 오는 위기들은 조금 더 오랜 기간 투자자들을 괴롭힐 수도 있을 것입니다. 그러나 한 가지 분명한 사실은 결국 장기적으로 주가지수와 좋은 기업들의 주가는 우상향한다는 것입니다. 이것은 우리가 주식투자를 해야 하는 이유 중 하나이기도 합니다.

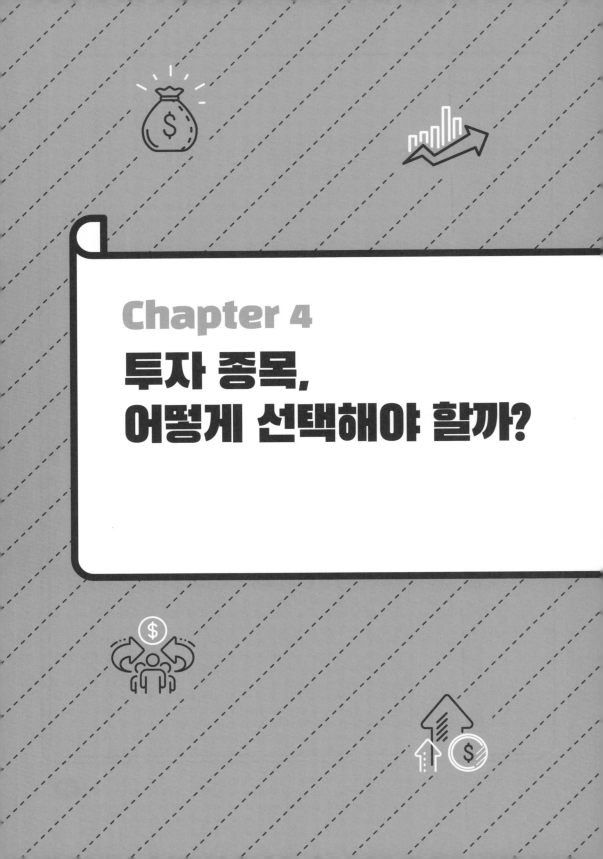

Chapter 4
투자 종목,
어떻게 선택해야 할까?

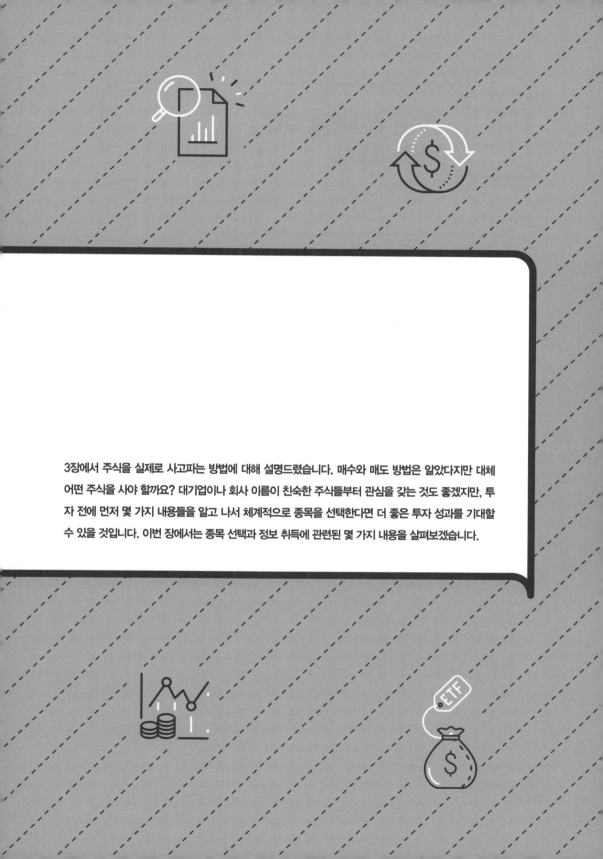

3장에서 주식을 실제로 사고파는 방법에 대해 설명드렸습니다. 매수와 매도 방법은 알았다지만 대체 어떤 주식을 사야 할까요? 대기업이나 회사 이름이 친숙한 주식들부터 관심을 갖는 것도 좋겠지만, 투자 전에 먼저 몇 가지 내용들을 알고 나서 체계적으로 종목을 선택한다면 더 좋은 투자 성과를 기대할 수 있을 것입니다. 이번 장에서는 종목 선택과 정보 취득에 관련된 몇 가지 내용을 살펴보겠습니다.

1 종목 선택을 위한 기초 지식

INVESTMENT IN STOCKS

① 효율적 시장 가설과 랜덤 워크 이론

투자 전 가장 먼저 고민해 볼 것은 과연 '종목을 선택하는 것' 자체가 옳은 것인가에 관한 내용입니다. 만약 특정 종목의 주가 흐름을 예측하기가 전혀 불가능하다면 종목을 선택하는 것 자체가 의미가 없겠죠. 모든 시장 참여자들이 합리적이어서 이들이 시장에 공개된 모든 정보를 적절히 매매에 활용하고 있다면, 이미 정보가 주가에 충분히 반영되어 있으므로 어떤 투자자라도 실력으로 초과 수익을 얻을 수 없게 됩니다. 이러한 주장을 효율적 시장 가설이라고 부릅니다. 이는 주가의 흐름이 무작위 걸음걸이와 같아 예측이 불가능하다고 보는 랜덤 워크(random walk) 이론과도 일맥상통합니다.

뛰어난 투자 실력으로 몸소 효율적 시장 가설이 잘못됐다는 것을 증명해 온 워런 버핏은 "시장은 대체로 효율적이지만, 항상 효율적인 것은 아니다."라고 주장했으며 저 역시 동일한 의견입니다. 주식시장은 대체로 효율적이기 때문에 대부분의 종목은 적정 가격에 거래되고 있습니다. 그러나 모든 종목이 그런 것은 아닙니다. 어떤 종목들은 가치에 비해 턱없이 싼 가격에 거래되기도 하고, 다른 어떤 종목들은 가치에 비해 턱없이 비싼 가격에 거래되기도 합니다. 일부 현명한 투자자들은 이런 투자 기회들을 포착하여 우수한 성과를 거두고 있습니다.

효율적 시장 가설은 시장 참여자들의 합리성을 전제로 하지만, 현실에서는 주변에서 기업에 대한 제대로 된 분석과 이해 없이 무턱대고 주식을 매매하는 사람들을 수없이 많이 볼 수 있습니다. 또한 1장에서 살펴봤듯 인간의 본성은 투자에서 약점으로 작용하는 수많은 편향과 오류들을 가지고 있습니다. 이 때문에 사람들은 합리적으로 생각한다면 사야 하는 상황에서 공포에 사로잡혀 주식을 팔아 버리기도 하고, 반대로 팔아야 하는 상황에서 광기에 사로잡혀 주식을 추가로 매수하기도 합니다. 이런 과정에서 주가가 매우 비효율적인 수준에서 형성되기도 합니다.

따라서 참여하는 투자자들의 심리에 의해 크게 움직이는 주식시장에서 효율적 시장 가설만 믿다가는 투자에서 손실을 볼 수도 있습니다. 다만, 효율적 시장 가설과 관련된 몇 가지 아이디어들은 투자에 도움을 줄 수 있으므로 알아두는 것이 좋습니다.

먼저 시장이 효율적이라면 투자자들은 언제나 시장을 이길 수 없고 특정 종목을 선택하는 것 자체가 의미 없게 되므로 코스피 같은 주가지수 전체를 추종하는 ETF[1]가 최선의 선택지가 된다는 점입니다. 실제로 시장은 완벽히 효율적인 것은 아니지만 대체로 효율적이기 때문에 특히 초보 투자자에게는

---

1 Exchange Traded Fund의 준말로, 인덱스 펀드를 거래소에 상장시켜 투자자가 주식처럼 편리하게 거래할 수 있도록 만든 상품

어설프게 종목을 선택하는 것보다 ETF를 통해 주식시장 전체에 분산하여 투자하는 것이 좋은 선택지가 될 수 있습니다. 충분한 실력을 갖춘 투자자라면 주가가 비효율적으로 형성되어 있는 소수의 투자 기회들을 발견할 수 있겠지만, 그렇지 않은 투자자에게는 시장과 싸우기보다 시장과 함께하기를 택하는 것이 현명한 선택일 수 있다는 것입니다. ETF에 관한 내용은 10장에서 조금 더 자세히 다루도록 하겠습니다.

또한 대형주보다 소형주에 좋은 투자 기회가 더 많다는 점입니다. 기관투자자들은 거대한 운용 자금의 규모와 각종 규정 등으로 인하여 소형주를 매매할 수 없는 경우가 대부분입니다. 즉, 대형주들은 프로 투자자들의 무대가 되는 반면 소형주들은 이들의 관심 밖으로 벗어나게 됩니다. 이 때문에 대형주들의 주가는 비교적 효율적인 수준에서 형성되어 있을 가능성이 크지만, 소형주의 주가는 비효율적으로 형성되는 일이 상대적으로 흔하게 일어날 수 있습니다. 실생활에서 쉽게 접할 수 있어 친숙하게 느껴지는 대형주들과 달리 소형주에는 이름조차 들어보지 못한 생소한 기업들이 많습니다. 선뜻 투자하기에는 정보가 적지만, 소형주는 프로들과 싸우지 않아도 되는 싸움터라는 점을 기억한다면 노력 여하에 따라 더 많은 투자 기회들을 발견할 수 있을 것입니다.

② 톱다운 방식과 보텀업 방식

ETF를 통해 시장 전체에 투자하는 것도 좋지만 내가 조금 더 공부하여 개별 종목을 선택하고 시장을 초과하는 수익을 내 보겠다는 마음이 생겼다면,

톱다운 방식으로 종목을 선택할지 보텀업 방식으로 종목을 선택할지를 고민해 볼 차례입니다.

거시경제와 산업을 먼저 분석하여 유망 산업을 선택한 뒤 거기서 세부적으로 기업을 찾아내는 방식을 위에서부터 아래로 내려가는 방식이라고 하여 톱다운(Top-down) 방식이라고 하고, 반대로 거시경제나 산업 전체보다는 개별 기업에 초점을 맞춰 분석을 진행하면서 해당 기업에 영향을 주는 산업 동향과 경제 요소에 대해서도 분석을 진행하는 방식을 아래에서부터 위로 올라가는 방식이라고 하여 보텀업(Bottom-up) 방식이라고 합니다.

[그림 4-1] 톱다운 방식과 보텀업 방식

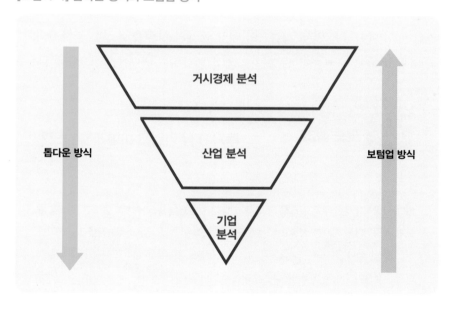

가령 4차 산업혁명 환경에서 반도체의 수요가 늘어날 것 같아 반도체 업종에 투자하기로 결심하고 대표주인 삼성전자를 골랐다면 톱다운 방식, 개별 기업인 삼성전자의 훌륭한 실적과 재무적 수치들에 관심이 생겨 향후 삼

성전자에 투자하고 싶어 반도체 업황에 대해서도 공부한다면 보텀업 방식입니다.

사실 두 방식을 철저히 구분해서 나는 톱다운 투자자가 되겠다, 나는 보텀업 투자자가 되겠다 결심할 필요는 없습니다. 때에 따라 톱다운 방식과 보텀업 방식을 적절히 혼용하면 됩니다. 다만 톱다운 방식을 활용할 경우 개별기업분석에 소홀하지 않도록 철저히 유의해야 합니다. 전체 산업이 성장하더라도 그 산업 내 개별 기업들이 모두 고루 성장하는 것은 아니기 때문입니다. 성장하는 산업 부문에는 많은 기업이 뛰어들기 때문에 경쟁이 치열해지게 됩니다. 가격 경쟁이 치열해지면 산업 전체의 성장에도 불구하고 개별 기업들의 수익성은 악화되며, 이러한 상황이 장기간 지속되면서 많은 기업이 파산한 뒤 살아남은 일부 기업만이 해당 산업의 성장을 온전히 누릴 수 있게 됩니다. 따라서 어떤 업종이 좋다고 해서 무턱대고 해당 업종의 대기업 주식

투자 대상 기업을 어떻게 찾나요?

톱다운 방식에서는 주로 뉴스를 통해 투자 대상 기업들을 발견합니다. 글로벌 반도체 수요가 폭증한다는 기사를 접하고 나서 반도체 업종에 어떤 주식들이 있는지를 찾아본다든가, 그동안 좋지 않던 해운업 상황이 개선될 것이라는 기사들을 접하고 나서 해운 업종에 어떤 주식들이 있는지를 찾아본다든가 하는 식입니다.

보텀업 방식에서 투자 대상 기업들을 발견하는 가장 쉬운 방법은 앞서 잠깐 소개한 HTS의 조건검색 기능을 활용하는 것입니다. 뒤의 챕터들에서 배울 내용들을 종합하여 본인만의 조건검색식을 만들어 보고, 해당 기준을 충족하는 기업들 중에서 추가적인 선별 과정을 거쳐 최종 투자 대상을 선택하면 됩니다.

을 덜컥 사는 것이 아니라 반드시 개별 기업에 대한 철저한 분석까지 마치고
나서 해당 기업에 투자할 필요가 있겠습니다.

③ 금리, 환율, 주식의 삼각관계

거시경제의 세계는 굉장히 복잡합니다. 수많은 경제 요소들이 유기적으
로 상호작용하기 때문에 어떤 일에 대한 인과관계를 명확히 파악하고 미래
를 정확히 예측하는 것이 불가능합니다. 만약 미래를 예측하는 것이 가능했
다면 IMF, 리먼 브러더스 사태 등 수많은 경제 위기들은 일어나지 않았을 것
입니다. 이렇게 여러 요소가 복잡하게 얽혀 있는 거시경제의 세계와 같은 시
스템을 일컬어 '복잡계'라고도 합니다.

투자를 위해 금리, 환율, GDP, 유가, 인플레이션 등과 같은 경제 요소들에
대해 너무 자세히 알려고 할 필요는 없습니다. 사실 이러한 내용은 너무나도
복잡하고, 안다고 하여 투자 수익률 증대에 큰 도움이 되는 내용도 아닙니
다. 투자의 대가 워런 버핏 역시 "FRB[2] 의장 그린스펀이 향후 2년 동안의 통
화정책을 나에게만 몰래 알려 준다고 해도 나의 투자에 어떤 변화도 없을 것
이다."라고 말하며 복잡하고 알 수 없는 거시경제보다는 상대적으로 단순하
고 예측 가능한 개별 기업에 집중할 것을 권한 바 있습니다. 참고로 버핏은
보텀업 투자를 표방하고 있습니다. 그래도 거시경제에 대한 기본적인 내용
정도는 알고 있는 것이 좋기 때문에 여기서는 금리, 환율, GDP에 대한 아주

---

2 Federal Reserve Board of Governors, 연방준비제도이사회, 미국의 중앙은행인 연방준비제도(Fed)의 핵심 기관
(출처: 시사상식사전)

기본적인 내용만을 다루겠습니다.

[그림 4-2] 다양한 종류의 금리와 환율

금리		▶ 더보기	환전 고시 환율		▶ 더보기
CD(91일)(06.25)	0.67	▲ 0.01	미국 USD	1,128.50	▼ 4.50
콜금리(06.24)	0.53	−	일본 JPY (100엔)	1,018.82	▼ 3.70
국고채(3년)(06.25)	1.44	▲ 0.07	유럽연합 EUR	1,347.94	▼ 5.49
회사채(3년)(06.25)	1.96	▲ 0.04	중국 CNY	174.73	▼ 0.40
			2021.06.25 20:04 하나은행 기준		

금리는 이자율과 같은 말로, 한마디로 돈의 가격을 의미합니다. 일반인은 금리 하면 보통 은행 금리를 떠올리겠지만, 금융 시장에는 생각보다 다양한 종류의 금리들이 있습니다. CD 금리, 콜 금리, RP 금리, 국고채 금리, 회사채 금리, 단기 금리, 장기 금리 등입니다. 모든 종류의 금리에 대해 전부 알 필요는 없지만 각국의 중앙은행이 관리하며 금리 체계에서 중심적인 역할을 하는 기준 금리와 기준 금리의 영향을 받는 다양한 시중금리들이 있고, 또 세계 각국의 여러 금리가 유기적으로 상호작용한다는 점 정도는 이해하고 있어야 합니다.

각각의 금리들은 서로 유기적인 관계를 맺고 있기 때문에 전반적인 방향성이 일치하는 편입니다. 기준 금리는 떨어지는데 시중금리가 오르기는 어렵고, 미국이 금리를 올리는데 우리나라만 금리를 내리는 것 역시 어렵습니다. 이 중 후자인 국가 간 금리 차이에 대해서는 환율이 중요한 요인으로 작용합니다. 만약 미국은 금리를 올리는데 우리나라는 금리를 내린다면, 글로벌 투자자들은 금리가 낮아진 우리나라 시장에서 자금을 빼서 금리가 높아진 미국 시장에 예치하려고 할 것입니다. 이렇게 자금이 빠져나가는 과정에서 수요가 줄어든 원화의 가치는 하락하게 되고, 이러한 현상이 급속하게 일어날 경우 IMF와 같은 외환 위기로 이어질 수 있습니다.

따라서 금리와 환율은 너무 낮지도 너무 높지도 않은 적당한 수준으로 관리되어야 합니다. 금리가 너무 낮아지면 부채가 늘고, 시중에 돈이 많이 풀려 자산 가격 버블이 생기고, 국내에서 급속도로 외국인 투자 자금이 빠져나가는 등 경제 구조에 불안이 생기게 됩니다. 반대로 금리가 너무 높아지면 기업들이 돈을 빌리기 어렵게 되어 투자가 둔화되고, 경제 활력이 떨어지게 됩니다. 환율의 경우 원화의 가치가 너무 낮아지면 수입하는 물건과 원자재에 대해 더 많은 원화를 지불해야 하기 때문에 수입 물가가 오르게 되어 국내 소비자들이 피해를 보고, 반대로 원화의 가치가 너무 높아지면 수출 제품이 해외 시장에서 가격 경쟁력을 잃게 되어 수출 기업들이 피해를 보게 됩니다. 그리고 주가지수 역시 경기의 흐름과 영향을 주고받으며 오르내립니다. 금리와 환율, 주식 사이에는 일종의 삼각관계가 형성되어 있는 셈입니다.

기본적으로는 금리가 낮은(떨어지는) 상황이 유동성을 증대시키고 투자를 활성화시키기 때문에 주식시장에 유리하고, 금리가 높은(오르는) 상황은 유동성을 축소시키고 투자를 둔화시키기 때문에 주식시장에 불리합니다. 그러나 앞에서 설명해 드렸듯이 언제까지나 금리를 내릴 수는 없습니다. 또한, 금리 인하 자체는 주식시장에 호재가 맞고 금리 인상 자체는 주식시장에 악재가 맞지만, 일반적으로 금리 인하는 경기가 안 좋은 시기에 경기 부양을 하기 위해 단행하고 금리 인상은 경기가 좋은 시기에 유동성 회수를 위해 하기 때문에, 금리 인하기에는 불경기로 인해 주가가 하락하고 금리 인상기에는 호경기로 인해 주가가 상승하는 식으로 인과관계가 바뀌기도 해 투자자들에게 혼란을 줍니다.

환율의 경우 과거에는 원화 가치가 낮은(떨어지는) 상황이 수출 기업들의 수익성을 증대시키기 때문에 주식시장에 유리하다고 평가받았으나, 최근에는 오히려 원화 가치가 높은(오르는) 상황이 외국인 투자자 입장에서 환차익에 따른 투자 매력도를 증대시켜 자금 유입을 증가시키기 때문에 주식시장에 유리하다고 평가받고 있습니다.

이쯤 되면 머리가 아프기 시작합니다. 그래서 금리나 환율이 오르면 주식을 사야 할까요, 팔아야 할까요? 더군다나 금리나 환율 변동은 뉴스 헤드라인으로도 종종 보도될 정도로 많은 사람이 관심을 갖는 내용인데, 우리가 금리나 환율에 대한 특출난 해석을 통해 투자에서 초과 수익을 거두는 것이 가능할까요? 바로 이것이 버핏이 거시경제보다 개별 기업에 집중할 것을 권한 이유입니다. 그러니 금리와 환율에 대해선 이 이상으로 복잡하게 생각하지 말고 아래의 표에 정리된 기본적인 내용만 확실히 알아두고 넘어가도 충분합니다.

[표 4-1] 금리, 환율 변동에 따른 수혜 및 피해 업종

	수혜 업종	피해 업종
금리 상승	금융업(은행, 보험)	금융업을 제외한 대부분 업종
금리 하락	금융업을 제외한 대부분 업종	금융업(은행, 보험)
원화 가치 상승	수입 의존 기업(정유, 유통 등)	수출 기업(반도체, 자동차 등)
원화 가치 하락	수출 기업(반도체, 자동차 등)	수입 의존 기업(정유, 유통 등)

④ GDP와 버핏 지수

GDP 역시 중요한 경제 지표입니다. GDP(국내총생산)[3]란 한 나라의 영토

---

3 통계청

내에서 가계, 기업, 정부 등 모든 경제주체가 일정 기간 생산한 재화 및 서비스의 시장 가치를 합산한 것을 뜻합니다. 비슷한 지표로 GNP(국민총생산)가 있습니다. GDP에는 외국인이 국내에서 벌어들인 소득은 포함되고 우리 국민이 해외에서 벌어들인 소득은 포함되지 않는 반면, GNP에는 우리 국민이 해외에서 벌어들인 소득은 포함되고 외국인이 국내에서 벌어들인 소득은 포함되지 않습니다. 세계화에 따라 기업의 경제 활동 영역이 여러 나라로 확대되면서 국적을 기준으로 하는 GNP보다 영토를 기준으로 하는 GDP가 국내의 경제 사정을 더 정확하게 반영하는 지표라고 평가받고 있습니다.

[그림 4-3] 대한민국 GDP

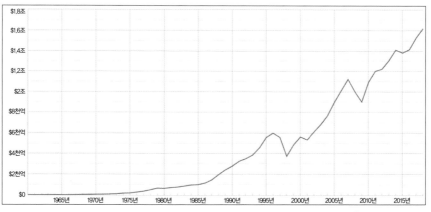

출처: 세계은행, 구글

위의 그래프에서도 알 수 있듯 GDP는 대체로 시간의 흐름에 따라 점진적으로 성장해 나갑니다. GDP는 한 국가의 경제 규모를 나타내는 지표이기 때문에 우리는 어떤 국가의 GDP와 주가지수가 비슷한 방향으로 움직일 것으로 추정해 볼 수 있습니다. 이러한 맥락에서 나온 지표가 '버핏 지수'입니다. 버핏 지수란 GDP 대비 시장 전체 시가총액의 비율(시장 전체 시가총액÷GDP)

을 일컫는 것으로, 워런 버핏이 이 지표를 적정 주가 수준을 측정하기 위한 척도로 높이 평가하면서 버핏 지수라는 이름이 붙게 되었습니다. 보통 버핏 지수가 80% 이하이면 시장 전반이 저평가, 100% 이상이면 시장 전반이 고평가 상태라고 평가합니다.

GDP와 주가지수는 대체로 동행하는 것이 사실이지만 그렇다고 둘의 방향성이 완전히 일치하는 것은 아닙니다. GDP 외에도 정치와 자본시장의 성숙도, 경제 및 산업 구조, 유동성 등 다양한 요인들이 주가지수의 방향성에 영향을 미치기 때문입니다.

[그림 4-4] 중국 GDP와 상해종합지수

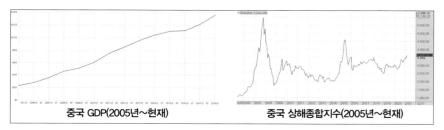

중국 GDP(2005년~현재)   중국 상해종합지수(2005년~현재)

출처: 세계은행, 구글

대표적으로 중국의 GDP와 상해종합지수만 비교해 봐도 그렇습니다. 지속적이고 빠른 속도로 상승해 나가는 GDP(왼쪽)에 비해 주가지수(오른쪽)는 매우 큰 변동성을 보이는 모습입니다. 자본시장의 성숙도가 떨어져 GDP와 주가지수 사이에 큰 괴리가 발생하는 것입니다.

이것은 GDP 성장률이 둔화되고 있는 우리나라 증시에도 희망적인 메시지를 줍니다. GDP가 예전만큼 빠르게 성장하지 못하더라도 자본시장과 경제 구조가 성숙함에 따라 주가지수는 여전히 상승을 이어갈 수 있다는 의미니까요. 더군다나 전체 주식시장 안에는 좋은 기업들도, 평범한 기업들도,

[그림 4-5] 대한민국 GDP 성장률

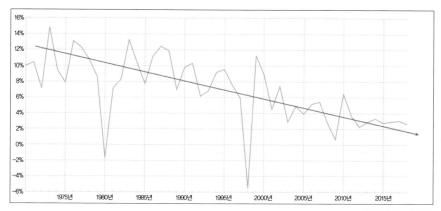

출처: 세계은행, 구글

코리아 디스카운트

우리나라 기업의 주가가 비슷한 수준의 외국 기업 주가에 비해 낮게 형성된 현상을 일컬어 '코리아 디스카운트'라고 합니다. 남북 간 긴장으로 인한 지정학적 위험, 재벌과 대기업 지배구조의 불투명성 등이 코리아 디스카운트의 주된 원인으로 꼽힙니다. 코로나 사태 이후로는 한국이 탁월한 코로나 대응 능력을 보이고 기업 활동도 거의 위축되지 않아 주식시장의 회복세가 빨랐기에 코리아 디스카운트라는 말은 거의 사라졌습니다.

코리아 디스카운트는 달리 보면 기회 요인으로도 작용할 수 있습니다. 한국은 기존의 재벌 중심에서 네이버, 카카오, 쿠팡 등 신흥 IT 강자들이 등장하며 경제 구조가 개선되고 있고, 반도체·2차전지 등 제조업 분야에서 세계적 경쟁력을 지닌 수출 강국이라는 점 등이 주목받고 있습니다. K-Pop과 영화 등 다양한 문화를 통해 영향력을 미치고 있으며 국가 브랜드 이미지 역시 개선되고 있습니다. 기존의 '코리아 디스카운트'라는 단어가 점진적으로 '코리아 프리미엄'이라는 단어로 전환되고 있습니다. 향후에는 '코리아 프리미엄'이 우리나라 주식시장의 상승을 이끌 주요한 동력으로 작용할 수 있을 것입니다.

안 좋은 기업들도 포함되어 있기 때문에 설사 주가지수가 상승을 이어가지 못하더라도 투자자들은 여전히 종목 선택을 통해 수익을 거둘 수 있습니다. 결국 돌고 돌아 여기서도 핵심은 개별 종목의 선택이 되겠습니다.

⑤ 섹터의 순환, 주도 섹터와 대장주

주식시장에는 다양한 섹터(업종)의 기업들이 있습니다. 같은 섹터에 속한 기업들은 주가 역시 비슷하게 움직이는 경향이 있습니다. 반도체 업종이 호황일 때는 삼성전자만 오르는 것이 아니라 SK하이닉스나 반도체 소재 관련주, 반도체 장비 관련주 등이 함께 오른다는 것이죠.

네이버 금융(finance.naver.com) 사이트에서 국내 증시 → 업종 순서로 클릭하면 다양한 섹터들과 해당 섹터에 속해 있는 기업들을 확인할 수 있습니다.

이렇게 다양한 섹터 중에서 시장 상승기에 강한 상승 흐름을 보이며 시장

[그림 4-6] 네이버 금융 업종별 시세

전체의 상승을 주도하는 섹터를 주도 섹터라고 합니다. 그리고 특정 섹터 내에서 가장 강한 상승 흐름을 보이는 종목을 대장주라고 합니다. 많은 투자자가 주도 섹터의 대장주를 남보다 먼저 알아보고 매수하고 싶어 하지요.

주도 섹터를 남들보다 빨리 알아보고 투자한다면 매우 좋은 성과를 거둘 수 있겠지만, 이미 주도 섹터로 자리 잡은 섹터의 종목들을 뒤늦게 따라서 매매하는 것은 위험할 수 있습니다. 주도 섹터가 되었다는 말은 이미 한 차례 이상 주가 급등이 있었다는 말이고, 비싸진 주가는 그만큼의 리스크를 가지고 있기 때문입니다.

시간의 흐름에 따라 주도 섹터는 자연스레 바뀌기도 합니다. 특정 섹터의 주가가 오르면 그만큼 해당 섹터의 가격 메리트는 줄어들고, 상대적으로 가격 메리트가 있는 섹터로 자금이 옮겨가면서 주도 섹터가 바뀌고 시장이 균형을 유지하게 됩니다. 이러한 현상을 섹터의 순환매라고 합니다. 따라서 이미 급등한 섹터의 종목들을 보며 못 산 것을 아쉬워하기보단 향후 어떤 섹터의 종목들이 좋은 주가 흐름을 보일지를 생각하는 것이 보다 건설적인 투자 마인드입니다.

특정 섹터가 좋은 흐름을 보이기 위한 필요조건은 ① 가격 메리트, ② 업황의 호조나 개선입니다. 업황은 좋아지는데 주가는 아직 저렴한 섹터를 찾으라는 것이죠. 언뜻 봤을 때는 쉬워 보이지만, 실제로는 그렇지 않습니다. 싼 가격과 좋은 업황이라는 두 조건이 다소 상충되기 때문입니다. 인간의 본성상 주가의 흐름이 저조할 때는 안 좋은 소식들만 보이게 됩니다. 주가 흐름이 저조한 데는 그만한 이유가 있을 것으로 생각하는 것이죠. 따라서 향후의 주도 섹터를 알아보기 위해선 지지부진한 주가의 이유를 찾는 수많은 비관적 전망에 휘둘리지 않고, 정말로 해당 섹터에 안 좋은 일들만 가득한 것인지, 혹시 시장이 아직 알아보지 못하는 긍정적인 요인들이 숨겨져 있는 건 아닌지를 독립적으로 판단할 수 있어야 합니다.

[그림 4-7] 중 위의 차트는 코스피 지수, 아래 차트는 의류 섹터의 주가 흐름입니다. 파란색으로 표시된 부분에서 코스피 지수는 상승 흐름을 보였으나 의류 섹터는 상승으로부터 소외된 모습을 보였습니다. 그러나 소외되어 있는 의류 섹터를 조금 더 자세히 들여다본 투자자들은 코로나 사태 완화로 인한 보복 소비 등 업황 개선 요인들과 가격 메리트를 발견할 수 있었습니다. 이후 빨간색으로 표시된 부분을 보면 코스피 지수가 쉬어가는 시점에 의류 섹터가 빠르게 상승하는 것을 볼 수 있습니다.

대장주는 어떻게 선별할까?

투자 메리트가 있는 섹터를 선택하는 방법에 대해서는 앞서 설명을 드렸습니다. 그렇다면 이러한 섹터 내에서 가장 투자 매력도가 높은 개별 종목은 무엇일지 어떤 식으로 판단해야 할까요?

물론 가장 쉬운 방법은 해당 섹터에 속한 여러 종목들을 골고루 분산해서 사는 것입니다. 그다음으로 쉬운 방법은 해당 섹터의 1등 기업(가령 반도체 섹터에서는 삼성전자, 자동차 섹터에서는 현대차)을 사는 것이겠죠.

이후의 챕터에서 조금 더 공부를 하고 나면 이런 쉬운 방법들 외에도 다양한 종목 선택 기준을 세울 수 있을 것입니다. 가령 섹터 내에서 특히 저평가가 심한 기업을 찾는다든지, 성장성이 가장 뛰어난 기업을 찾는다든지, 특별한 경쟁우위를 갖춘 기업을 찾는다든지 하는 식으로 말입니다.

초보 투자자들은 이미 급등한 뒤의 종목들을 뒤늦게 따라서 사는 실수들을 범하곤 합니다. 그러나 섹터는 돌고 돕니다. 투자자가 관심을 가져야 할 것은 이미 오른 종목들이 아니라 앞으로 오를 종목들입니다. 우리는 소외된 섹터를 들여다보며 혹시 해당 섹터에 아직까지 주목받지 못하는 강점과 업황 개선 요인들이 숨겨져 있는 것은 아닌지를 보물찾기하듯 살펴봐야 할 것입니다.

[그림 4-7] 코스피 지수와 의류 섹터의 주가 흐름

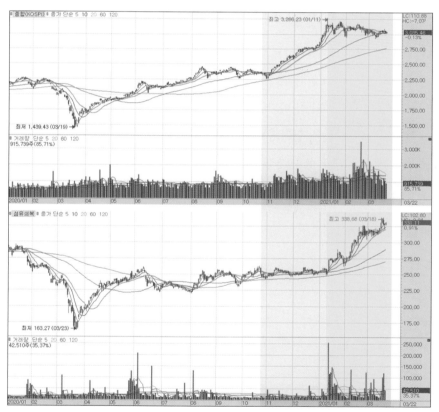

⑥ 수급과 실적

주가는 거시경제, 업황 등 다양한 요인들의 영향을 받지만, 개별 기업의 주가를 결정하는 가장 핵심적인 요인을 두 가지 꼽으라면 그것은 수급과 실적일 것입니다. 주가는 단기적으로는 수급의 영향을, 장기적으로는 실적의 영향을 가장 크게 받습니다.

수급은 수요와 공급을 아울러 이르는 말입니다. 모든 재화나 서비스의 가격은 수급에 의해 결정됩니다. 주식도 마찬가지로 수급의 영향을 받기 때문에 매수세가 강하면 가격이 오르고, 매도세가 강하면 가격이 내려가게 됩니다. 이러한 점에서 주가 차트가 의미를 가집니다. 차트에 표시되어 있는 주가와 거래량 등에 대한 정보는 투자자들의 심리와 수급의 강도 등을 파악하는 데 도움을 주기 때문입니다.

단기적으로 수급은 실적과 관계없는 방향으로 움직이기도 합니다. 돈도 못 벌고 재정 상태도 불량한 기업인데 돈이 몰리며 주가가 급등하기도 하고,

[그림 4-8] 가치와 가격의 괴리에 따른 매매

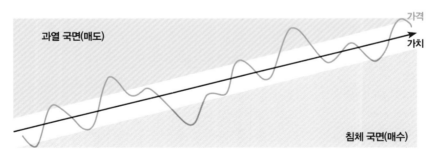

수급의 작용으로 인해 주가는 가치에 비해 훨씬 변화무쌍하게 움직입니다. 이러한 변동성을 적절히 활용한다면 가치에 비해 수급이 과열된 시점에는 매도로, 침체된 시점에는 매수로 대응함으로써 훌륭한 투자 성과를 거둘 수 있습니다.

돈도 잘 벌고 재정 상태도 튼튼한 기업이 시장의 주목을 못 받고 지지부진한 주가 흐름을 이어가기도 합니다. 그러나 장기적으로 수급은 결국 실적을 따라가게 됩니다. 주식은 회사의 소유권 일부를 사는 것이기 때문에 투자자가 돈을 잘 버는 기업을 놔두고 안 좋은 기업을 사는 바보짓을 이어가지는 않는다는 것입니다. 이러한 점에서 가치투자가 의미가 있습니다. 장기적으로는 결국 실적과 재무 상태로 대변되는 기업의 가치에 가격이 수렴하게 되므로, 단기적 수급 때문에 가치에 비해 싸게 거래되고 있는 주식을 찾아내 장기 보유한다면 훌륭한 수익을 거둘 수 있는 것입니다.

호재 기사가 났는데 주가는 왜 떨어지나요?

투자를 하다 보면 기업에 호재 기사가 났는데 주가는 오히려 떨어지는 경우를 종종 목격하게 됩니다. 초보 투자자에게는 이러한 현상이 이해가 안 될 수 있습니다. 회사에 좋은 일이 있다는데 주가는 왜 떨어지는 것일까요?

투자 격언 중에 "소문에 사서 뉴스에 팔아라."라는 말이 있습니다. 주가는 대체로 현상들을 선반영하는 경향이 있습니다. 가령 기업의 실적이 좋을 것으로 예상된다면 실적 발표가 있기 전에 이미 좋은 실적에 대한 여러 징조들이 주가에 반영되어 주가가 오르게 되고, 실제 실적이 좋다는 것이 발표되는 시점에는 주가가 해당 사실을 반영하여 올라 있는 상태이기 때문에 실적 발표 이후에는 주가가 오히려 떨어지게 됩니다.

때문에 주식시장에서는 항상 주가에 반영된 기대감의 수준이 어느 정도인지를 파악해야 할 필요가 있습니다. 주가가 고가권에 있다는 것은 그만큼 해당 주식이 시장으로부터 많은 기대를 받고 있다는 것을 의미합니다. 때문에 호재 뉴스가 나오더라도 이미 그 사실이 주가에 반영되어 있을 가능성이 높고, 주가는 큰 반응을 보이지 않을 가능성이 높습니다. 반대로 만약 고가권에서 악재 뉴스가 나온다면 주가는 해당 악재에 민감하게 반응하여 큰 가격 하락을 보이게 될 것입니다. 반면 저가권에 있는 주식들은 이미 낮은 기대감이 주가에 반영되어 있기 때문에 악재에는 둔감하게, 호재에는 민감하게 반응할 가능성이 높습니다.

[그림 4-9] 컴투스 주가 차트

가령 컴투스라는 게임업체의 경우 '서머너즈 워: 백년전쟁'이라는 회사의 기대작이 출시된 직후 해당 게임의 단기간 매출이 나쁘지 않은 수준이었음에도 주가가 급락하는 모습을 보였고, 많은 투자자가 이에 대해 의문을 가졌습니다. 그러나 기대감의 관점에서 해당 주가 하락을 살펴본다면, '백년전쟁'이라는 게임이 출시되기 전부터 많은 투자자가 기대감을 가지고 있었고, 이것이 주가에도 반영되어 이미 주가가 상승을 보인 뒤였기 때문에 이러한 기대감을 뛰어넘는 월등한 매출을 보이지 않는 이상 단기적으로 주가는 하락을 보일 수밖에 없었던 것입니다. 이제는 주가에 반영된 기대감이 낮아진 상태이기 때문에, 향후 '백년전쟁'이 꾸준히 뛰어난 매출을 기록한다면 주가는 다시금 회복될 수 있을 것입니다.

2 제대로 된 정보를 얻는 방법

INVESTMENT IN STOCKS

① 공시와 찌라시

1장에서 언급한 바 있지만 많은 사람들이 미공개 정보에 대한 환상을 가지고 있습니다. 주식시장을 움직이는 큰손들은 그들이 가진 네트워크와 방대한 양의 미공개 정보를 통해 투자에서 우위를 점한다는 생각이죠. 이러한 미공개 정보를 속된 말로는 '찌라시'라고 부릅니다.

찌라시는 투자자들의 가슴을 두근거리게 합니다. 남들은 모르는 정보를 나만 알고 있다는 흥분감, 이를 이용해 투자에서 대박을 낼 수 있을 거라는 기대감. 어쩌다 "너한테만 알려 주는 건데…"로 시작하는 말을 들으면 당장 대출이라도 받아서 그 주식을 사야 하나 싶죠. 이런 일은 투자를 하다 보면 꼭 한 번은 겪게 됩니다. 과연 찌라시들을 이용하면 투자에서 큰 성공을 거둘 수 있을까요? 제가 경험한 바 정답은 '절대 그렇지 않다'입니다.

무엇보다 미공개 정보를 이용해 투자 수익을 거두는 행위는 불법입니다.

미공개 정보를 유포하는 자와 이용하는 자는 모두 자본시장법에 따라 처벌을 받습니다. 이러한 정보는 기업 차원에서도 엄격하게 관리되기 때문에 기본적으로 미공개 정보가 일부 투자자에게만 유출될 가능성은 극히 낮습니다. 기본적으로 이런 정보는 유포되어서는 안 되고, 설령 알게 되었더라도 이용해선 안 됩니다.

그런데 투자를 하다 보면 그럴듯한 말로 포장된 찌라시들을 생각보다 자주 접하게 됩니다. 암암리에 많은 미공개 정보들이 법망을 피해 이용되고 있는 걸까요? 아닙니다. 우리가 접하는 찌라시의 99%는 순진한 투자자들을 꾀기 위한 가짜 정보입니다. 투자자들 사이의 의견 교환 과정에서 개인의 가벼운 의견이 와전되어 대단한 미공개 정보로 둔갑하는 경우도 있고, 일종의 금융 사기로서 시세 조작을 위해 조직적으로 찌라시를 퍼뜨리는 경우도 있습니다. 어떤 형태가 되었건 이런 찌라시에 넘어간다면 수익을 거두기는커녕 오히려 시세 조작의 피해자가 되어 큰 손해를 입을 가능성이 큽니다.

저 역시 투자를 하면서 이러한 찌라시들을 수차례 접한 바 있고, 어떤 때는 꽤 신뢰하던 사람으로부터 찌라시를 받아 보기도 했습니다. 그러나 수많은 찌라시 중 이후 진짜 정보로 밝혀졌던 것은 단 하나도 없었습니다. 투자에서 핵심은 남들에게 알려지지 않은 정보를 얻는 것이 아닙니다. 투자의 성패는 모두에게 알려진 공식적인 정보들을 누가 더 많이 읽고 공부하여 제대로 해석하느냐에 따라 결정됩니다. 찌라시에 대한 환상에서 벗어나 전자공시와 재무제표처럼 누구에게나 공개된 자료를 철저하게 분석하는 현명한 투자자들만이 주식시장에서 달콤한 과실을 수확할 수 있을 것입니다.

돈이 모이는 곳에는 사기꾼들도 모입니다. 인터넷을 돌아다니다 보면 주식 리딩방이라는 것을 흔히 접하게 됩니다. 적게는 수십만 원, 많게는 수백만 원을 내면 대박 종목을 추천해준다거나 엄청난 매매 기법들을 알려 준다고 하죠. 이들은 굉장히 자극적인 수익률을 제시하며 초보 투자자들을 유혹합니다. 이렇게 들으면 '누가 그런 뻔한 수법에 당하겠어?' 싶겠지만, 이들은 투자 전문가가 아닌 영업(또는 사기) 전문가이기 때문에 실제로 이들의 말을 듣다 보면 많은 사람이 혹하게 됩니다.

항상 믿을 것은 나 자신 뿐이라는 사실을 명심해야 합니다. 리딩방뿐만 아니라 주변에서 주식으로 돈 좀 벌었다는 사람들이 하는 종목 추천도 철저히 무시하세요. 그런 유혹에 흔들리지 말고 본인이 실력을 갈고닦아 스스로 종목을 분석하고 선택할 수 있도록 노력해야 합니다. 너무 뻔한 말이라고요? 투자의 세계에서는 이처럼 따분하고 진부한 말들이 올바른 조언이고 진리라는 것을 늘 기억하세요.

② 정보를 얻을 수 있는 사이트

그렇다면 공식적인 정보들은 어디에서 얻을 수 있을까요? 투자 관련 정보를 얻는 데 큰 도움을 주는 사이트들을 소개합니다.

■ 전자공시시스템 DART(dart.fss.or.kr)

기업분석에서 가장 기본이 되는 것은 전자공시와 사업보고서입니다. 이런 각종 공시 자료들이 전자공시시스템 DART를 통해 투자자들에게 공개되

[그림 4-10] 전자공시시스템 DART 홈 화면

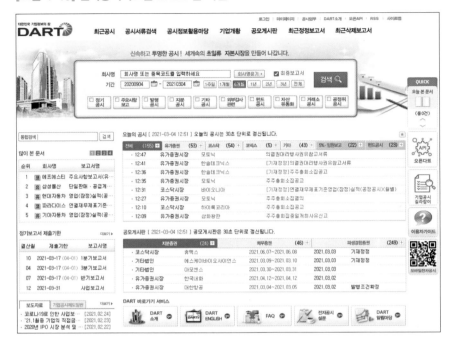

어 있습니다. DART에 자주 드나들며 해당 사이트 활용에 익숙해지고, 자료를 많이 살펴보는 것이 좋은 투자를 위한 첫걸음이 될 것입니다.

■ **Draftable**(draftable.com)

Draftable은 자료별로 차이가 나는 부분을 표시하여 옛 버전과 새로운 버전의 두 자료를 한눈에 비교하여 볼 수 있게 해주는 사이트입니다. Draftable을 통해 투자자들은 2019년과 2020년의 사업보고서를 비교한다든지, 1분기와 2분기의 보고서를 비교한다든지 하는 식으로 사업보고서에서 새롭게 추가되거나 빠진 부분을 손쉽게 파악하고 사업의 변화를 알아볼 수 있습니다.

[그림 4-11] Draftable 홈 화면

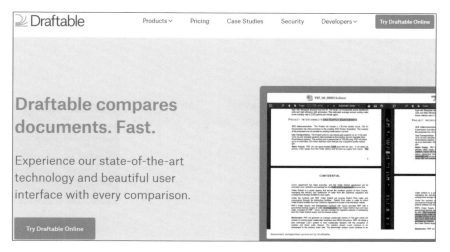

■ 네이버 금융(finance.naver.com)

네이버에서 제공하는 네이버 금융에서도 투자와 관련된 많은 정보를 취득할 수 있습니다. 각종 경제 지표, 리포트, 뉴스, 재무제표 등 다양한 정보를 편리하게 활용할 수 있게끔 잘 정리해 놓았습니다. 이것저것 클릭해 보며 사이트를 둘러보면 차츰 메뉴와 용어에 익숙해질 것입니다.

■ 한경 컨센서스(consensus.hankyung.com)

애널리스트들은 풍부한 데이터를 기반으로 깊이 있는 분석을 하므로 증권사 리포트들을 보며 자신의 분석을 보충한다면 투자에 매우 유용합니다. 증권사 리포트가 아무리 훌륭하다 하더라도 DART와 스스로의 분석이 메인이고 증권사 리포트는 보조 도구로 활용해야 합니다. 주객이 전도되어서는 안 됩니다. 한경 컨센서스에서는 자사 홈페이지에서만 리포트를 제공하는 일부 증권사를 제외한 여러 증권사의 리포트를 모아 볼 수 있습니다.

[그림 4-12] 네이버 금융 홈 화면

[그림 4-13] 한경 컨센서스 홈 화면

리포트를 읽을 때 주의할 점은 사실과 의견을 구별하여 의견은 버리고 사실만을 취해야 한다는 것입니다. 예상 실적이나 투자 의견 같은 부분은 애널리스트의 의견에 불과하며 신뢰성이 높지 않습니다. 이는 사실들을 종합하여 스스로가 판단해야 할 부분이지 애널리스트들에게 맡길 부분이 아니라는 점을 기억할 필요가 있습니다.

■ **한국IR협의회 기술분석보고서**(kirs.or.kr/information/tech2020]_2.html)

한국IR협의회가 기술신용평가기관에 발주하여 작성하는 기술분석보고서 또한 굉장히 유용한 자료입니다. 기업분석 자료와 산업분석 자료로 나누어져 있으며 기업분석 자료에서는 코스닥 상장 개별 기업들에 대한 보고서를, 산업분석 자료에서는 혁신성장품목들에 대한 보고서를 찾아볼 수 있습니다.

[그림 4-14] 한국IR협의회 기술분석보고서 화면

■ **SMIC**(snusmic.com)

SMIC(서울대학교 투자연구회)에서도 양질의 기업분석 자료들을 발간합니다. SMIC 홈페이지에서 리서치 탭을 클릭하여 해당 자료들을 찾아볼 수 있습니다.

[그림 4-15] SMIC 홈 화면

■ **KIND IR 자료실**

(kind.krx.co.kr/corpgeneral/irschedule.do?method=searchIRScheduleMain&gubun=iRMaterials)

IR(Investor Relations, 기업이 증권시장에서 정당한 평가를 받기 위해 투자자들을 대상으로 실시하는 홍보 활동) 자료는 기업이 투자자들을 대상으로 사업을 설명하기 위해 발간하는 자료이기 때문에 사업 이해에 큰 도움을 줍니다. 규모가 큰 기업들은 대체로 자사 홈페이지에 IR 자료를 게재하고, 규모가 작은 기업들은 KIND의 IR 자료실에 IR 자료를 게재합니다.

■ **더벨**(thebell.co.kr)

기업과 관련된 뉴스들도 잘 찾아봐야겠죠. 더벨이라는 미디어가 통찰을 주는 기사들을 많이 내고 있습니다. 관심 있는 종목과 관련하여 더벨에서 나

[그림 4-16] KIND IR 자료실 화면

[그림 4-17] 더벨 홈 화면

온 기사가 있는지를 찾아보는 것도 좋습니다.

■ 해당 기업 홈페이지

해당 기업의 제품, 경영 철학 등에 관한 내용을 가장 상세하게 설명해 놓은 곳은 아무래도 그 기업 홈페이지일 것입니다. 투자하기 전 해당 기업 홈페이지도 둘러보지 않은 채 그 기업을 제대로 분석했다고 말하기는 어렵겠죠. 홈페이지 곳곳을 둘러보며 기업이 어떤 사업을 하는지, 어떤 인상을 주는지 정도는 확인한 후에 투자를 진행하시기 바랍니다.

기업 주식담당자와 통화하기

[그림 4-18] 주식담당자 전화번호 찾는 법

기업 분석을 진행한 뒤 여전히 궁금증으로 남아 있는 부분에 대해서는 회사 주식담당자와의 통화를 통해 직접 물어볼 수 있습니다. 네이버 금융에서 종목명 검색 → 종목분석 클릭 → 기업개요 클릭 → 전화번호 확인을 통해 주식담당자와 통화할 수 있습니다.

다만 공시와 사업보고서 등 기본적인 자료들을 숙지해 해당 기업에 대해 충분히 공부한 뒤에, 나와 있는 자료들로는 해결이 되지 않는 궁금증들에 대해서만 주식담당자에게 질문해야 합니다. "요즘 주가가 왜 이렇게 떨어지는 거예요?"와 같은 질문은 최악입니다. 서로 기업에 대한 이해도가 충분한 상태에서 사업 이해에 꼭 필요하고, 주식담당자가 대답할 수 있을 만한 내용에 대한 질문들을 가지고 통화에 임하는 것이 바람직합니다.

SUMMARY

- 투자 시에는 모든 정보가 주가에 충분히 반영되어 있다는 효율적 시장 가설, 주가의 흐름은 무작위 걸음걸이와 같아 예측불가능하다고 보는 랜덤 워크 이론을 모두 고려해야 한다.

- 투자 대상 기업을 찾을 때 톱다운 방식으로 거시경제와 산업을 분석하여 유망한 업종부터 선택한 후 그 가운데 좋은 기업을 찾을 수도 있고, 보텀업 방식으로 관심이 가는 기업을 먼저 조사하고 산업 동향과 경제에 대해서 분석할 수도 있다.

- 금리와 환율은 주식시장에 큰 영향을 주지만 일반 투자자가 금리와 환율을 이용해 초과 수익을 거두기는 어렵다.

- 주식시장의 상승을 주도하는 섹터를 주도 섹터, 특정 섹터 내에서 가장 강한 상승을 보이는 종목을 대장주라 한다.

- 주도 섹터는 바뀌기 마련이므로 급등한 섹터를 보며 아쉬워하기보다는 향후 어떤 섹터가 좋은 흐름을 보일지 연구하는 것이 낫다.

- 일명 찌라시의 99%는 가짜 정보다. 투자의 성패는 남들에게 알려지지 않은 정보를 얻는 것이 아니라 공식적인 정보를 누가 더 많이 읽고 제대로 해석하느냐에 따라 결정된다.

- 전자공시시스템 DART에 공개된 기업의 공시 자료들을 잘 살펴보는 것이 투자의 첫걸음이다.

주식시장의 소음을 줄이는
세 가지 방법

많은 투자자가 정보는 많을수록 좋다고 생각합니다. 언뜻 보기에 정보가 많을수록 좋다는 말은 지극히 합당한 것 같지만, 주식시장에서는 많은 정보가 반드시 긍정적으로 작용하지는 않습니다.

사실 투자자가 정보라고 생각하는 것들의 대부분은 소음에 불과합니다. 주변 사람들의 종목 추천이나 찌라시 등은 말할 것도 없으며 경제 방송이나 뉴스도 마찬가지입니다. 수많은 뉴스들 중에는 간혹 기업 활동과 관련된 중요한 소식을 다루는 뉴스도 있지만, 대부분은 알맹이 없는 자극적인 기사들입니다. 이러한 뉴스 하나하나에 휘둘리다 보면 나도 모르는 사이 단기 매매를 하게 됩니다. 금리가 조금 올랐다고 주식을 팔아 버리고, 회사에 안 좋은 뉴스가 나왔다고 주식을 팔아 버리고 하는 것이죠. 이런 식으로 매매를 하느니 차라리 귀를 닫아 버리는 것이 더 우수한 성과를 낼 것입니다.

신중한 판단에 따라 매수한 후에는 아래의 세 가지를 기억하셔야 합니다.

1. 인터넷 사용을 줄인다.

뉴스, 네이버 카페, 유튜브 등을 너무 자주 확인하면 오히려 투자에 독으로 작용합니다. 이런 공간에서는 시장 상승기에는 낙관적 전망으로만 가득

차고 시장 하락기를 맞으면 부정적 전망들만 나옵니다. 이런 전망과 의견에 일희일비하거나 이에 따른다면 투자에 악영향을 줄 것입니다.

2. 주가 확인 빈도를 줄인다.

실시간으로 주가를 체크하면서 괜히 마음에 돌을 던질 필요는 없습니다. 철저한 자료 조사와 연구를 통해 올바른 방식으로 투자를 결정했다면 며칠 정도 주가를 확인하지 않더라도 큰 문제가 생기지 않습니다.

3. 매매 빈도를 의도적으로 줄인다.

매매 횟수를 줄이겠다고 지속적으로 다짐하세요. 매수와 매도는 각종 비용이 부과되며 이것이 쌓이면 성과에도 영향을 미칩니다. 주식을 사고팔기 전에 반드시 내가 지금 장기 투자를 하고 있는지 다시 한번 생각해 보기 바랍니다.

깊이 있게 기업을 공부하고 투자를 결정했다면, 그 이후에는 핵심적인 투자 아이디어가 훼손된 것이 아닌 이상 자잘한 뉴스에 휘둘려서는 안 됩니다. 그리고 이러한 기업 공부와 핵심 투자 아이디어 도출은 뉴스들을 보면서 얻는 것이 아닙니다. 바로 다음 장에서 살펴볼 공시와 사업보고서 분석을 통해 이루어져야 합니다.

NOTE

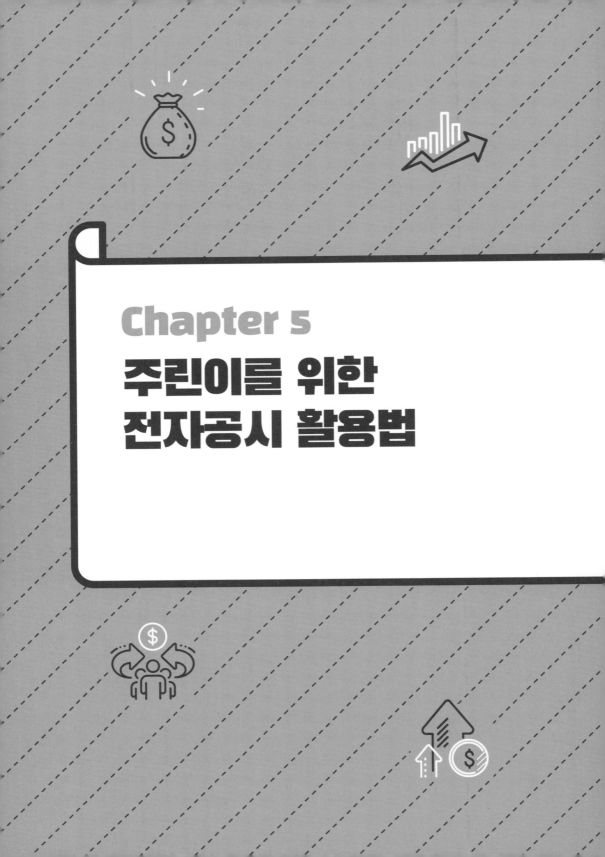

Chapter 5
주린이를 위한
전자공시 활용법

4장에서 기업 분석에 도움을 주는 여러 사이트들을 소개해 드렸습니다. 모두 유용한 사이트들이지만, 그중 투자자가 반드시 알아야 할 사이트를 하나만 꼽으라면 단연 전자공시시스템(DART)일 것입니다. 기업을 분석하고 이해하는 데 전자공시만큼 훌륭한 정보원은 없다고 해도 과언이 아닙니다. 성공하는 투자자로 거듭나기 위해서는 반드시 전자공시와 사업보고서를 읽는 습관을 길러야 합니다. 전자공시를 활용해 기업을 이해하는 데 필요한 정보와 사업 현황을 파악하는 방법을 배워봅시다.

1 전자공시를 알면 기업이 보인다

INVESTMENT IN STOCKS

① 전자공시와 사업보고서

전자공시란 투자자의 투자 판단을 돕기 위하여 기업에 대한 정보를 투자자에게 공개하는 시스템입니다. 정기 공시, 주요사항 보고 공시, 발행 공시 등 다양한 종류의 공시들이 있으며 가장 대표적인 것은 정기 공시 중 하나인 사업보고서입니다.

[그림 5-1] 전자공시의 종류

정기 공시	주요사항 보고	발행 공시	지분 공시	기타 공시	외부감사 관련	펀드 공시	자산 유동화	거래소 공시	공정위 공시

투자자는 왜 공시와 사업보고서를 봐야 하는 걸까요? 전자공시는 기업과 관련해 가장 신뢰성 높으면서도 방대한 정보를 제공하는 정보원이기 때문입니다. 전자공시는 자본시장법에서 정한 기한과 양식을 바탕으로 사실에 근거하여 작성하게끔 되어 있으며, 이를 어길 경우 기업이 무거운 법적 책임을

지게 되어 있어 높은 수준의 신뢰성을 가지는 자료입니다. 또한 전자공시는 사업의 개요, 자본금 변동 사항, 수주 현황, 재무제표, 지분 구조 등 기업 이해에 필요한 거의 모든 정보를 다루고 있어 기업 분석의 뼈대가 됩니다. 때문에 전자공시와 사업보고서에 대해 제대로 알지 못하고서는 기업 분석을 했다고 할 수 없습니다.

② 기업의 교과서, 사업보고서

가장 대표적인 전자공시인 사업보고서는 기업에 대한 교과서라고 불러도 좋을 정도로 그 기업에 대한 방대한 정보를 담고 있습니다. 좋은 투자를 위해서는 기업에 대한 깊이 있는 이해가 선행되어야 하기 때문에 사업보고서는 투자에 있어 매우 중요한 자료로 작용합니다.

사업보고서는 분기별로 1년에 총 4차례 공시되며, 대부분의 기업은 1~3월(1분기), 4~6월(2분기), 7~9월(3분기), 10~12월(4분기)을 기준으로 사업보고서를 작성합니다. 이러한 기준을 따르는 기업들을 12월 결산 법인이라고 합니다. 몇몇 기업들은 결산 시점을 이와 다르게 설정하기도 합니다. 1, 3분기 이후 나오는 보고서를 분기보고서, 2분기 이후 나오는 보고서를 반기보고서, 4분기 이후 나오는 보고서를 사업보고서라고 하며, 특히 4분기 이후 나오는 사업보고서는 1년 동안의 사업을 결산하는 보고서이기 때문에 분기·반기보고서보다 조금 더 많은 정보를 담고 있습니다. 분기·반기보고서는 분기·반기말 경과 후 45일 이내에, 사업보고서는 사업연도말 경과 후 90일 이내에 제출하여 공시되어야 합니다.

[표 5-1] 사업보고서의 구분

기간	명칭	제출 기한
1분기(1~3월)	분기보고서	45일 이내(~5월 15일)
2분기(4~6월)	반기보고서	45일 이내(~8월 15일)
3분기(7~9월)	분기보고서	45일 이내(~11월 15일)
4분기(10~12월)	사업보고서	90일 이내(~다음 해 3월 31일)

[그림 5-2] 사업보고서 목차

목   차

사 업 보 고 서 1
【 대표이사 등의 확인 】 2
I. 회사의 개요 3
1. 회사의 개요 3
2. 회사의 연혁 28
3. 자본금 변동사항 34
4. 주식의 총수 등 35
5. 의결권 현황 40
6. 배당에 관한 사항 등 41
II. 사업의 내용 42
III. 재무에 관한 사항 107
1. 요약재무정보 107
2. 연결재무제표 110
3. 연결재무제표 주석 118
4. 재무제표 246
5. 재무제표 주석 254
6. 기타 재무에 관한 사항 363
IV. 이사의 경영진단 및 분석의견 394
V. 감사인의 감사의견 등 417
VI. 이사회 등 회사의 기관에 관한 사항 421
1. 이사회에 관한 사항 421
2. 감사제도에 관한 사항 437
3. 주주의 의결권 행사에 관한 사항 444
VII. 주주에 관한 사항 445
VIII. 임원 및 직원 등에 관한 사항 452
1. 임원 및 직원 등의 현황 452
2. 임원의 보수 등 488
IX. 계열회사 등에 관한 사항 501
X. 이해관계자와의 거래내용 534
XI. 그 밖에 투자자 보호를 위하여 필요한 사항 538

목차를 보면 알 수 있듯 사업보고서는 내용이 워낙 방대하기 때문에(대개 수백 페이지 분량) 초보자들은 지레 겁을 먹고 사업보고서 읽기를 포기해 버림니다. 그러나 사업보고서를 살펴보는 것은 투자를 위해 필수적인 일이며 생각보다 그렇게 어려운 일도 아닙니다. 천천히 배워 나간다는 마음으로 하나 둘 읽어 나가다 보면 요령이 생겨 속도가 늘고, 나중에는 새로운 분야에 대해 알아가는 즐거움도 느낄 수 있습니다.

사업보고서는 딱히 빼놓을 내용 없이 모든 내용이 중요합니다만, 처음에는 [그림 5-2]에서 빨간색 네모로 표시해 놓은 사업보고서의 전반부(회사의 개요, 사업의 내용, 재무에 관한 사항)까지만 읽는 것도 괜찮습니다. 회사의 개요 부분은 말 그대로 회사의 개요, 연혁 등 개괄적인 내용을 기록해 놓은 부분으로 빠르게 읽고 넘어갈 수 있습니다. 사업의 내용 부분은 회사의 사업 활동, 경쟁 환경, 원재료 매입, 연구 활동 등 사업에 대한 내용을 자세히 설명해 놓은 부분입니다. 익숙하지 않은 사업 분야라면 이해를 위해 다소 시간을 들여

성장성 파악을 위한 P/Q/C 분석

사업보고서상 사업의 내용 파트를 읽을 때는 해당 기업이 어느 정도의 성장성을 가지고 있는지에 대해 중점적으로 검토해야 합니다. 이때 P/Q/C 분석이라는 틀을 적용하면 체계적으로 기업의 성장성을 파악할 수 있습니다.

P/Q/C란 Price(가격), Quantity(판매량), Cost(비용)의 준말입니다. 기업의 제품 판매 단가가 상승하는 경우, 제품 판매량이 증가하는 경우, 전사적 비용이 감소하는 경우에는 실적이 증가할 것이고 반대의 경우에는 실적이 감소할 것입니다. P/Q/C가 모두 좋은 방향으로 움직일 수도 있고, 어떤 요인은 좋으나 어떤 요인은 좋지 않을 수도 있습니다. 각각의 요인이 어떤 방향으로 움직일지에 대해 고민하면서 사업의 내용을 살펴본다면 좋은 투자 아이디어를 도출할 수 있을 것입니다.

야 할 수도 있으나 그만큼 기업에 대한 이해도를 높일 수 있습니다. '사업의 내용'이 글로 회사의 사업 환경을 서술하는 부분이라면, '재무에 관한 사항'은 사업에서 얻은 성과를 숫자로 나타내는 부분입니다. 재무제표와 재무제표에 대한 주석으로 구성되어 있으며, 숫자는 객관적인 형태로 회사의 상황을 나타내기 때문에 재무제표에 대한 이해 역시 투자에 있어 매우 중요한 부분입니다.

③ 공시 뒤 숨겨진 진실

공시는 분명 투자에 활용할 수 있는 가장 신뢰성 높은 정보입니다만, 이러한 공시와 사업보고서 역시 조작될 가능성이 아예 없는 것은 아닙니다. 기업이 거짓 매출을 기록하거나 비용을 적게 계상하는 등 회계 장부를 조작하여 회사의 실적을 좋게 보이도록 꾸미는 것을 '분식회계'라고 합니다. 분식회계는 흔하게 발생하는 일은 아니지만, 발생했을 때 투자자가 입게 되는 피해 규모는 막대하기 때문에 투자자들은 분식회계에 대해 잘 알아둘 필요가 있습니다.

가장 대표적인 분식회계 사례는 엔론(Enron)이라는 기업의 분식회계 사태입니다. 엔론은 미국의 에너지 기업으로서, 2001년 분식회계가 드러나기 전까지 6년 연속 미국에서 가장 혁신적인 기업으로 선정되었고 미국의 7대 기업으로 불릴 정도로 규모와 명성이 막대한 기업이었습니다. 엔론의 분식회계 사태가 밝혀졌을 때 그 일이 시장에 미친 충격과 영향력은 엄청났습니다. 2001년 말 엔론이 일상적이고 체계적인 방식의 분식회계로 부실한 재정

처공용어 뽀개기

사베인스-옥슬리 법

미국의 회계 개혁에 관한 연방법으로서, 정식 명칭은 '상장기업 회계개혁 및 투자자 보호법'이지만 법안을 제출한 의원들의 이름을 딴 사베인스-옥슬리법(Sarbanes-Oxley Act, 일명 SOX)으로 알려져 있습니다. 2002년, 엔론, 타이코, 월드컴 같은 대기업들의 회계 부정 사태 이후 기업의 회계 투명성을 위해 제정되었습니다. 회계 감사와 재무정보 공시 강화는 물론, 회계장부 부정이 있을 경우 경영진 처벌 등의 규정이 포함되어 있습니다.

을 은폐해 왔다는 사실이 밝혀졌으며 엔론은 2001년 12월 파산보호를 신청합니다. 이후 엔론이라는 단어는 분식회계를 상징하는 대명사로 자리 잡게 되었습니다. 이 사건은 엔론 이외의 기업들의 회계에 대한 의문까지 제기되는 계기가 되었고, 이후 기업의 회계 개선과 투자자 보호를 목적으로 하는 사베인스-옥슬리 법의 제정에 결정적인 영향을 미칩니다.

한국에서의 대표적인 분식회계 사례로는 대우조선해양의 분식회계 사태를 꼽을 수 있습니다. 2008년 금융 위기부터 시작된 세계 경기 침체와 조선업, 해운업의 불황을 극복하기 위해 대우조선해양은 저가 수주를 시작합니다. 이 과정에서 예상을 훨씬 뛰어넘는 비용이 발생하였으며 무리한 저가 수주는 막대한 규모의 손실 누적이라는 결과로 이어지게 됩니다. 해당 손실을 그대로 보고할 경우 구조조정, 주가 폭락 등의 사태가 일어날 것을 우려했던 경영진은 결국 재무제표를 조

[그림 5-3] 대우조선해양의 분식회계 사태 전후 주가(상)와 거래량(하)

작하여 실적을 부풀렸습니다. 2015년 7월, 이 사실이 밝혀지며 수조 원대의 손실이 재무제표에 추가 반영되었고, 주가는 폭락했습니다.

엔론과 대우조선해양의 경우처럼 일반적인 분식회계는 실적을 부풀리기 위해 일어나지만, 간혹 실적을 낮아 보이게 하기 위해 재무제표를 조작하는 경우도 있습니다. 이러한 경우를 역분식이라고 합니다. 역분식의 사례로는 우리나라 자동차 부품사 에스엘의 사례를 꼽을 수 있습니다. 에스엘은 현대 차, 기아차 등 완성차 업체에 부품을 납품하는 기업으로서, 수익이 높게 나 타날 경우 완성차 업체로부터 단가 인하 압력을 받게 될 것을 우려해 재무제 표상 수익을 축소하는 역분식을 저지르게 되었습니다. 2020년 5월, 이 사실 이 드러나며 에스엘은 상장폐지 심사를 받게 되었습니다. 다행스럽게도 상 장폐지까지 이어지지는 않았으나 주주들의 입장에서는 심장이 조마조마했 던 사건이었습니다.

사실 기업이 작정하고 분식회계를 저지르면 일반인이 분식회계의 징후를 미리 알아채고 대응하는 것은 불가능에 가깝습니다. 그러나 분식회계는 대 체로 사업 모델에 약점이 있는 기업들에서 일어나기 때문에, 재무제표와 사 업 모델에 대해 충분히 공부하여 불량한 기업들을 걸러내고 좋은 기업들에 투자한다면 분식회계에 노출될 가능성을 최소한으로 낮출 수 있습니다. 결 국 우리가 할 수 있는 일은 공부와 분석입니다.

④ 상장폐지 종목만은 피하자

주식투자를 하면서 겪을 수 있는 최악의 상황은 보유 주식이 상장폐지를 당하는 경우일 것입니다. 상장폐지란 말 그대로 상장기업으로서의 자격을 상실해 그 기업이 증권거래소에서 퇴출된다는 의미입니다. 노골적으로 말하면 주식이 아무런 가치가 없는 휴지 쪼가리가 되는 것이죠.

아직 상장폐지가 될 정도는 아니지만 상장폐지의 위험성이 있는 종목들을 투자자가 미리 알고 주의할 수 있도록 거래소에서 지정하여 관리하는 종목들은 관리종목이라고 부릅니다.

앞서 살펴본 분식회계 외에도 몇 가지 이유들로 인하여 불량 기업들은 관리종목으로 지정되거나 상장폐지되어 거래소에서 퇴출될 수 있습니다. 이러한 위험을 피할 수 있게끔 상장폐지와 관리종목 지정 기준에 대해 알아보겠습니다.

[표 5-2] 코스피 상장폐지, 관리종목 지정 기준

	관리종목 지정	상장폐지
정기보고서 미제출	• 법정제출기한 내 분기·반기·사업보고서 미제출	• 사업보고서 미제출로 관리종목 지정 후 법정제출기한부터 10일 이내 사업보고서 미제출 • 분기·반기보고서 미제출로 관리종목 지정 후 분기·반기·사업보고서 미제출
감사인 의견 미달	• 감사보고서상 감사의견이 감사범위제한 한정인 경우 • 반기 검토보고서상 검토의견이 부적정 또는 의견거절인 경우	• 최근 사업연도 감사보고서상 감사의견이 부적정 또는 의견거절인 경우 • 2년 연속 감사보고서상 감사의견이 감사범위제한한 한정인 경우
자본잠식	• 최근 사업연도 사업보고서상 자본금 50% 이상 잠식	• 최근 사업연도 사업보고서상 자본금 전액 잠식 • 자본금 50% 이상 잠식 2년 연속
주식분산 미달	• 최근 사업연도 사업보고서상 일반 주주수 200명 미만 또는 • 최근 사업연도 사업보고서상 일반 주주 지분율 5% 미만(다만, 200만 주 이상인 경우 미해당)	• 일반 주주수 200명 미만 2년 연속 • 지분율 5% 미만 2년 연속(다만, 200만 주 이상인 경우 미해당)

거래량 미달	• 반기 월평균 거래량이 반기말 현재 유동주식수의 1% 미만	• 2반기 연속 반기 월평균 거래량이 유동주식수의 1% 미만
지배구조 미달	• 사외이사수가 이사 총수의 1/4 미만 등 • 감사위원회 미설치 또는 사외이사수가 감사 위원의 2/3 미만 등(자산총액 2조 원 이상 법인만 해당)	• 2년 연속 사외이사수 미달 또는 감사위원회 미설치 등
공시의무 위반	• 최근 1년간 공시의무위반 누계벌점 15점 이상	• 관리종목 지정 후 최근 1년간 누계벌점이 15점 이상 추가(상장적격성 실질심사) • 관리종목 지정 후 고의, 중과실로 공시의무 위반(상장적격성 실질심사)
매출액 미달	• 최근 사업연도 50억 원 미만	• 2년 연속 매출액 50억 원 미만
주가/시가총액 미달	• 주가가 액면가의 20% 미달 30일간 지속 • 시총 50억 원 미달 30일간 지속	• 관리종목 지정 후 90일 이내 관리지정 사유 미해소
회생절차	• 회생절차 개시신청	• 회생절차기각, 취소, 불인가 등(상장적격성 실질심사) • 기업의 계속성 등 상장법인으로서의 적격성이 인정되지 않는 경우(상장적격성 실질심사)
파산신청	• 파산신청	• 법원의 파산선고 결정
기타 즉시퇴출 사유		• 최종부도 또는 은행거래정지 • 법률에 따른 해산사유 발생 • 주식양도에 제한을 두는 경우 • 당해법인이 지주회사의 완전자회사가 되고 지주회사의 주권이 신규상장되는 경우 • 우회상장시 우회상장 기준 위반
상장적격성 실질심사		• 주된 영업이 정지된 경우(분기 매출액 5억 원 미달) • 주권의 상장 또는 상장폐지와 관련한 제출서류의 내용 중 중요한 사항의 허위기재 또는 누락내용이 투자자 보호를 위하여 중요하다고 판단되는 경우 • 기업의 계속성, 경영의 투명성, 기타 공익과 투자자 보호 등을 종합적으로 고려하여 상장폐지가 필요하다고 인정되는 경우

※ 코스닥의 경우 영업손실 지속 등의 사유가 추가로 포함되는 등 기준에 일부 차이가 있음

[표 5-2]의 내용을 전부 외울 필요는 없습니다. 표의 내용이 방대하고 복잡하다고 느껴질 수 있지만, 사실 투자를 하면서 아래의 세 가지 기준만 잘 지키면 대부분의 상장폐지 종목들을 피할 수 있습니다.

1 | 최근 5년간 연간 영업이익 적자가 없는 기업
2 | 부채비율 200% 이하 기업
3 | 영업활동현금흐름 > 당기순이익 기업

대부분의 상장폐지는 부실한 재무 구조로 인해 발생합니다. 실적과 재무 구조의 부실로 인해 감사인으로부터 부적정 의견을 받게 되고, 자본이 잠식되고, 정보를 숨기게 되는 등 상장폐지 사유가 발생하는 것이죠. 위의 세 가지 기준은 부실기업을 피하게 해주는 최소한의 조건입니다. 적자 없이 꾸준히 돈을 벌어야 하고, 과도한 부채 없이 안정적 재무 구조를 유지해야 하고, 이익이 회계 장부상 이익에 그치는 것이 아니라 현금흐름으로도 드러나야 한다는 것이죠. 내 주식이 휴지 조각이 되는 상황을 피하고 싶다면 항상 위의 조건을 기억하며 투자하시기 바랍니다. 이에 대한 내용은 재무제표에 대한 내용을 다루는 6장에서 다시 설명하겠습니다.

종목 분류 표시 기호

[그림 5-4] 종목 분류 표시 기호

분	신	종목명	현재가	대비		등락률	거래량
신		나이스디앤	10,900	▲	150	1.40	62,468
증		서호전기	20,600	▼	150	0.72	14,391
정		이화전기	253				0
열		유유제약1	16,000	▲	1,400	9.59	76,635
관		유아이디	2,740	↑	630	29.86	4,582,037
환		비디아이	6,720	▲	520	8.39	892,647
위		노루홀딩스	89,000	▼	6,000	6.32	26,374
경		동양2우B	27,550	▼	1,450	5.00	104,678
주		이즈미디어	41,250	▼	1,800	4.18	808,202

위 그림의 가장 왼쪽을 보면 '분'이라고 표시된 부분이 있습니다. 이는 주식들을 종목의 상태에 따라 분류하여 표시하는 종목 분류 표시 기호입니다.

일반적인 종목에는 가장 위의 나이스디앤비처럼 '신'이라는 분류 기호가 표시됩니다. 이 기호는 해당 종목이 정상적인 주가 흐름을 보이고 있기 때문에 신용 투자를 허용한다는 '신용가능'의 준말입니다.

바로 아래의 서호전기에 표시된 '증'이라는 분류 기호는 해당 종목이 신용가능 종목보다 위험도가 높아 현금증거금으로만 거래가 가능하다는 '증거금 100%'의 준말입니다. 그러나 이에 해당하는 종목들은 투자 대상에서 제외할 정도로 높은 위험을 지닌 종목들은 아닙니다.

반면 그 아래의 '정'은 거래정지, '열'은 단기과열, '관'은 관리종목, '환'은 투자주의환기종목, '위'는 투자위험종목, '경'은 투자경고종목, '주'는 투자주의종목의 준말입니다. '신' 이외의 분류 기호가 표시된 종목들은 대체로 경영활동과 주가에서 이상 흐름을 보이는 기업들이기 때문에, 이들 기호의 자세한 기준과 차이점까지는 알지 못하더라도 이들 종목이 투자 위험이 높은 종목들이라는 것은 알고 있어야 합니다. 당연히 가급적 매매를 하지 말아야 할 종목이기도 합니다.

2 주식 수가 변하면 주가가 움직인다

INVESTMENT IN STOCKS

사업보고서 내용 중 회사의 개요 하위 항목에는 자본금 변동사항이라는 항목이 있습니다. 자본금이란 기업 소유주가 사업의 밑천으로 기업에 내놓은 금액을 뜻하며, 주식회사의 자본금은 주식들로 구성되기 때문에 자본금 변동사항 항목은 결국 주식이 얼마만큼 늘어났거나(증자) 줄어들었는지(감자)를 나타내는 항목이 되겠습니다.

① 증자와 감자

자본금과 주식의 수를 늘리는 것은 증자, 줄이는 것은 감자라고 합니다.

■ 증자
증자는 새로 발행한 주식을 무료로 나눠 주는 무상증자와 돈을 받고 나눠

[그림 5-5] 씨앤지하이테크 자본금 변동사항

3. 자본금 변동사항

가. 증자(감자)현황

(기준일 :   2020년 09월 30일   )

(단위 : 원, 주)

주식발행 (감소)일자	발행(감소) 형태	발행(감소)한 주식의 내용				
		주식의 종류	수량	주당 액면가액	주당발행 (감소)가액	비고
2002.07.16	-	보통주	94,000	5,000	5,000	법인설립
2005.05.27	-	보통주	14,000	5,000	32,857	자기주식소각
2005.05.30	유상증자(주주배정)	보통주	21,400	5,000	5,000	주주배정
2006.04.18	무상증자	보통주	55,799	5,000	5,000	주주배정
2007.01.27	유상증자(제3자배정)	보통주	17,467	5,000	5,000	제3자배정
2010.12.24	유상증자(주주배정)	우선주	50,000	5,000	10,000	주주배정, 제3자배정
2013.12.23	전환권행사	보통주	50,000	5,000	10,000	우선주 보통주로 전환
2016.04.09	무상증자	보통주	49,248	5,000	5,000	주주배정
2017.03.10	유상증자(제3자배정)	보통주	13,696	5,000	5,000	제3자배정
2017.03.20	-	보통주	2,588,490	500	500	액면분할(5,000원->500원)
2018.01.20	유상증자(일반공모)	보통주	1,326,640	500	16,000	코스닥 신규 상장
2019.01.09	무상증자	보통주	4,202,740	500	6,300	무상증자

나. 미상환 전환사채 발행현황
- 해당사항 없습니다.

다. 미상환 신주인수권부사채 등 발행현황
- 해당사항 없습니다.

주는 유상증자로 구분됩니다.

무상증자는 주식을 추가로 발행하여 발행한 주식을 무료로 기존 주주들에게 나눠 주는 것입니다. 가령 주가가 1만 원, 전체 주식 수가 100만 주인 도레미 주식회사가 1:1 무상증자를 실시한다면, 기존의 주식 1주에 대해 추가로 신주 1주씩을 나눠 주기 때문에 전체 주식 수는 200만 주로 늘어나게 됩니다. 그런데 잘 생각해 보면 회사가 가진 돈에는 전혀 변화가 없습니다. 들어오거나 나가는 돈 없이 주식을 추가로 찍어 내기만 하여 주식 수가 2배로 늘었을 뿐이죠. 실질적인 기업 가치의 변화 없이 이익잉여금 항목을 자본금 항목으로 대체해 주는 회계적인 처리만 진행하게 되는데요. 이 때문에 무상증자를 형식적 증자라고 부르기도 합니다. 따라서 도레미 주식회사가 1:1 무상증자를 실시한다면, 주가는 절반인 5,000원으로 줄어들고 주식 수는 2배인 200만 주로 늘어 전체 시가총액은 이전과 같게 유지됩니다. 그렇다면 굳이 기업들이 무상증자를 실시하는 이유는 무엇일까요?

첫째, 무상증자는 회계적으로 이익잉여금을 자본금으로 대체하는 일이기 때문에 이익잉여금을 쌓아 놓은 기업만 실시할 수 있으며, 이 때문에 무상증자를 실시하는 기업은 이익잉여금이 충분히 쌓여 있는 건실한 회사라는 인상을 줍니다. 둘째, 무상증자는 주식의 1주당 가격을 낮추기 때문에 거래를 더욱 용이하게 하여 주식 거래의 유동성을 높입니다. 이러한 이유로 무상증자는 주식시장에서 주주 친화적 활동으로 인식되며 무상증자를 실시하면 단기적인 주가 상승을 보이기도 합니다. 그러나 무상증자는 기업 가치에 실질적인 영향을 미치지 않는 형식적인 증자에 불과하기 때문에 심리적인 요인에만 영향을 미치는 보너스 요인이라는 점을 명심해야 합니다. 참고로 무상증자를 영어로는 Bonus Issue라고 합니다.

유상증자는 주식을 추가로 발행하여 현물을 받고 발행한 주식을 나눠 주는 것을 의미합니다. 유상증자를 실시하면 실질적으로 기업에 돈이 들어오게 됩니다. 들어온 돈만큼 자본금이 늘어나는 것이죠. 이 때문에 유상증자를 실질적 증자라고 부르기도 합니다. 주가가 1만 원, 전체 주식 수가 100만 주인 도레미 주식회사가 1만 원에 100만 주를 추가 발행하는 유상증자를 실시한다면, 주가는 1만 원으로 유지되고 주식 수는 2배인 200만 주로 늘어 전체 시가총액 역시 2배로 증가하게 됩니다.

유상증자에는 크게 세 가지 종류가 있습니다. 기존 주주를 대상으로 증자를 실시하는 주주 배정 방식, 일반 대중을 대상으로 공모를 진행하여 증자를 실시하는 일반 공모 방식, 회사와 특수한 관계가 있는 제3자를 대상으로 증자를 실시하는 제3자 배정 방식입니다.

유상증자는 대체로 주가에 부정적으로 작용합니다. 유상증자의 대부분은 재무 구조가 부실한 기업들이 자금을 수혈하기 위해 실시하므로 취약한 재무안정성의 방증으로 작용하기 때문입니다. 또한 유상증자를 통해 신주가 발행되면 기존 주주들의 지분율은 희석되어 낮아지기 때문에 유상증자는 일반적으로 기존 주주들의 권리를 훼손하는 일입니다.

그러나 간혹 유상증자가 주가에 긍정적인 영향을 미치는 경우도 있습니다. 재무 상태가 불량하지 않은 기업이 명확한 비전을 가지고 성장을 위해 추가 자금을 확보하려고 유상증자를 실시하는 경우, 또는 사업적 협력 관계 강화를 위해 대기업을 대상으로 제3자 배정 유상증자를 실시하는 경우입니다. 때문에 유상증자가 주가에 미칠 영향을 판단하려고 할 때는 ① 기존 재무 상태, ② 유상증자 목적을 파악해야 합니다. 이를 통해 기업이 단순히 자금 사정이 어려워서 유상증자를 실시하는 것인지(물론 이 경우에도 표면적 이유는 그럴듯하게 갖다 붙일 수 있습니다), 성장의 가속화를 위해 구체적이고 타당한

[표 5-3] 무상증자와 유상증자 비교

	무상증자	유상증자
주식 수	증가	증가
시가총액	유지 (주식 수 증가, 주가 하락)	증가 (주식 수 증가, 주가 유지)
자금 납입	없음	있음
실질적 기업 가치 변화	없음	있음
평가	주주 친화 정책 (단기적 호재)	대체로 주주 가치 훼손 (예외적으로 유상증자를 통한 성장 가능성이 명확할 경우에는 호재로 작용)

목적성을 가지고 유상증자를 실시하는 것인지를 파악한다면 이를 투자 기회로 활용할 수도 있을 것입니다.

■ 감자

감자는 자본금과 주식의 수를 줄이는 것입니다. 감자는 대체로 주가에 엄청난 악영향을 미칩니다. 감자는 대부분의 경우 자본잠식 직전의 기업이 자본을 줄여 자본잠식과 이에 따른 상장폐지를 피하기 위해 실시하는 것이기 때문입니다.

가령 회계 장부상 자본금이 100억 원, 잉여금이 5억 원인 미레도 주식회사가 매년 10억 원가량의 적자를 내고 있다면, 이 기업이 한 번 더 10억 원의 손실을 기록할 경우 잉여금을 전부 소진하여 자본금을 까먹기 시작할 것입니다. 이러한 상황을 자본잠식이라고 하며, 자본잠식은 그 정도에 따라 상장폐지로까지 이어질 수 있습니다. 이러한 상황을 피하기 위해 자본금을 줄여 잉여금으로 대체하는 작업이 감자입니다.

감자 역시 주주에게 보상을 지급하며 이루어지는 유상감자와 보상 없이 이루어지는 무상감자로 구분할 수 있으나, 실제 주식시장에서 일어나는 감자의 절대 다수는 무상감자입니다. 유상감자는 충분한 보상이 지급된다면 경우에 따라 호재로 인식될 수도 있으나 유상감자가 일어나는 경우는 굉장히 드뭅니다. 무상감자의 경우 부실기업이 주주에 대한 아무런 보상 없이 자본금을 축소하는 것이므로, 당연하게도 주가에 대형 악재로 작용합니다.

다행스럽게도 앞의 상장폐지에 대한 설명에서 말씀 드린 세 가지 조건만 잘 지킨다면 부실기업의 대부분을 거를 수 있기 때문에 상장폐지와 함께 감자 역시 피할 수 있을 것입니다.

② 주식 연계 채권 삼총사

증자를 실시하지 않더라도 주식 연계 채권으로 인해 주식의 수가 늘어나는 경우도 있습니다. 채권이란 정부나 기업 등이 자금을 빌릴 때 발행하는 차용증서로서, 정해진 기간이 지날 때마다 이자를 주고 만기 시에는 원금을 돌려받는 비교적 안정적인 금융상품입니다. 기업의 입장에서 채권은 부채, 주식은 자본입니다. 그런데 채권과 주식의 성격을 동시에 지닌 주식 연계 채권이라는 금융상품도 있습니다. 주식 연계 채권 삼총사라 불리는 전환사채(CB), 신주인수권부사채(BW), 교환사채(EB)에 대해 알아보겠습니다.

■ 전환사채(CB)

전환사채란 처음에는 채권으로 발행되지만 일정 기간이 경과하면 채권 소유자의 전환권 행사에 따라 주식으로 전환될 수 있는 회사채를 의미합니다. 일반적인 채권과는 달리 채권자가 채권을 주식으로 전환할 수 있는 옵션 하나를 더 가지는 것이기 때문에 일반적인 채권에 비해 이자는 낮습니다. 이 때문에 전환사채는 기업의 입장에서는 저리로 자금을 조달할 수 있게 하는 수단으로 작용합니다. 그러나 기존 주주의 입장에서 전환사채의 발행은 악재로 작용합니다. 전환사채가 주식으로 전환될 경우 신주가 발행되어 기존 주주들의 지분율이 희석되기 때문입니다. 또한 전환사채가 주식으로 전환 가능해지는 시점에 매도 물량이 급격히 늘어나게 되므로 수급 차원에서도 부담으로 작용할 수 있습니다.

■ 신주인수권부사채(BW)

신주인수권부사채란 신주인수권이 부여된 사채를 의미합니다. 즉, 해당 기업의 신주를 약정된 가격에 매입할 수 있는 권리가 더해진 사채인 것입니다. 전환사채의 경우 주식으로 전환될 경우 채권은 소멸되고 주식만이 남는 반면, 신주인수권부 사채의 경우 신주인수권+사채의 개념이기 때문에 신주인수권으로 신주를 매입하더라도 사채는 그대로 남아 있게 됩니다. 이 역시 일반적인 채권에 비해 이자가 낮기 때문에 기업 입장에서는 선호되는 자본 조달 방안이지만, 주주의 입장에서는 악재로 작용합니다.

■ 교환사채(EB)

교환사채는 발행회사가 보유하고 있는 자사주 또는 다른 회사의 주식으로 교환할 수 있는 권리가 부여된 사채를 의미합니다. 교환사채 역시 전환사채와 비슷해 보이지만, 교환사채의 경우 새롭게 주식을 발행하는 것이 아니라 기존에 기업이 보유하고 있는 주식과 채권을 교환해 주는 형태이기 때문에 기존 주주의 지분 희석이 발생하지 않습니다. 때문에 전환사채, 신주인수권부 사채와는 다르게 교환사채는 주주 가치를 훼손하지 않는 자본 조달 방안입니다.

제 경험으로 보면 께름칙한 유상증자, CB·BW 발행을 지속하는 기업은 투자를 피하는 것이 좋습니다. 이러한 기업들은 주주이익 제고에는 전혀 관심이 없거나 재무 구조가 취약해 운영 자금을 조달하기 위해 이러한 유상증자와 CB·BW 발행을 계속하는 기업일 가능성이 높기 때문입니다. 이런 곳만 피해도 투자에서 최악의 상황은 막을 수 있다는 것을 기억하세요.

3 최대주주로 기업의 미래를 판단한다

INVESTMENT IN STOCKS

기업의 최대주주는 기업 활동에 막대한 영향력을 행사할 수 있기 때문에 투자자들은 대주주가 어떤 사람인지, 경영 능력은 어떻고 소액주주에 대해 어떤 태도를 가지고 있는지 등을 알아야 할 필요가 있습니다. 대주주의 지분 현황은 사업보고서의 주주에 관한 사항이라는 항목에서 파악할 수 있으며 이들의 지분 변동에 대한 정보는 지분공시를 통해 취득할 수 있습니다.

① 지분공시

지분공시와 관련하여 알아둬야 하는 제도는 '5% 룰'입니다. 5% 룰이란, 개인이나 기관이 상장기업의 의결권 있는 주식을 5% 이상 보유하게 될 경우와, 이후 1% 이상 지분 변동이 발생할 경우 5영업일 이내에 해당 내용을 보고하여 공시하도록 한 제도입니다. 가령 X라는 자산운용사가 투자 목적으

[그림 5-6] 하이록코리아 대주주 지분 현황

1. 최대주주 및 특수관계인의 주식소유 현황

(기준일 :   2020년 12월 31일   )   (단위 : 주, %)

성 명	관 계	주식의 종류	기 초		기 말		비고
			주식수	지분율	주식수	지분율	
문휴건	최대주주	보통주	2,140,567	15.72	2,140,567	15.72	–
문영훈	특수관계인	보통주	2,037,275	14.97	2,037,275	14.97	–
하이록단조(주)	관계회사	보통주	630,454	4.63	825,940	6.07	–
정지희	특수관계인	보통주	242,068	1.78	242,068	1.78	–
문정숙	특수관계인	보통주	217,760	1.60	217,760	1.60	–
문창환	특수관계인	보통주	100,000	0.73	100,000	0.73	–
문해숙	특수관계인	보통주	0	0	75,248	0.55	–
김윤희	특수관계인	보통주	14,900	0.11	14,900	0.11	–
계		보통주	5,383,024	39.54	5,653,758	41.53	–
		–	–	–	–	–	–

주요주주	보유주식수(보통)	보유지분(%)
⊞ 문휴건 외 7인	5,653,758	41.53
⊞ 베어링자산운용 외 2인	862,657	6.34
⊞ FIDELITY MANAGEME…	757,971	5.57
⊞ HIGHCLERE INTERNA…	703,216	5.17

로 Y라는 기업의 주식을 취득할 경우 전체 주식의 4.9%를 보유하더라도 5%
미만이기에 보고 의무가 발생하지 않지만, 추가로 주식을 취득하여 지분이
5%가 될 경우에는 보고 의무가 발생하여 Y기업 주식을 투자 목적으로 5%만
큼 취득했다는 신규 보고를 해야 합니다. 이후 추가로 주식을 취득하더라도
5.9%까지는 추가 보고를 할 필요가 없지만, 1% 이상의 변동이 생겨 지분이
6%가 된다면 추가로 1%의 지분을 매입했다는 변동 보고를 해야 합니다. 이

러한 보고 내용은 '대량 보유상황 보고서'라는 이름의 공시에서 확인할 수 있습니다.

[그림 5-7] 하이록코리아 대량 보유상황 보고서

주식등의 대량보유상황보고서

(약식서식 : 자본시장과 금융투자업에 관한 법률 제147조에 의한 보고 중 '경영권에 영향을 주기 위한 목적'이 아닌 경우 및 보고자가 동조 제1항 후단에 따른 전문투자자인 경우)

금융위원회 귀중
한국거래소 귀중

보고의무발생일	:	2021.01.26
보고서작성기준일	:	2021.01.26
보고자	:	베어링자산운용주식회사

요약정보			
보고특례 적용 전문투자자 구분	-		
발행회사명	하이록코리아 (주)	발행회사와의 관계	주주
보고구분	변동		
보유주식등의 수 및 보유비율		보유주식등의 수	보유비율
	직전 보고서	682,269	5.01
	이번 보고서	844,692	6.20
보고사유	1% 이상 변동 및 특별관계자의 공동보유에 따른 공시의무 발생		
보유목적	단순투자		

[그림 5-7]은 베어링자산운용이 보유한 하이록코리아라는 기업의 지분이 기존의 5.01%에서 6.20%로 늘어나며 1% 이상 지분 변동이 생겼기 때문에 대량 보유상황 보고서를 통해 변동 보고를 한 것입니다.

5% 룰에 해당하는 경우 외에도 임원과 주요주주는 임원, 주요주주가 된 날로부터 5일 이내에 주식 등의 소유 상황을 보고해야 하며, 이들이 소유한 증권의 수에 변동이 있는 경우에도 5일 이내 변동 내용을 보고해야 합니다.

[그림 5-8] 하이록코리아 임원, 주요주주 특정증권 등 소유상황 보고서

임원·주요주주 특정증권등 소유상황보고서

증권선물위원회 귀중
한국거래소 귀중

보고의무발생일 :	2020년 12월 09일
보고서작성기준일 :	2020년 12월 11일

※ 보고자 본인은 보고서작성기준일 현재 본인의 특정증권등의 소유상황을 관련 법규 및 기재상의 주의에 따라 정확하게 작성하였고, 중요한 사항의 허위기재 또는 기재누락이 없음을 확인합니다.

보고자 :   문해숙

3. 특정증권등의 소유상황
가. 소유 특정증권등의 수 및 소유비율

보고서 작성 기준일	특정증권등		주권	
	특정증권등의 수(주)	비율(%)	주식수(주)	비율(%)
직전보고서	−	−	−	−
이번보고서 2020년 12월 11일	75,248	0.55	75,248	0.55
증 감	75,248	0.55	75,248	0.55

[그림 5-8]의 경우 보고자인 문해숙 씨는 하이록코리아 대표이사인 문휴건 씨의 특수관계인으로서 주요주주이기 때문에 5% 룰에 해당되는 경우가 아니지만 지분에 변동이 생겼으므로 소유상황 보고서를 통해 변동 내용을 보고하는 것입니다.

이러한 지분공시는 일반 투자자 입장에서도 투자에 쉽게 활용할 수 있는 공시들입니다. 임원과 주요주주들은 회사의 상황에 대해 가장 잘 알고 있는 사람들이기 때문에, 이들이 주식을 매수한다는 것은 현재 주가가 회사의 상황과 비교했을 때 충분히 매력적이라는 방증으로 작용하기 때문입니다. 마찬가지로 5% 룰에 따라 지분 공시를 하는 자산운용사 등도 충분한 분석 과정을 거쳐 해당 주식을 매입하기 때문에 이들 보고서를 확인하여 지분의 변

화를 추적하는 것은 투자에 큰 도움을 줄 수 있습니다.

사업보고서상 임원의 보수 확인

[그림 5-9] 사업보고서상 임원의 보수

> □ VIII. 임원 및 직원 등에 관한 사항
> 　1. 임원 및 직원 등의 현황
> 　2. 임원의 보수 등

기업의 경영진이 보수로 얼마만큼을 수령하는지에 대한 정보 역시 사업보고서에서 확인할 수 있습니다.

사실 경쟁사 대비 뛰어난 경영 능력과 실적을 보이는 기업의 임원에 대해서는 보수로 얼마를 지급해도 아까울 것이 없다고 생각합니다. 사업 환경에서 뛰어난 역량과 실적을 보이고 있는 기업들에 대해서는 이러한 임원의 보수 부분을 주의 깊게 살펴야 할 필요성이 덜할 것입니다.

반면 실적이 평범하거나 다소 떨어지는 기업들의 경우에는 임원의 보수 부분을 주의 깊게 살펴볼 필요가 있습니다. 가령 회사의 실적은 계속해서 적자인데 임원들은 매년 수십억원 이상의 과도한 보수를 수령하고 있다면 해당 기업의 경영진과 주주들 사이의 이해관계에 크게 상충되는 부분이 있는 것이기에 투자를 지양할 필요가 있겠습니다.

② 자사주 매입 및 소각

자사주(자기주식)란 회사가 보유한 자사의 주식을 의미합니다. 자사주에는 의결권이 없고 배당을 수령하지 않기 때문에 자사주가 늘어나면 주주들의 실질적인 지분율이 늘어 주주 가치는 높아지게 됩니다. 이 때문에 자사주 매입은 대체로 주가에 호재로 작용하는 주주 친화 정책으로 받아들여집니다. 이 밖에 경영권 방어 등의 목적으로 자사주가 활용되기도 합니다.

자사주 매입이 진정한 의미를 가지기 위해선 ① 싼 가격에 매입이 이루어져야 하고, ② 소각으로까지 이어져야 합니다. 자사주 매입 역시 회사의 돈

[그림 5-10] 코웰패션 자사주 매입 및 소각

1. 취득예정주식(주)		보통주식		2,000,000	
		기타주식		–	
2. 취득예정금액(원)		보통주식		9,650,000,000	
		기타주식		–	
3. 취득예상기간		시작일		2020년 03월 10일	
		종료일		2020년 06월 09일	
4. 보유예상기간		시작일		–	
		종료일		–	
5. 취득목적		이익소각			
6. 취득방법		코스닥시장 내에서 직접 취득			
7. 위탁투자중개업자		삼성증권			
8. 취득 전 자기주식 보유현황	배당가능이익 범위 내 취득(주)	보통주식	3,170,873	비율(%)	3.50
		기타주식	–	비율(%)	–
	기타취득(주)	보통주식	234	비율(%)	0.00
		기타주식	–	비율(%)	–
9. 취득결정일		2020년 03월 09일			
– 사외이사참석여부		참석(명)		1	
		불참(명)		–	
– 감사(사외이사가 아닌 감사위원)참석여부		참석			
10. 1일 매수 주문수량 한도		보통주식		200,000	
		기타주식		–	

주식소각 결정

1. 소각할 주식의 종류와 수	보통주식(주)	2,000,000
	종류주식(주)	–

으로 주식을 매입하는 것이기 때문에 저렴한 가격에 매입이 이루어질수록 많은 물량을 매입할 수 있고 주주 가치를 더 크게 증진시킬 수 있습니다. 또한 자사주 매입이 소각(완전히 없애버림)으로 이어지지 않는다면 이후 매입했던 자사주를 다시 매각하여 주주 가치의 증대분이 상쇄될 우려가 있기 때문에, 자사주 매입은 소각으로까지 이어져야 진정한 의미에서의 주주 가치 제고로 이어진다고 볼 수 있겠습니다.

가령 [그림 5-10]의 코웰패션의 경우 코로나로 주가가 충분히 하락한 상태에서 자사주 200만 주의 매입을 결정하였고 이후 전량 소각까지 완료하였으므로 주주 가치를 제고시킨 적절한 결정이었다고 판단할 수 있겠습니다.

기업의 가치보다 싼 가격에서 이루어지는 자사주 매입·소각의 경우 배당 지급보다 더 큰 주주가치 제고 효과를 가져올 수 있습니다. 자사주 매입·소각에 적극적으로 나서는 기업들은 관심을 갖고 투자 대상으로 고려할 필요가 있습니다.

4 실적 발표보다 빨리 사업 현황을 아는 방법

INVESTMENT IN STOCKS

사업이 잘 진행되고 있는가를 알 수 있는 가장 직접적인 방법은 실적을 확인하는 것입니다. 그러나 실적은 후행성 지표이기 때문에 이미 공개된 실적을 이용해 초과 수익을 달성하는 것은 불가능합니다. 기업의 실적 발표에 앞서 실적의 방향성을 미리 예측할 수 있다면 우수한 성과를 거둘 수 있을 텐데요. 여기서 살펴볼 유형자산 취득 공시와 수주 공시는 향후 실적을 암시하는 공시로 작용하곤 합니다.

① 유형자산 취득

기업이 성장하기 위해선 그만큼 투자를 해야 합니다. 인력 충원, 연구 활동 등과 함께 생산 시설과 같은 유형자산의 취득 역시 기업의 사업 역량을 키울 수 있는 투자 선택지 중 하나입니다. 때문에 유형자산 취득과 관련된 공시들은 기업의 향후 실적 방향성을 짐작할 수 있게 하는 중요한 단서로 작용합니다.

[그림 5-11] 환인제약 유형자산 양수 공시

유형자산 양수 결정

1. 자산구분		토지 및 건물
– 자산명		경기도 화성시 향남읍 상신리 905번지 소재 토지 및 건물 (토지 33,047.7㎡, 건물 8,870.9㎡, 기계장치 495식)
2. 양수내역	양수금액(원)	46,000,000,000
	자산총액(원)	304,884,814,600
	자산총액대비(%)	15.09
3. 양수목적		중장기적 생산, 매출 증가 예상에 따른 시설 확보
4. 양수영향		생산 증가에 따른 제조시설 확대
5. 양수예정일자	계약체결일	2020.11.27
	양수기준일	2022.03.31
	등기예정일	2022.03.31
6. 거래상대방	회사명(성명)	주식회사 한국얀센
	자본금(원)	5,334,000,000
	주요사업	의약품의 제조와 판매
	본점소재지(주소)	서울시 용산구 한강대로 92
	회사와의 관계	–

생산 시설 확충과 관련된 유형자산 취득 공시들은 대체로 다음과 같은 효과를 갖습니다.

1 | 향후 매출 증가에 대한 자신감 표현
2 | 규모의 경제[1] 또는 생산 시설의 최신화로 비용 절감

---

1 생산 규모의 확대에 따라 단위당 생산 비용이 줄어드는 것

가령 [그림 5-11] 환인제약의 예시를 보면 양수 목적에 '중장기적 생산, 매출 증가 예상에 따른 시설 확보'라고 쓰여진 것을 확인할 수 있습니다. 업황 호조에 따라 판매량 증대가 예상되어 생산 시설을 확충한다는 것이죠. 반드시 회사의 예상대로 매출이 증가한다는 보장은 없겠지만, 회사가 향후 업황을 어떻게 생각하고 있는지에 대한 정보는 투자자 입장에서 분명 큰 힌트가 될 수 있을 것입니다.

또한 이렇게 생산 시설을 확충하거나 최신 설비를 도입하게 되면 규모의 경제나 생산 효율성의 증대로 비용 절감의 효과를 기대할 수 있기 때문에 기업의 사업 경쟁력 역시 강화됩니다.

[그림 5-12] 코웰패션 신규 시설투자 공시

신규 시설투자 등		
1. 투자구분		신규 시설투자 (김제 물류단지 내 물류센터 신축)
2. 투자내역	투자금액(원)	48,600,000,000
	자기자본(원)	256,344,977,097
	자기자본대비(%)	18.96
	대규모법인여부	코스닥상장법인
3. 투자목적		자가 물류센터 확보를 통한 물류 경쟁력 강화
4. 투자기간	시작일	2020-12-03
	종료일	2022-06-10
5. 이사회결의일(결정일)		2020-12-03
-사외이사 참석여부	참석(명)	1
	불참(명)	-
6. 감사(감사위원) 참석여부		참석
7. 공시유보 관련내용	유보사유	-
	유보기한	-

신규 시설투자 공시 역시 같은 맥락으로 볼 수 있습니다. 가령 위 그림의 코웰패션의 경우 해당 시설투자를 통해 물류 효율을 증대시켜 재고 관리 역량과 배송 경쟁력 등을 확대하려는 것이죠.

턴어라운드란 부진한 실적을 보이던 기업이 경영상의 변화를 통해 급격한 실적 회복을 보이는 것을 뜻합니다. 실적과 주가가 침체되어 있던 기업이 턴어라운드를 보일 경우 주가 역시 큰 상승을 보일 수 있기 때문에, 이러한 턴어라운드의 징조를 미리 알아보는 투자자들은 우수한 투자 성과를 거둘 수 있을 것입니다.

앞서 살펴본 시설투자 공시가 가장 대표적인 턴어라운드의 징조 중 하나입니다. 비슷한 맥락에서 인원 채용을 늘린다든지, 갑작스레 재고 수준이 늘어난다든지(이에 대해서는 6장에서 다루도록 하겠습니다) 하는 내용들 역시 턴어라운드의 징조가 될 수 있습니다. 특정 기업이나 특정 산업에 대한 깊이 있는 이해도를 가지고 있는 투자자들에게는 이러한 턴어라운드의 징조들이 더욱 선명하게 보이기도 합니다. 아무쪼록 투자자들은 기업과 산업에서 일어나는 변화의 조짐들을 놓치지 않기 위해 주의를 기울여야 합니다.

[그림 5-13] HMM의 턴어라운드 예시

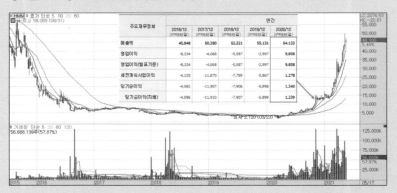

다만 유형자산 취득 공시가 항상 긍정적으로 작용하는 것은 아닙니다. 특히 사업 활동과 직접적으로 관련된 부분이 아닌, 사옥의 확장 등을 위한 유형자산 취득에 과도한 비용을 지출할 경우 기업의 경쟁력 강화 없이 재무적 부담만 늘리는 결과를 가져올 수도 있습니다. 때문에 유형자산 취득과 관련된 공시에서는 취득 내용을 꼼꼼하게 살펴보며 이것이 사업 역량 강화를 위한 투자가 될지 외형에 치중한 비용이 될지에 대해 깊이 있게 고민해 봐야 합니다.

② 수주 공시

우리가 일상생활에서 접하게 되는 대부분의 상품은 먼저 생산이 이루어진 이후에 수요자가 해당 상품을 구입하는 예상 생산 방식으로 생산됩니다. 그러나 기계, 조선, 건설 등 업종은 제품의 단가가 크고 생산 기간이 오래 걸리므로 예상 생산 방식이 적용될 수 없습니다. 이러한 업종에서는 먼저 주문이 이루어진 후 제품을 만드는데, 이러한 주문 생산이 이루어지는 산업을 수주 산업이라고 합니다.

수주 산업의 경우 규모가 있는 수주는 반드시 공시하게끔 되어 있습니다. 코스피 기업의 경우 전년 매출액 대비 5% 이상, 코스닥 기업의 경우 전년 매출액 대비 10% 이상의 단일판매 또는 공급계약을 체결한 경우 의무적으로 공시하게 되어 있습니다. 의무 공시 대상에 해당하지 않더라도 규모가 큰 수주가 있으면(가령 코스닥 기업에서 전년 매출액 대비 5% 이상의 계약) 회사가 주주의 알 권리 보장을 위해 자율공시를 하기도 합니다.

때문에 수주 산업의 경우 재무제표상 실적이 나오기 전에 미리 수주 공시를 통해 향후 실적을 가늠해 볼 수 있습니다.

[그림 5-14] 씨앤지하이테크 수주 공시

단일판매 · 공급계약체결		
1. 판매 · 공급계약 내용		반도체 제조장비
2. 계약내역	조건부 계약여부	미해당
	확정 계약금액	28,333,900,000
	조건부 계약금액	-
	계약금액 총액(원)	28,333,900,000
	최근 매출액(원)	128,842,100,478
	매출액 대비(%)	22.0
3. 계약상대방		삼성전자 주식회사
-최근 매출액(원)		230,400,881,000,000
-주요사업		반도체 제조 및 판매
-회사와의 관계		-
-회사와 최근 3년간 동종계약 이행여부		해당
4. 판매 · 공급지역		대한민국
5. 계약기간	시작일	2020-09-24
	종료일	2020-12-30
6. 주요 계약조건		-
7. 판매 · 공급방식	자체생산	해당
	외주생산	해당
	기타	-
8. 계약(수주)일자		2020-09-24

또한 수주산업은 사업보고서의 사업의 내용 부분에 수주 현황을 표시하는 경우가 많습니다. 수주 잔고가 많이 쌓여 있다면 향후 일의 진행에 따라 매출을 인식하게 되기 때문에 향후 실적이 증대될 여지가 많습니다.

수주 산업의 경우, 당장의 재무제표상 실적보다도 수주 잔량이 중요하게 작용할 수 있습니다. 따라서 수주 산업의 주식을 매매할 때는 반드시 수주 공시와 사업보고서의 수주 현황을 확인하여 수주 잔량이 얼마만큼 늘었거나 줄었고, 업황이 어떻게 흘러가고 있는지를 파악할 필요가 있습니다.

[그림 5-15] 한신공영 수주 현황

가. 수주현황

1) 공공부문

(단위 : 백만원)

구분	발주처	공사명	계약일	완공예정일	기본도급액	완성공사액	계약잔액(*)	비고
토목	한국도로공사	고속국도안성성남1공구	2017년12월	2022년02월	148,807	47,021	101,786	-
토목	한국도로공사	고속국도김포파주2공구	2020년04월	2025년02월	63,029	2,656	60,373	-
토목	부산지방국토관리청	용상교리2도로	2018년01월	2024년12월	79,812	22,801	57,011	-
토목	광주광역시 도시철도건설본부	광주도시철도2공구	2019년10월	2024년03월	54,987	6,386	48,601	-
건축	한국토지주택공사	부천웹툰청년주택건설공사	2019년12월	2022년12월	57,278	10,238	47,040	-
건축	㈜서울창동창업문화도시재생위탁관리부동산투자회사	창동창업문화복합시설	2019년11월	2023년04월	53,893	7,622	46,271	-
건축	충남개발공사	아산배방아파트	2020년04월	2022년06월	51,767	10,411	41,356	-
건축	한국토지주택공사	아산탕정아파트8공구	2019년12월	2022년06월	56,709	16,045	40,664	-
건축	한국토지주택공사	다산지금아파트	2019년06월	2021년10월	78,714	42,531	36,183	-
토목	한국토지주택공사	밀양나노융합국가산단	2018년12월	2023년07월	40,136	10,280	29,856	-
토목	한국도로공사	문산도라산도로2공구	2020년09월	2024년10월	29,643	151	29,492	-
토목	국토철도공단	도담영천전철12공구	2015년11월	2022년12월	105,892	76,958	28,934	-
건축	㈜케이티	KT통합미디어센터	2020년09월	2022년03월	29,900	1,508	28,392	-
토목	서울특별시도시기반시설본부	국회대로지하차도공사	2018년08월	2022년09월	35,075	6,853	28,222	-
해외	한국토지주택공사	과천지식정보타운아파트	2020년10월	2023년07월	38,007	19	37,988	-
해외	국토철도공단	서해선복선전철1공구	2015년04월	2021년12월	125,727	98,627	27,100	-
건축	한국도로공사	고속국도양평이천4공구	2020년06월	2025년08월	25,121	334	24,787	-
토목	인천도시공사	인천구월A30아파트	2020년02월	2023년05월	28,344	3,695	24,649	-
기	타				3,231,712	2,419,424	812,288	-
계					4,334,553	2,783,560	1,550,993	-

(*) 계약잔액에는 착공예정인 도급공사 계약금액이 포함되어 있습니다.

2) 민간부문

(단위 : 백만원)

구분	발주처	공사명	계약일	완공예정일	기본도급액	완성공사액	계약잔액(*)	비고
건축	한신부동산투자회사	검단AB5민간임대	2020년06월	2023년03월	156,939	18,592	138,347	-
건축	옥정플러스PFV	양주옥정한신더휴	2020년05월	2023년04월	146,798	14,975	131,823	-
건축	주식회사모던21	순천별량한신더휴	2019년06월	2022년02월	170,357	71,491	98,866	-
건축	괴정2구역주택재개발정비사업조합	부산괴정2구역재개발	2018년10월	2021년08월	147,432	74,356	73,076	-
건축	선부동2구역 주택재건축정비사업조합	선부동2구역재건축	2019년12월	2023년09월	62,580	1,358	61,222	-
건축	비산1동주민센터주변지구 재개발정비사업조합	안양비산동재개발	2020년05월	2022년11월	45,057	3,506	41,551	-
기	타				2,321,249	919,329	1,401,920	-
계					3,050,412	1,103,607	1,946,805	-

5 인수합병과 기업분할

INVESTMENT IN STOCKS

① 인수합병

인수합병(M&A)은 인수와 합병이 합쳐진 개념입니다. 인수는 한 기업이 다른 기업의 지분을 취득하여 경영권을 획득하는 것을 의미하고, 합병은 동등한 위치에서 두 기업이 합쳐지는 것을 의미합니다. 이 인수합병 과정을 상대 기업의 동의를 얻어 진행하는 경우를 우호적 M&A라고 하고, 반대로 상대 기업의 동의 없이 강행하는 경우를 적대적 M&A라고 합니다.

기업이 새로운 사업 분야에 진출하려고 할 때 직접 공장을 짓고, 설비를 사고, 인력을 충원하고, 기술을 개발하는 등 투자를 진행하여 사업을 일궈내는 방법도 있겠지만 이 방법은 기간이 너무 오래 소요됩니다. 기존에 해당 사업을 하고 있는 기업을 매입한다면 오랜 시간을 들이지 않고도 빠르게 신규 사업에 진출하여 해당 사업에서의 경쟁력을 강화할 수 있습니다. 물론 반드시 새로운 사업에 진출하는 경우가 아니더라도 인수합병에 따른 규모의 경제와 시너지 효과를 통해 기존 사업을 강화할 수도 있습니다.

[그림 5-16] SK하이닉스의 인텔 낸드 플래시 사업부 인수

영업양수 결정

1. 양수영업		Intel社의 Non-volatile Memory Solutions Group(이하 NSG)의 옵테인 사업부를 제외한 NAND 사업 부문 전체		
2. 양수영업 주요내용		Intel社의 SSD 사업 부문, NAND 단품 및 웨이퍼 비즈니스, 중국 Dalian 생산시설을 포함한 NAND 사업(옵테인 사업부 제외)		
3. 양수가액(원)		10,310,400,000,000		
- 영업전부의 양수 여부		아니오		
		양수대상 영업부문(A)	당사전체 (B)	비중(%) (A/B)
- 재무내용(원)	자산액	7,835,904,000,000	64,789,494,368,860	12.09
	매출액	4,652,281,600,000	26,990,732,675,981	17.24
	부채액	4,790,899,200,000	16,846,298,942,122	28.44
4. 양수목적		NAND 사업 경쟁력 강화		
5. 양수영향		1) SSD 솔루션 역량 강화 2) 고부가가치 제품 포트폴리오 구축 3) 메모리 반도체 사업군 간의 균형 확보 및 NAND Flash 경쟁력 강화		

가령 SK하이닉스는 2020년 10월 인텔의 낸드 플래시 사업부를 약 10조 원에 인수한다고 발표했습니다. 낸드 플래시는 메모리 반도체의 일종인데요. 기존에도 SK하이닉스는 낸드 플래시 사업을 하고 있었지만, 해당 인수를 통해 더욱 빠르게 낸드 플래시 사업의 경쟁력을 강화할 수 있을 것으로 전망됩니다.

[표 5-4] 2020년 3분기 글로벌 낸드 플래시 시장 점유율

기업명	점유율
삼성전자	31.4%
키옥시아(일본)	17.2%
웨스턴 디지털(미국)	15.5%
SK하이닉스	11.7%
마이크론(미국)	11.5%
인텔(미국)	11.5%
기타	1.2%

　단순하게 점유율만 고려하더라도 기존에 4~5위권이던 SK하이닉스가 인텔과 점유율 합산을 통해 순식간에 2위권 업체로 올라설 수 있게 되고, 규모의 경제에 따라 시장에서 추가적인 경쟁력을 확보할 수 있게 됩니다. 또한 SK하이닉스와 인텔은 기술적인 측면에서 강점을 가진 부분이 다르고 판매처에도 큰 차이가 있기 때문에 두 회사가 가진 강점을 적절히 혼합한다면 훌륭한 시너지가 나며 약점을 보완할 수 있을 것입니다.

　그러나 M&A가 항상 긍정적으로 작용하는 것은 아닙니다. 사실 M&A에는 성공 사례보다 실패 사례가 더욱 많습니다. M&A에는 막대한 비용이 지출되기 때문입니다. 기업 인수 시에는 경영권 프리미엄을 얹어 기존 주가보다 높은 가격에 주식을 매입하게 됩니다. 이렇게 많은 비용을 지불하더라도 통합이 잘 이루어지고 기존의 사업과 인수한 사업이 서로 시너지를 낸다면 해당 M&A는 좋은 투자로 작용할 수 있겠지만, 현실에서는 계획했던 것만큼 M&A의 시너지가 잘 나지 않는다든가, 서로 다른 기업 문화를 가진 두 기업이 융화에 어려움을 겪는다든가 하는 일들이 비일비재하게 일어납니다. 이 경우 M&A에 사용된 막대한 자금과 그에 따른 기회비용의 문제는 기업 입장

에서 뼈아픈 판단 착오로 와닿게 될 것입니다.

기업의 규모가 커지는 게 반드시 좋은 것만은 아닙니다. 특히 본업과 무관한 사업을 인수해 외형을 확장하려는 경우는 경영자들의 외형 확대 욕심에 따른 것이 대부분입니다. 해당 자금을 본업에 재투자하거나 주주에게 환원하는 것이 기업가치와 주주 가치 증대에 훨씬 효과적이었겠죠. 월가의 전설적 인물 피터 린치는 이러한 경영자들의 욕심에 따른 사업의 다각화를 '사업다악화'라고 표현하며 비판했습니다. 따라서 투자자들은 인수 관련 소식을 접할 때 해당 인수가 얼마만큼의 시너지를 창출해 낼 수 있을 것인지를 면밀하게 검토해야 할 것입니다.

참고로 인수 소식이 전해지면 피인수 기업은 주가 급등을 보이는 경우가 많지만, 일반 투자자가 이를 통해 수익을 내기는 어렵습니다. 이러한 뉴스들은 매우 빠르게 주가에 반영되기 때문에 일반 투자자가 인수 소식을 접한 시점에 이미 주가는 급등을 보인 뒤라 투자 기회가 없어졌을 가능성이 높기 때문입니다.

② 기업분할

2020년 9월 LG화학은 배터리 사업 부문의 물적분할을 발표했습니다. 이 소식은 시장에서 엄청난 이슈가 되었고 기사가 쏟아져 나왔죠. 물적분할은 기업분할의 한 종류인데요. 도대체 기업분할이 무엇이기에 시장이 반응하고, 주가가 크게 변동하기도 하는 것일까요?

기업분할은 인수합병의 반대 개념으로서 기존 회사 내의 사업부를 하나의 기업으로 분리하는 것을 말합니다. 어떤 기업 안에 여러 개의 사업부가 있으면 자칫 기업 조직이 너무 비대해지거나 특정 사업에 대한 집중도가 떨어질 위험이 있습니다. 이 때문에 사업부를 독립적인 하나의 기업으로 분리함으로써 각각의 사업에 대한 집중도와 효율성을 높이기 위해 기업분할을 진행하는 것입니다. 대주주의 지배력을 높이기 위해서 혹은 특정 사업부의 가치를 주식시장에서 따로 인정받기 위해 기업분할이 진행되기도 합니다. 기업분할에는 인적분할과 물적분할이 있습니다.

[그림 5-17] 인적분할과 물적분할

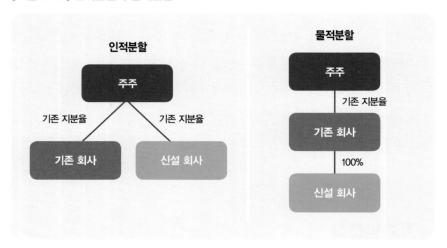

인적분할과 물적분할의 차이는 위의 그림과 같습니다.

인적분할의 경우 신설 기업의 주식을 기존 주주들에게 지분율대로 나눠주는 방식으로 이루어집니다. 분할 직후에는 기존 회사와 신설 회사의 주주 구성이 동일합니다.

물적분할의 경우 신설 기업이 기존 기업의 100% 자회사로 분할되는 방식으로 이루어집니다. 사업부가 독립적인 기업으로 형태가 바뀌지만 당장에 기존 주주들의 주식 측면에 변화는 없습니다. 주주들은 기존 지분율대로 기존 회사의 주식을 가지고 있고, 기존 회사가 신설 회사의 지분을 100% 가지는 구조이기 때문입니다. 물론 향후 신설 기업이 상장을 하면 공모를 통해 새로운 투자자가 들어오며 지분 구조에 변화가 생기게 됩니다.

LG화학은 물적분할을 택하여 이슈가 되었습니다. LG화학에 투자한 투자자 대부분은 배터리 사업부의 성장성을 보고 투자한 것인데, 배터리 사업부가 물적분할을 통해 분리되어 향후 공모를 진행할 경우 주주 구성이 완전히 바뀌어 기존 LG화학 주주들은 투자의 의미를 상실할 수 있다는 우려 때문이었죠. 그러나 물적분할이 반드시 기존 주주들에게 나쁘게 작용하는 것은 아닙니다. 인적분할의 경우 기존의 주주 구성이 유지되어 신규 상장과 이에 따른 자금 조달이 일어나지 않습니다. 그러나 물적분할의 경우 공모를 통한 추가 자금 조달이 가능합니다. 따라서 LG화학은 배터리 사업부의 분할과 상장을 통해 자금을 확충하고 투자를 늘려 성장성을 더욱 강화할 수 있습니다. 이렇게 자회사의 지분 가치가 올라가게 되면 모회사인 LG화학의 가치 역시 올라가기 때문에 LG화학의 물적분할을 무조건 부정적으로 바라볼 일은 아니라는 것입니다.

분할로 인해 주가가 떨어진다면 그것이 정말로 악재인지를 잘 살펴볼 필요가 있습니다. 만약 일시적인 시장의 오해에 불과하다면 그로부터 훌륭한 투자 기회를 발견할 수도 있을 것입니다.

이름 때문에 액면분할도 기업분할의 일종인가 헷갈려 하는 분도 더러 있습니다. 그러나 액면분할은 기업분할과는 전혀 다른 개념이며, 따지자면 무상증자와 유사한 개념입니다. 액면분할은 주식을 일정한 분할 비율로 나누어 주식 수를 증가시키는 일입니다. 50:1의 액면분할을 실시한다고 하면 주가는 1/50으로 낮아지고, 주식 수는 50배로 늘어나는 것입니다.

[그림 5-18] 카카오 액면분할 전후 주가 차트

카카오는 2021년 4월, 5:1 액면분할을 실시했습니다. 이에 따라 기존의 주식 1주는 5주로 늘어나는 대신, 기존의 주가도 55만 8,000원에서 1/5 가격인 11만 1,600원으로 바뀌게 되었습니다.

무상증자와 마찬가지로 액면분할에서도 유동성 증대의 효과를 기대할 수 있습니다. 가령 카카오의 경우 기존의 50만 원대 주가에서는 주당 가격이 너무 높아 거래를 꺼렸던 개인 투자자도 분할 이후의 10만 원대 주가에서는 손쉽게 주식을 거래할 수 있게 되었습니다. 이 때문에 액면분할 역시 무상증자와 마찬가지로 단기 호재로 인식할 수 있습니다.

그러나 사업 내용의 본질적 변화 없이 주가와 주식 수에 대해서만 변화가 생기는 것이기 때문에 장기적인 기업 가치에 변화를 가져오지는 않습니다.

SUMMARY

- 전자공시는 자본시장법에 따라 가장 신뢰성 높고 방대한 정보를 제공하는 정보원이다.

- 사업보고서는 기업에 대한 교과서라 할 정도로 방대한 정보를 담고 있다. 모든 내용이 중요하지만 앞부분 회사의 개요는 꼭 읽어야 한다. 1년에 4차례 공시된다.

- 상장폐지의 위험이 있는 종목들은 거래소에서 지정하여 관리하는데 관리종목이라 부른다.

- 자본금과 주식의 수를 늘리는 것은 증자, 줄이는 것은 감자라고 한다.

- 무상증자는 주식을 추가로 발행하여 무료로 기존 주주들에게 나눠 주는 것이며 주당 가격을 낮춰 거래의 유동성을 높이기 때문에 주주 친화적 활동으로 인식된다.

- 기업에서는 주식 연계 채권인 전환사채, 신주인수권부사채, 교환사채를 발행해 자금을 융통하기도 한다.

- 실적 발표에 앞서 방향성을 예측하려면 유형자산 취득 공시와 수주 공시를 살펴본다.

- 기업분할은 인적분할, 물적분할이 있다. 인적분할은 신설 기업의 주식을 기존 주주에게 지분율대로 나눠 준다. 물적분할은 신설 기업이 기존 기업의 자회사로 분할되며 기존 주주의 주식 보유에는 변화가 없다.

재무제표에서
숨겨진 부채를 찾아
위험을 피하자!

앞에서 커다란 투자 위험을 피하기 위한 조건으로 말씀 드린 것이

1 | 최근 5년간 연간 영업이익 적자가 없는 기업
2 | 부채비율 200% 이하 기업
3 | 영업활동현금흐름 > 당기순이익 기업

위의 세 가지였습니다.

이에 한 가지 더 확인해야 할 내용이 있다면 그것은 바로 숨겨진 부채, 우발부채입니다. 우발부채란, 현재 채무로 확정되지는 않았으나 가까운 미래에 특정 상황이 발생하면 채무로 확정될 가능성이 있는 채무를 의미합니다. 이것은 재무제표상에는 부채로 기입되지 않지만 재무제표 주석 항목에서는 확인할 수 있으며, 향후 특정 상황이 발생할 경우 갑작스러운 재무 상태의 악화를 가져올 수 있기 때문에 투자 시 주의 깊게 살펴봐야 하는 항목입니다.

저는 우발부채를 제대로 확인하지 않아 성도이엔지라는 종목에서 손실을 입은 경험이 있습니다. 반도체 설비 사업을 하는 성도이엔지는 성도건설이라는 자회사를 보유하고 있습니다. 2013년 7월, 성도건설은 SK하이닉스의

[그림 5-19] 성도이엔지 주가 차트

중국 우시 반도체 공장의 가스공급설비 공사를 맡았습니다. 그러나 해당 설비의 설치 과정에서 문제가 발생하였습니다. 해당 공장에서 화재가 발생해 중국 보험사들은 성도건설을 상대로 손해액 중 일부를 청구하는 소송을 제기했습니다. 이후 그 연장선상에서 중국 보험사들은 성도건설의 모회사인 성도이엔지를 상대로도 1000억 원 규모의 구상금 청구 소송을 제기했고, 2019년 11월 1심에서 1227억 원을 배상하라는 판결이 내려짐에 따라 성도이엔지는 해당 금액을 손실로 인식하게 되었고 주가는 급락하였습니다.

이후 저는 해당 투자를 복기하면서, 만약 투자 이전에 우발부채에 대한 내용을 조금 더 꼼꼼히 확인하고 이를 경계했다면 해당 손실을 피할 수 있었겠다는 결론을 내리게 되었습니다. 다음 페이지의 [그림 5-20]에서 보시다시피 이전의 사업보고서에 해당 위험성이 이미 기재되어 있었으므로 사업보고서를 꼼꼼히 살펴봤다면 위험성을 충분히 인지하고 피할 수 있었던 것입니다.

성도이엔지에서의 투자 실패 이후 저는 항상 투자 전 재무제표 주석의 우발부채에 대한 내용까지 살피게 되었습니다. 만약 우발부채 항목에 이해하

[그림 5-20] 성도이엔지 연결재무제표 주석-우발채무-소송사건 내용

(5) 소송사건

보고기간종료일 현재 지배기업은 중국 소재 현대재산보험(중국)유한공사 외 4개 보험회사로부터 종속회사인 성도건설(중국)유한공사가 에스케이하이닉스(중국)유한공사로부터 수주받은 배관설비공사와 관련하여, 2013년 9월에 에스케이하이닉스(중국)유한공사 공장에 화재가 발생한 것이 성도건설의 과실이라 주장하고 성도건설(중국)유한공사가 지배기업의 중국지점에 불과하다는 이유를 들어 지배기업을 상대로 1,000억원의 구상권 청구소송(서울중앙지방법원, 사건번호: 2016가합553091)을 제기하였습니다. 또한, 성도건설(중국)유한공사는 1심(소송가액 3억 위안)에서 일부 패소하여 순자산 장부가액 14,284백만원을 전액 손해배상충당부채로 인식하였습니다. 이에 지배회사는 계약 당사자가 아니기에 한국 소송 청구는 부당하며, 화재 원인은 성도건설에 과실이 일체 없음을 입증할 계획입니다.

기 어려운 내용이나 큰 규모의 우발부채 내용이 있어 께름칙한 부분이 있다면 해당 부분에 대한 의문이 해소되기 전까지는 투자를 피하는 것이 바람직할 것입니다.

NOTE

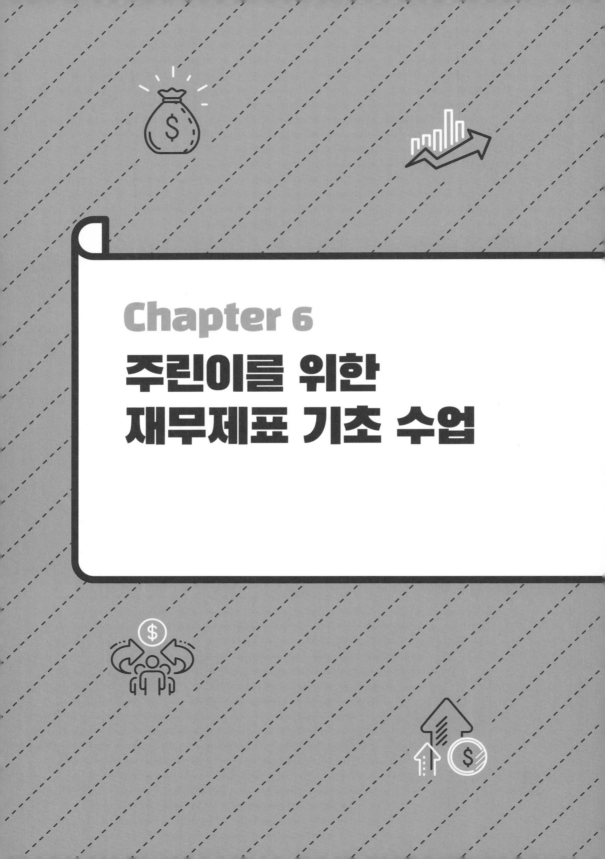

Chapter 6

주린이를 위한
재무제표 기초 수업

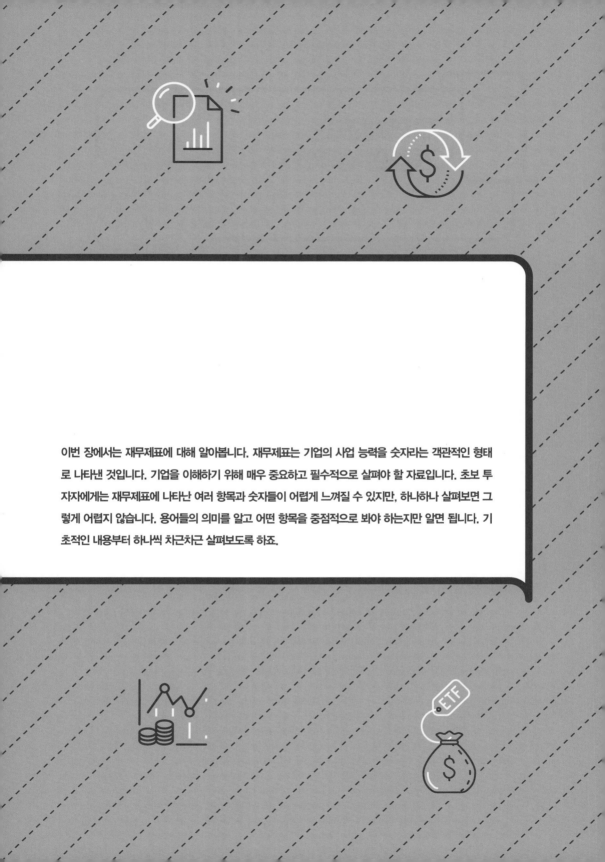

이번 장에서는 재무제표에 대해 알아봅니다. 재무제표는 기업의 사업 능력을 숫자라는 객관적인 형태로 나타낸 것입니다. 기업을 이해하기 위해 매우 중요하고 필수적으로 살펴야 할 자료입니다. 초보 투자자에게는 재무제표에 나타난 여러 항목과 숫자들이 어렵게 느껴질 수 있지만, 하나하나 살펴보면 그렇게 어렵지 않습니다. 용어들의 의미를 알고 어떤 항목을 중점적으로 봐야 하는지만 알면 됩니다. 기초적인 내용부터 하나씩 차근차근 살펴보도록 하죠.

1 재무제표는 기업의 성적표

INVESTMENT IN STOCKS

① 재무제표는 도대체 왜 봐야 할까?

재무제표[1]란 기업이 회계 연도가 끝나는 시점에 결산 보고를 하기 위해 작성하는 회계 보고서입니다. 기업의 경영 성적(매출액, 영업이익, 순이익 등)과 재정 상태(자본, 부채 등)를 외부에 공개하는 자료죠.

투자에서 재무제표가 중요한 것은 너무나도 당연한 일입니다. 주식투자는 회사의 일부를 사는 것이므로 회사가 얼마를 벌고 있고 얼마를 가지고 있는지를 알아야 그 회사의 주식을 얼마에 살 것인지를 합리적으로 결정할 수 있기 때문입니다.

그러나 처음 재무제표를 접하는 분들은 [그림 6-1]과 같은 요약 재무제표를 보더라도 도대체 어디에서 삼성전자가 작년에 번 돈을 확인할 수 있는지 어떤 항목이 삼성전자가 보유한 자산과 부채를 알려주는지 혼란스러울 수

---

1   표준국어대사전

[그림 6-1] 삼성전자 요약 재무제표

(단위 : 백만원)

구 분	제51기	제50기	제49기
	2019년 12월말	2018년 12월말	2017년 12월말
[유동자산]	181,385,260	174,697,424	146,982,464
· 현금및현금성자산	26,885,999	30,340,505	30,545,130
· 단기금융상품	76,252,052	65,893,797	49,447,696
· 기타유동금융자산	5,641,652	4,705,641	3,191,375
· 매출채권	35,131,343	33,867,733	27,695,995
· 재고자산	26,766,464	28,984,704	24,983,355
· 기타	10,707,750	10,905,044	11,118,913
[비유동자산]	171,179,237	164,659,820	154,769,626
· 기타비유동금융자산	9,969,716	8,315,087	7,858,931
· 관계기업 및 공동기업 투자	7,591,612	7,313,206	6,802,351
· 유형자산	119,825,474	115,416,724	111,665,648
· 무형자산	20,703,504	14,891,598	14,760,483
· 기타	13,088,931	18,723,205	13,682,213
자산총계	352,564,497	339,357,244	301,752,090
[유동부채]	63,782,764	69,081,510	67,175,114
[비유동부채]	25,901,312	22,522,557	20,085,548
부채총계	89,684,076	91,604,067	87,260,662
[지배기업 소유주지분]	254,915,472	240,068,993	207,213,416
· 자본금	897,514	897,514	897,514
· 주식발행초과금	4,403,893	4,403,893	4,403,893
· 이익잉여금	254,582,894	242,698,956	215,811,200
· 기타	△4,968,829	△7,931,370	△13,899,191
[비지배지분]	7,964,949	7,684,184	7,278,012
자본총계	262,880,421	247,753,177	214,491,428
	2019년 1월~12월	2018년 1월~12월	2017년 1월~12월
매출액	230,400,881	243,771,415	239,575,376
영업이익	27,768,509	58,886,669	53,645,038
연결총당기순이익	21,738,865	44,344,857	42,186,747
지배기업 소유주지분	21,505,054	43,890,877	41,344,569
비지배지분	233,811	453,980	842,178
기본주당순이익(단위 : 원)	3,166	6,461	5,997
희석주당순이익(단위 : 원)	3,166	6,461	5,997
연결에 포함된 회사수	241개	253개	271개

있습니다.

심지어 위의 그림은 요약 재무제표여서 간략하게 정리된 것이고 본 재무제표에는 더 많은 항목들이 나열되어 있습니다. 처음에는 낯선 용어와 수많은 숫자들이 즐비한 재무제표가 외계어처럼 느껴질 수 있지만 하나씩 배워나가면 각 항목들이 무엇을 의미하는지, 또 투자를 결정하기 위해 어떤 항목을 봐야 할지 금방 익숙해질 것입니다.

② 재무제표의 삼위일체 – 재무상태표, 손익계산서, 현금흐름표

재무제표는 재무상태표, 손익계산서, 포괄손익계산서, 자본변동표, 현금흐름표의 다섯 가지 항목으로 구성되어 있습니다. 이 중 특히 투자에서 많이 활용되는 항목은 재무상태표, 손익계산서, 현금흐름표입니다. 이들 세 항목을 재무제표의 삼위일체라고 부르기도 합니다.

재무상태표는 기업의 재무 상태, 즉 기업이 얼마만큼의 자기자본과 타인자본(부채)을 가지고 있는지, 어떤 종류의 자산(현금, 부동산, 기계장치, 무형자산 등)을 가지고 있는지를 나타냅니다. 재무상태표는 특정 시점의 재무 상태를 포착한 것으로, 비유하자면 사진과 같습니다. 12월 31일이 기업의 결산일이라면 1월 1일부터 12월 30일까지 기업이 얼마를 가지고 있었는지와는 상관없이 12월 31일의 재무 상태만을 포착하여 표로 나타내는 것입니다.

손익계산서와 현금흐름표는 기업의 경영 실적, 즉 기업이 한 해 동안 수익은 얼마나 창출했고 비용은 얼마나 들었는지, 현금은 얼마만큼 들어오고 나갔는지를 나타내는 재무제표입니다. 손익계산서와 현금흐름표는 일정 기간 동안 발생한 수입과 지출을 합산하여 나타낸 것으로, 동영상이라고 비유할 수 있습니다. 1월 1일부터 12월 31일까지의 기간 동안 발생한 수입과 지출을 누적하여 표로 나타내는 것입니다.

세 항목들은 구분하여 표시되어 있지만 서로 유기적인 관계를 맺고 있습니다. 재무상태표상 자산을 충분히 보유하고 있어야 이를 활용해 사업 활동을 진행하여 손익계산서상 이익을 창출해 낼 수 있고, 또 손익계산서상 이익을 내게 되면 재무상태표상에서 자산으로 쌓이게 됩니다. 이익이 장부상 이익에서 그치는지 실제 현금흐름으로도 연결되는지에 따라 이익의 질에는 큰 차이가 있으므로 현금흐름표를 함께 확인하는 것 역시 중요하겠죠. 이렇게 재무제표상 각 항목들을 연결하여 사고하다 보면 많은 투자 아이디어들을 얻을 수 있습니다. 이제부터 각각의 항목들에 대해 조금 더 자세히 알아보겠습니다.

2 재무상태표의 기초 이해하기

INVESTMENT IN STOCKS

① 기업의 건강진단서, 재무상태표

사람이 건강한지, 어떤 병이 있는지를 나타내는 것이 건강진단서라면, 기업의 재정 상태가 건전한지, 부채에 허덕이고 있지는 않은지, 갑작스러운 위기 상황이 찾아오더라도 견뎌 낼 수 있도록 현금성 자산을 충분히 보유하고 있는지 등을 나타내는 기업의 건강진단서가 바로 재무상태표입니다. 재무상태표는 '자산=자본(자기자본)+부채(타인자본)'라는 계산식으로 구성됩니다.

유사장이라는 사람이 50억 원을 출자하여 사업을 시작한다고 하겠습니다. 기업의 이름은 유컴퍼니입니다. 이때 유사장 씨가 출자한 50억 원은 유컴퍼니의 '자본'이 됩니다. 그런데 50억 원만으로는 사업을 진행하기에 다소 부족하다면 금융기관에서 돈을 추가로 빌릴 수도 있을 것입니다. 추가로 50억 원은 은행에서 빌린다고 하겠습니다. 이때 은행에서 빌린 50억 원은 유컴퍼니의 '부채'가 됩니다. 이렇게 되면 유컴퍼니가 보유한 전체 '자산'은 자본

50억 원과 부채 50억 원을 합친 100억 원이 됩니다. 자산(100억 원)=자본(50억 원)+부채(50억 원)의 산식이 성립하게 되는 것이죠.

이렇게만 보면 재무상태표는 굉장히 쉬운 개념이지만, 실제 재무상태표에는 이보다 훨씬 다양하고 어려운 이름의 계정 과목[2]들이 나타나 있습니다. 자산, 부채, 자본에도 여러 종류의 세부 항목들이 있기 때문입니다. 가령 유컴퍼니가 가진 자산 100억 원 중에서 20억 원은 현금으로 가지고 있고, 60억 원은 사업에 필요한 토지, 건물, 기계장치 등 유형자산을 취득하는 데 사용하고, 나머지 20억 원은 장기금융상품에 투자한다면, 자산 100억 원이 현금(20억), 유형자산(60억), 장기금융상품(20억)의 세부 항목들로 구성이 되는 것입니다.

부채(50억) 역시 마찬가지로 1년 내에 갚아야 하는 단기차입금도 있을 것이고, 만기가 긴 장기차입금도 있을 것입니다. 단기차입금과 장기차입금이 각각 25억 원씩이라고 가정하겠습니다. 자본도 출자로 마련된 자본금과 사업에서 벌어들인 이익잉여금 등으로 구분할 수 있습니다만, 유컴퍼니는 아직 사업을 통해 벌어들인 돈이 없으므로 자본이 자본금 항목으로만 구성되어 있다고 가정하겠습니다. 이렇게 되면 유컴퍼니의 현재 재무상태표는 다음의 [표 6-1]과 같이 나타납니다.

---

2 회계에서 단위가 되는 각 계정의 이름으로서 현금, 재고자산, 유형자산, 무형자산 등과 같은 세부 항목들을 뜻합니다.

[표 6-1] 유컴퍼니 재무상태표

자산	100억 원	부채	50억 원
현금	20억 원	단기차입금	25억 원
유형자산	60억 원	장기차입금	25억 원
장기금융상품	20억 원		
		자본	50억 원
		자본금	50억 원

② 주의 깊게 살펴봐야 할 자산 항목

재무상태표에는 워낙 다양한 계정 과목들이 있기 때문에 여기서 모든 계정 과목들에 대해 다 설명하기는 어렵지만, 투자 시에 특히 주의 깊게 살펴봐야 할 몇 가지 자산 항목들에 대해서 간략히 설명하겠습니다.

■ 매출채권

매출채권이란 기업이 상품을 판매하는 과정에서 발생한 채권으로, 외상 판매대금을 가리킵니다. 신용카드 결제를 생각하면 이해가 쉽습니다. 우리가 마트에서 신용카드로 결제를 하면 마트의 입장에서는 현금이 바로 들어오는 것이 아니라 먼저 외상으로 상품을 판매한 뒤 이후에 외상 판매대금이 현금으로 전환되어 들어오게 됩니다. 기업 간 거래에서도 마찬가지겠죠. 외상으로 먼저 제품을 판매하고 매출채권을 받은 뒤 나중에 현금으로 갚아 달라는 식으로 거래를 진행할 수 있습니다. 영업활동을 하다 보면 필연적으로 매출채권을 통한 거래가 발생하게 됩니다. 참고로 매출채권의 반대말, 외상으로 제품을 구입한 쪽의 채무를 일컬어 매입채무라고 합니다.

모든 매출채권들이 제때 현금으로 전환된다면 문제될 것이 없겠지만, 문제는 모든 매출채권들이 정상적으로 현금으로 회수되지는 않는다는 것입니다. 어떤 사업자들은 채무를 갚기로 한 기간을 어기기도 하고, 어떤 사업자들은 사업이 악화되어 채무를 갚지 못하고 파산하기도 합니다. 이렇게 매출채권을 회수할 수 없게 된 경우 이것을 회계상 손실로 처리하여 장부에서 떨어내는 것을 회계 용어로는 '대손상각'이라고 합니다.

매출채권은 항상 대손의 위험을 내포하고 있기 때문에 기업의 입장에서 매출채권이 너무 과도한 수준으로 늘어나는 것은 재무적 부담으로 작용할 수밖에 없습니다. 따라서 투자자들은 어떤 기업의 매출액이 증가하는 속도에 비해 매출채권이 너무 급격하게 늘어나고 있다면 경계할 필요가 있습니다. 가령 어떤 기업이 매출액은 전년 대비 5% 증가한 반면 매출채권은 전년 대비 20% 늘어났다면 이를 재무적 위험 신호로 보아 경계할 필요가 있겠습니다.

■ 재고자산

재고자산은 이름에서도 알 수 있듯 기업이 재고로 가지고 있는 자산을 의미합니다. 재고자산에는 완제품뿐만 아니라 원재료도 포함됩니다.

재고자산들이 제때 팔리지 않고 쌓여 있으면 기업의 입장에서 재고를 쌓아 두는 공간이나 관리에 대한 비용, 재고의 노후화, 가격 하락에 따른 비용 등이 비용 부담으로 작용하게 됩니다. 따라서 기본적으로 재고 수준은 낮게 관리될수록 좋습니다. 다만, 갑작스러운 대량 수주가 발생하거나 예상 판매량이 늘어 회사가 원재료 구입을 늘리는 경우에도 일시적인 재고자산 증가가 일어날 수 있는데, 이 경우에는 재고자산의 증가가 향후의 매출 증대를 암시하는 긍정적인 요인으로 작용할 수도 있습니다.

따라서 투자자들은 어떤 기업의 재고자산이 늘어났다면 그것이 제품이 제때 팔리지 않아 발생한 부정적인 재고자산의 증가인지, 주문이나 예상 판매량이 갑작스레 늘어 발생한 긍정적인 재고자산의 증가인지를 파악할 필요가 있습니다.

■ 유형자산

유형자산은 기업이 사업을 위해 장기간에 걸쳐 사용할 목적으로 보유하는 유형의 자산으로서 토지, 건물, 기계장치, 공구와 기구, 비품 등이 이에 해당됩니다.

유형자산과 관련하여 반드시 알아둬야 할 것이 감가상각이라는 개념입니다. 토지를 제외한 건물, 기계, 설비 등의 고정자산들은 계속해서 사업에 활용됨에 따라 노후화가 진행되어 시간이 흐를수록 가치가 떨어지고, 결국 너무 오래된 고정자산들은 사용할 수 없게 됩니다. 따라서 기업의 재무상태표에서도 이러한 유형자산들의 가치를 구입 당시의 장부가 그대로 유지하는 것이 아니라 시간의 경과에 따라 가치가 감소하는 부분만큼을 비용으로 처리하여 장부에 반영할 필요가 있습니다. 이렇게 고정자산의 가치 감소를 비용으로 계상하는 것을 회계 용어로는 감가상각이라고 합니다. 고정자산을 몇 년 동안 사용할 수 있을지 내용연수(수명)를 정하여, 해당 기간 동안 비용 처리를 진행하며 장부가를 서서히 줄여 나가는 것입니다. 가령 1억 원에 구입한 기계장치를 5년 정도 사용할 수 있을 것이라고 본다면 매년 2000만 원씩 감가상각으로 비용 처리를 하는 식입니다.

회사가 유형자산을 많이 취득한다는 것은 그만큼 많은 투자를 통해 사업 역량을 강화하겠다는 의미입니다. 이것이 성공적으로 이루어질 경우 유형자산 취득에 사용했던 자금은 '투자'로서 와닿겠지만, 사업이 계획했던 것처럼 잘 풀리지 않는다면 유형자산들은 감가상각의 '비용'으로 와닿을 것입니다. 결국 투자자들은 어떤 기업의 유형자산 취득을 살펴볼 때 해당 유형자산의 취득으로부터 기업이 기대할 수 있는 바는 무엇인지를 회사의 사업 내용과 연계하여 최대한 균형감 있게 살펴보아야 합니다.

■ 무형자산

물리적 형태가 없는 브랜드 가치나 특허권 등의 무형자산도 자산에 포함됩니다. 무형자산들은 기업의 핵심 경쟁력으로 작용하기도 하기 때문에 물리적 형태가 없더라도 자산으로 인정하여 장부에 계상하는 것이 타당합니다. 그러나 물리적 실체가 없기 때문에 수치로 정확히 평가하여 나타내기 어려운 부분이 있으며 이에 따라 무형자산이 과대계상되어 자산을 부풀리고 재무제표를 왜곡하는 경우도 있습니다.

가령 A라는 기업이 B라는 기업을 매우 비싼 가격에 인수한 뒤 B기업이 브랜드 가치 등 많은 무형자산을 보유하고 있다며 무형자산을 높은 금액으로 계상한다면, 실제로는 A기업이 과도한 가격으로 인수를 한 것이라고 하더라도 재무제표상에서는 대량의 무형자산을 제값에 인수한 것으로 나타날 수 있습니다. 또한 기업의 연구 활동과 관련해서도 연구에 지출된 비용은 비용 처리를 하는 것이 보수적인 회계 방식이지만, 어떤 기업은 해당 비용을 무형자산으로 계상하며 비용은 작아 보이게 자산은 커 보이게끔 처리할 수 있습니다.

따라서 투자자들은 어떤 기업의 전체 자산에서 무형자산이 차지하는 비중이 크다면 세부 내역을 살펴보며 비용으로 처리해야 할 부분을 자산으로 처리하고 있지는 않은지 의심의 시선을 던져 볼 필요가 있겠습니다.

재무제표의 주석

자산들의 세부 내역 등 재무제표 내용에 대해 자세히 확인하기 위해서는 재무제표 주석을 살펴봐야 합니다. 재무제표 주석은 말 그대로 재무제표의 내용들을 보다 상세하게 풀어 설명해 놓은 부분입니다. 물론 그만큼 내용이 방대하기 때문에 주석 전체를 꼼꼼히 확인하는 것은 어렵게 느껴질 수 있습니다. 주석 내용 전체를 확인하는 것이 너무 부담스럽다면, 수치가 큰 항목들 위주로라도 재무제표와 재무제표 주석을 살펴볼 것을 권합니다.

③ 재무상태표의 재무비율

재무비율 분석이란 재무제표상의 여러 항목들을 서로 나누어 비율로 나타냄으로써 기업의 수익성, 안정성 등을 평가하는 작업을 의미합니다. 가령 자본과 부채를 비교하는 '부채÷자본=부채비율'을 활용하여 기업의 재무안정성을 평가하는 식입니다. 재무상태표의 항목들로 구성된 몇 가지 중요한 재무비율들을 소개하겠습니다.

■ 부채비율(=부채÷자본)

부채비율은 기업의 전체 자산에서 자본 대비 부채가 차지하는 비중을 나타내는 재무비율입니다. 부채비율이 높을 경우 그만큼 기업의 재무구조가 타인자본에 의존한다는 것을 나타내며, 이에 따른 이자비용 등은 기업에 재무적 부담으로 작용하기 때문에 부채비율이 낮을수록 기업의 재무안정성이 좋다고 평가합니다. 통상적으로 부채비율이 200% 이상이면 위험 수준, 100% 이하이면 건전한 수준으로 평가합니다.

부채가 무조건적으로 나쁜 것은 아닙니다. 적정 수준의 부채를 사업에 활용하여 이자비용을 초과하는 수익을 창출할 수 있다면 수익성을 극대화할 수 있기 때문입니다. 따라서 부채비율은 수익성과 함께 고려될 때 가장 빛이 나는 지표입니다. 수익성과 관련된 지표인 ROE에 대해서는 뒤에서 살펴보겠습니다.

■ 유동비율(=유동자산÷유동부채)

유동비율은 유동부채에 대한 유동자산의 비율을 나타내는 지표로서, 기업의 상환 능력을 가늠하기 위한 지표입니다. 유동자산은 1년 이내에 현금으로 바꿀 수 있는 자산, 유동부채는 1년 이내에 만기가 도래하는 부채를 의미합니다. 결국 유동비율은 기업이 곧 만기가 도래하는 부채를 무리 없이 상환할 수 있을 만큼 충분한 유동자산을 보유하고 있는지를 나타내는 지표가 되겠습니다. 일반적으로 200% 이상으로 유지되는 것이 이상적이라고 평가합니다.

유동비율이 너무 낮을 경우 흑자도산이 발생할 수 있습니다. 흑자도산이란 일반적으로 발생하는 적자에 따른 도산과는 다르게, 언뜻 보기에는 영업

실적도 좋고 재무 상태도 양호해 보이는 기업이 유동자산의 부족으로 단기 채무를 변제하지 못해 갑작스레 도산하는 것을 의미합니다.

■ PBR(=시가총액÷자기자본)

어떤 주식의 가치를 평가하기 위한 척도로는 크게 두 가지를 꼽을 수 있습니다. 하나는 기업이 얼마를 가지고 있느냐 하는 것이고, 다른 하나는 기업이 얼마를 버느냐 하는 것입니다. 이 중 전자인 기업이 가진 돈과 주식의 가격을 비교하는 개념이 여기서 살펴볼 PBR 개념이고, 후자인 기업이 버는 돈과 주식의 가격을 비교하는 개념이 뒤에서 살펴볼 PER 개념입니다.

PBR은 기업의 자기자본과 시가총액을 비교하는 재무비율입니다. PBR이

순현금

일반적으로 자산 가치를 평가할 때 비유동자산보다 유동자산의 가치를 높게 평가합니다. 토지를 제외한 대부분의 비유동자산은 감가상각으로 인해 환금 시 장부가치보다 현저히 낮은 가격에 판매되는 경우가 많기 때문입니다.

이러한 맥락에서 활용되는 지표 중 하나가 '현금 및 현금성자산+단기금융상품-총부채'로 계산되는 순현금입니다. 순현금이 플러스라는 건 환금성이 매우 높은 현금성자산과 단기금융상품만으로도 모든 부채를 상환할 수 있어 재무 구조가 안정적이라는 것을 의미합니다.

간혹 순현금이 시가총액보다 많은 기업들도 존재하는데, 이러한 경우는 지갑을 샀는데 지갑 안에 지갑 가격 이상의 현금이 들어 있는 경우로 볼 수 있어 그만큼 매력적인 투자 대상이라고 할 수 있습니다.

낮을수록 기업이 가진 자본에 비해 주가가 싸다는 것을 의미하므로 낮을수록 저평가, 높을수록 고평가라고 평가합니다. 특히 PBR이 1 이하라는 건 장부상 자기자본보다 시가총액이 싸다는 것을 의미하기 때문에 분명 자산 가치 측면에서는 저평가 상태라고 볼 수 있습니다. 그러나 이렇게 자산 가치 측면에서 주식이 저평가된 경우 버는 돈, 즉 이익 가치 측면에서 문제가 있는 경우가 많습니다. 따라서 PBR이 낮다고 해서 무조건 좋다고 평가할 것이 아니라 뒤에서 살펴볼 손익계산서상 이익 가치와 함께 평가하여 두 측면이 모두 긍정적일 경우에만 투자를 진행하는 것이 바람직합니다.

3 손익계산서의 기초 이해하기

① 기업의 성과보고서, 손익계산서

기업이 사업을 통해 거둔 성과는 매년 손익계산서의 형태로 외부에 공개됩니다. 손익계산서 역시 기본적인 구조는 단순합니다. 특정 기간 동안 회사가 벌어들인 수익에서 지출한 비용을 차감하여 플러스면 수익, 마이너스면 손실입니다. 유컴퍼니의 예시를 다시 가져와 설명하겠습니다.

앞서 유사장 씨가 창업했던 유컴퍼니는 신발을 만들어 판매하는 사업을 합니다. 1년 동안 신발을 한 켤레에 5만 원씩 10만 켤레를 판매했다면, 유컴퍼니의 '매출액'은 50,000원×100,000켤레=50억 원이 됩니다. 그런데 신발 한 켤레를 만드는 데는 가죽이나 실 같은 원재료들이 들어갑니다. 이렇게 제품을 만드는 데 직접적으로 사용되는 재료들에 대한 비용을 '매출원가'라고 합니다. 신발 한 켤레당 원재료 비용이 3만 원씩 들어간다고 하면 매출원가는 30,000원×100,000켤레=30억 원이 됩니다. 매출액에서 매출원가를 뺀 금액을 매출총이익이라고 합니다. 유컴퍼니의 경우 50억 원-30억 원=20억 원이 되겠죠.

제품을 생산하고 판매하는 데는 재료비만 드는 것이 아닙니다. 직원을 고용하여 급여도 줘야 하고, 마케팅이나 광고도 해야 하고, 운송비나 감가상각비 등도 발생합니다. 이렇게 재료비를 제외하고 영업과 관련하여 드는 제반 비용을 판매비와 관리비(줄여서 판관비)라고 합니다. 매출총이익에서 판관비를 뺀 금액은 영업을 통해 벌어들인 이익, 영업이익이라고 합니다. 유컴퍼니의 1년 동안의 판관비가 10억 원이라면 영업이익은 매출총이익 20억 원에서 판관비 10억 원을 뺀 10억 원이 되겠죠.

여기서 끝이 아닙니다. 영업과 직접적으로 관련된 부분 외에도 기업은 세금도 내고, 이자도 수취하거나 지불하고, 환율 변동에 따라 이익 또는 손실을 보기도 하는 등 추가적으로 들어오거나 나가는 돈이 많습니다. 영업이익에서 이러한 영업 외 손익과 법인세를 차감해 주어야 최종적으로 기업이 1년 동안 벌어들인 이익인 당기순이익이 나오게 됩니다. 유컴퍼니가 이자비용 등 영업 외 손실로 2억 원, 법인세로 3억 원을 지불했다면 유컴퍼니가 1년

[표 6-2] 유컴퍼니 손익계산서

매출액	50억 원
(−)매출원가	(−)30억 원
매출총이익	20억 원
(−)판매비와 관리비	(−)10억 원
영업이익	10억 원
(−)영업 외 손실 **(이익이 발생하는 경우도 있음)**	(−)2억 원
(−)법인세	(−)3억 원
당기순이익	5억 원

동안 벌어들인 당기순이익은 영업이익 10억 원에서 5억 원을 뺀 5억 원이 되는 것입니다.

지배주주 순이익은 뭘까?

[그림 6-2] 삼지전자 실적 정보

매출액	11,016	13,046	14,396	14,950	15,895
영업이익	303	524	325	362	481
영업이익(발표기준)	303	524	325	362	481
세전계속사업이익	329	619	369	370	572
당기순이익	385	437	297	339	498
당기순이익(지배)	196	253	134	139	269
당기순이익(비지배)	189	184	163	201	229

손익계산서상에는 꽤 다양한 종류의 이익들이 기재되고 있습니다. 이 중에는 '당기순이익(지배)'라고 표시된 항목도 있습니다. 사업보고서상 재무제표에는 '지배기업의 소유주에게 귀속되는 당기순이익'이라고 표시되어 있습니다. 투자 분석 시에는 단순히 당기순이익이라고만 표시된 항목보다 당기순이익(지배) 항목을 활용하는 것이 정확합니다.

이에 대해 간략히 설명하자면, A라는 회사가 B라는 회사의 지분을 60% 보유하고 있을 경우, B가 1억 원의 이익을 낸다면 연결회계에서는 B의 지배기업인 A의 재무제표에서도 B가 벌어들인 이익을 인식하게 됩니다. 이때 A의 당기순이익 항목에서는 B가 벌어들인 1억 원에 대해 전액을 인식하는 반면, 당기순이익(지배) 항목에서는 A가 가진 B의 지분만큼인 1억 원의 60%, 6000만 원을 인식하게 됩니다. 자회사의 지분을 60% 가지고 있다면 이익 역시 60% 만큼만 인식하는 것이 합리적입니다. 따라서 PER 등 재무비율 계산 시에도 당기순이익 항목보다 당기순이익(지배) 항목을 활용하는 것이 정확합니다.

② 좋은 기업을 찾는 지표, 영업이익률과 ROE

투자자들은 성장성, 이익안정성, 경쟁우위 측면에서 강점을 가진 좋은 기업에 투자하기를 원합니다. 이와 관련해서는 사업 내용을 정성적으로 분석하여 기업을 평가하는 방법도 있겠지만, 수치들을 통해 정량적으로 기업의 경쟁력을 평가하는 방법도 있습니다. 이렇게 기업의 경쟁력, 질을 평가할 수 있게 하는 지표를 퀄리티 지표라고 합니다. 가장 대표적인 퀄리티 지표로 꼽는 것은 영업이익률과 ROE입니다.

■ 영업이익률(=영업이익÷매출액)

영업이익률은 매출액 대비 영업이익이 얼마나 나오는지를 나타낸 지표로서 기업의 수익성을 나타내는 지표입니다. 차별화된 경쟁우위가 없는 기업들에게는 경쟁 수단이 가격 경쟁밖에 없기 때문에 이들은 거의 마진이 남지 않는 수준으로 제품을 팔거나 적자를 기록하기도 합니다. 차별화된 경쟁우위 없이는 충성 고객을 확보할 수 없고, 기업이 수익을 더 남기기 위해 가격을 인상할 경우 즉시 고객들은 경쟁 제품으로 구매를 전환하기 때문에 기업의 매출액이 하락하게 됩니다. 반면 가격 요인 외의 차별적인 경쟁력이 있는 기업들은 매출에서 충분한 이익을 남기며 고마진을 취할 수 있습니다. 결국 영업이익률은 기업의 경쟁우위 정도를 나타내는 지표인 것입니다.

영업이익률이 높은 기업은 경쟁에서 장기적으로 살아남을 확률이 높습니다. 같은 업종에 영업이익률이 15%인 A기업, 10%인 B기업, 5%인 C기업이 있다고 가정해 보겠습니다. 만약 이들 사이에서 가격 경쟁이 일어나 각 기업의 마진이 10%씩 낮아진다면 A기업은 여전히 영업이익률 5%로 흑자를 내지만 B기업은 영업이익률 0%로 간신히 본전치기를 하고, C기업은 영업이익률이 −5%로 적자를 보게 됩니다. 경쟁이 심화될 경우 영업이익률이 낮은 기업부터 도태될 가능성이 높겠죠. 영업이익률은 경쟁 환경의 변화 속에서 기업의 장기간 생존가능성을 나타내기도 하는 것입니다.

결국 영업이익률은 기술력, 브랜드 파워, 비용 관리 능력 등의 경쟁우위와 이에 따른 경쟁에서의 생존가능성의 방증으로 작용합니다. 대체로 10% 이상이면 영업이익률이 높다고 평가합니다.

정량적 분석, 정성적 분석이란?

기업의 가치 평가를 하는 방법을 크게 나누면 정량적 분석, 정성적 분석이 있습니다. 정량적 분석(Quantitative analysis)은 숫자로 표시할 수 있는 양적인 측면, 정성적 분석(Qualitative analysis)은 질적인 측면을 평가할 수 있습니다.

정량적 분석은 DART에 나온 정보나 재무제표를 보는 것이라 생각하면 됩니다. 기업의 매출, 자본, 부채, 영업이익률 등 숫자로 나타난 정보를 분석하여 기업의 가치를 평가하는 것입니다. 정성적 분석은 각종 보고서나 뉴스를 통해 기업이 속한 산업의 업황이나 기업의 스토리 등을 파악하여 실시하는 질적 분석입니다.

각각의 방법만으로는 기업의 가치를 정확하게 이해하기 어려우므로 두 가지 분석이 동시에 이루어져야 좀 더 정확한 분석을 할 수 있습니다. 정량적 분석을 통해 불확실성을 줄일 수 있고, 정성적 분석으로 통찰력을 가지고 크게 상승할 기업을 찾을 수 있습니다.

- **ROE**(=당기순이익÷자기자본)

ROE는 자기자본을 활용해 얼마만큼의 당기순이익을 창출했는지를 나타내는 지표로서, 기업의 자본 활용 능력을 나타내는 지표입니다. 이 지표 역시 기업의 수익성과 경쟁력을 나타내는 지표입니다. ROE가 높다는 것은 적은 자본을 투하해서 많은 이익을 창출할 수 있다는 의미이기 때문입니다. 100억 원의 자본으로 5억 원의 이익을 창출해 내는 기업(ROE 5%)에 비해 100억 원의 자본으로 15억 원의 이익을 창출해 내는 기업(ROE 15%)이 뛰어난 능력을 가지고 있는 기업이라고 평가하는 것은 당연합니다.

ROE는 기업의 장기 성장성을 나타내는 지표이기도 합니다. 높은 ROE가 유지되는 기업은 자연스럽게 높은 성장성을 보입니다. ROE가 재투자 수익률, 복리 성장률을 나타내기 때문입니다. 가령 어떤 기업이 15%의 ROE를 장기간 유지하고 있으며 100억 원의 자본을 가지고 시작한다고 가정한다면 이 기업은 첫 해에는 100억 원의 자본으로 15억 원의 이익을 창출해 낼 것이고, 다음 해에는 벌어들인 15억 원까지 재투자하여 115억 원의 자본으로 115억 원의 15%인 17억 원의 이익을 창출해 낼 것이고, 그 다음 해에는 132억 원의 자본으로 20억 원의 이익을, 그 다음 해에는 152억 원의 자본으로 23억 원의 이익을 창출해 내는 식으로 지속적인 복리 성장을 이어갈 수 있을 것입니다. 대체로 15% 넘는 ROE가 장기간 유지될 경우 뛰어난 기업이라고 평가합니다.

참고로 ROE를 볼 때는 반드시 부채비율을 함께 살펴봐야 합니다. 50억 원의 자본과 50억 원의 부채를 가진 기업 A, 부채 없이 100억 원의 자본을 가진 기업 B가 있고 두 기업이 모두 1년에 10억 원의 이익을 낸다면 A의 ROE는 20%, B의 ROE는 10%로 ROE 기준으로는 A가 월등히 좋은 기업으로 평가받습니다. 만약 이들이 이익 변동성이 낮은 사업을 하고 있다면 부채의 활용을 통해 ROE를 높이는 A의 선택은 올바른 선택이 되겠지만, 이익 변동성이 높은 사업을 하고 있다면 사업의 불황기에 A의 높은 부채비율은 기업에 독으로 작용할 수도 있을 것입니다. 무조건 ROE가 높은 A기업이 좋은 기업이라고 볼 수는 없다는 것이죠. 결국 핵심은 과도하지 않은 부채비율을 유지하면서 높은 ROE를 창출해 내는 것이 되겠습니다.

이처럼 영업이익률과 ROE는 기업의 퀄리티를 나타내는 지표로서 투자 분석에서 굉장히 중요하게 작용합니다. 상식적으로 생각해도 좋은 기업을 좋은 가격에 산다면 투자에서 훌륭한 성과를 거둘 수 있습니다. 좋은 기업을 판단하기 위해서 영업이익률과 ROE를 활용할 수 있는 것이죠. 좋은 가격인가를 판단하기 위해서는 앞에서 살펴본 PBR이나 바로 뒤에서 살펴볼 PER 등과 같은 가격 지표를 활용하면 될 것입니다.

③ PER의 다양한 활용

PER(=시가총액÷당기순이익)은 기업의 당기순이익과 시가총액을 비교하는 개념으로서, PER이 낮을수록 기업이 버는 돈에 비해 시가총액이 싸다는 것이기 때문에 저평가, 높을수록 고평가라고 평가합니다. 대체로 10~15 정도를 기준으로 삼습니다.

PER이 10이라는 것은 시가총액이 당기순이익의 10배라는 의미입니다. 당기순이익이 그대로 유지될 경우 10년 뒤에 이익만으로 투자금 전액을 회수할 수 있다는 것을 의미합니다. PER이 5면 투자금 전액을 회수하기까지 5년이, PER이 20이면 투자금 전액을 회수하기까지 20년이 소요됩니다.

그런데 PER이 높으면 무조건 고평가라 안 좋은 주식이고 PER이 낮으면 무조건 저평가라 좋은 주식인 걸까요? 그렇진 않습니다. 사실 투자에서 핵심은 과거에 얼마를 벌었는지가 아닌 미래에 얼마를 벌 것인지이고, 현재는 이익이 적어 PER이 높다고 하더라도 기업이 급격한 성장을 이루어 빠르게 이익이 늘어난다면 향후 이익수익률이 증대되어 현재의 가격이 정당화될 수 있기 때문입니다. 현재 시가총액이 100억 원, 당기순이익이 1억 원인 기업이 있다면 이 기업의 현재 PER은 100배(이익수익률은 1%)이지만, 회사가 빠르게 성장해 2~3년 뒤에는 10억 원 정도를 벌 가능성이 높아 보인다면 이 회사의 실질적인 PER은 100배가 아니라 10배(이익수익률 10%)로 보는 것이 타당할 것입니다.

이렇듯 PER에서 중요한 것은 미래의 실적 방향성을 캐치하는 것입니다. 현재 PER이 5로 매우 낮은 기업이 있다고 하더라도 향후 이 기업의 실적이 급격히 나빠질 것으로 예상된다면 투자를 피해야 할 것이고, 현재 PER이 다소 높은 20이더라도 향후 이 기업의 실적이 빠르게 성장할 것으로 예상된다

이익수익률

개인적으로는 PER 대신 이익수익률(=당기순이익÷시가총액×100)을 활용하는 것을 선호합니다. 사실 PER에서 분모, 분자만 뒤집었을 뿐이지만, 배수로 나타나는 PER과는 달리 이익수익률은 퍼센트(%)의 형태로 나타나며, 이것이 우리에게 익숙한 이자율의 형태와 동일하기 때문에 조금 더 직관적으로 와닿는다고 생각하기 때문입니다.

가령 어떤 기업의 시가총액이 100억 원이고 당기순이익이 5억 원이라면, 'PER이 20이구나'라고 생각하는 것보단 '이 투자를 통해 내가 기대할 수 있는 이익수익률이 5%구나'라고 이해하는 것이 훨씬 더 직관적이라는 것이죠.

면 투자 대상으로 고려해 볼 수 있는 것이죠.

다만 미래 실적 방향성을 추정할 때는 보수적인 관점을 견지하는 것이 매우 중요합니다. 투자자들은 기업의 실적 전망을 너무 낙관적으로 바라보는 함정에 빠지기 쉽습니다. 어디선가 어떤 기업에 대한 긍정적인 뉴스나 소문 등을 접하고서는 그 기업의 과거 실적 데이터들은 무시한 채 미래의 어느 순간에 실적이 폭증할 것이라 믿는 것이죠. 그러나 현재의 데이터들이 평범하거나 불량한 기업들이 어느 순간 대박을 치는 일은 그렇게 흔하게 일어나는 일이 아닙니다. 미래 실적의 추정은 과거의 실적들과 충분한 분석을 토대로, 충분히 보수적인 관점에서 이루어지는 것이 중요합니다.

앞에서 PER의 높고 낮음을 10~15를 기준으로 평가할 수 있다고 설명했는데 이 외에도 다양한 평가 방법이 있습니다.

먼저, 같은 업종의 다른 기업들(혹은 업종 평균 PER)과 비교하는 방법이 있습니다. 이는 업종별로 성장성이나 사업 매력도가 각기 다르고, 이에 따라 업종별로 적정한 PER 역시 다르다는 논리에서 출발합니다. 경쟁 강도가 낮고 성장성이 높은 업종의 기업들에는 높은 PER을 부여하는 것이, 경쟁 강도가 높고 성장성이 낮은 업종의 기업들에는 낮은 PER을 부여하는 것이 타당하다는 것이죠. 그리고 특정 업종 내의 기업들은 서로 유사한 PER을 부여받는 것이 타당하기에 업종 평균 PER에 비해 어떤 기업의 PER이 낮다면 저평가, 높다면 고평가라고 볼 수 있다는 것입니다. 그러나 같은 업종 내에서도 기업 간 경쟁력 차이가 클 수 있고, 업종 전체가 비싸거나 싼 가격에 형성되어 있는 경우도 있을 수 있기 때문에 개인적으로는 선호하지 않는 방식입니다.

ROE와 PER을 비교하는 방법도 있습니다. 앞에서 ROE가 높을수록 좋은 기업이라고 볼 수 있다고 말씀드린 바 있죠. ROE와 PER을 비교하는 방식은

ROE가 높은 좋은 기업은 높은 PER을 부여받는 것이 타당하고, ROE가 낮은 기업은 그만큼 낮은 PER을 부여받는 것이 타당하다는 논리에서 출발합니다. 가령 ROE가 20%인 기업은 PER 20 이하일 때 저평가, ROE가 10%인 기업은 PER 10 이하일 때 저평가, ROE가 5%인 기업은 PER 5 이하일 때 저평가라고 볼 수 있다는 것이죠. 이때 한 해 동안의 ROE 수치가 아닌 10년 정도의 평균 ROE를 활용하는 것이 핵심입니다. 한 해 동안의 ROE 수치는 일시적일 수 있기 때문입니다. 이 방법의 문제점은 ROE가 높게 유지되는 기업은 ROE가 낮은 기업에 비해 높은 PER이 정당화된다는 이론 자체는 훌륭하나, PER이 ROE와 일치하는 것이 적정한 수준이라고 볼 수 있는 근거가 없다는 점입니다. 따라서 참고는 하되 'ROE가 20%이면 무조건 PER 20 아래에서 사야 해'라는 식으로 집착하지는 말기를 바랍니다.

PER, PBR 같이 재무 데이터들을 바탕으로 기업의 적정 가치를 산정하는 과정을 밸류에이션이라고 합니다. 올바른 투자는 밸류에이션의 연속입니다.

초보 투자자는 이 과정을 스킵하는 실수를 저지르곤 합니다. 막연하게 실적이 오르니까 업황이 좋다고 하니까 주가도 오르겠지 하는 식으로 주식을 매수하는 것이죠. 실적이 오르더라도, 업황이 좋더라도, 이것이 이미 주가에 반영되어 주가가 높은 수준이라면 실적의 증대와 업황의 호조가 매수 근거로 작용할 수는 없습니다. 업황이 좋아 기업 실적이 얼마 정도 오를 것 같고, 이러한 실적의 몇 배 정도의 가격에 주식을 사는 것이 적절하다는 명확한 밸류에이션과 매수 근거를 가지고 투자를 이어가야만 투자에서 성공을 거둘 수 있을 것입니다.

일회성 이익

[그림 6-3] 네이버 분기별 실적

주요재무정보	분기				
	2020/03 (IFRS연결)	2020/06 (IFRS연결)	2020/09 (IFRS연결)	2020/12 (IFRS연결)	2021/03 (IFRS연결)
매출액	17,321	19,025	13,608	15,126	14,991
영업이익	2,215	2,306	2,917	3,238	2,888
영업이익(발표기준)	2,215	2,306	2,917	3,238	2,888
세전계속사업이익	2,539	1,758	3,616	5,626	4,249
당기순이익	1,349	907	2,353	3,841	153,145
당기순이익(지배)	1,848	1,473	2,455	4,246	153,105

위의 그림에서처럼 매출액과 영업이익은 이전 기간과 비슷하거나 줄어들었는데 당기순이익은 비정상적으로 높은 수준으로 나타나는 경우가 간혹 있습니다. 큰 규모의 일회성 이익이 발생했을 때 이러한 현상이 나타납니다.

일회성 이익은 말 그대로 단 한 번 발생한, 지속 불가능한 이익입니다. 일회성 이익을 포함해 PER 등을 계산할 경우 왜곡된 분석 결과가 도출될 수 있습니다. 따라서 이렇게 비정상적으로 높은 일회성 이익이 나타날 경우 해당 실적을 제외하고, 이전 기간의 실적들을 바탕으로 PER 등을 계산하여 투자 판단을 내리는 것이 바람직합니다.

4 현금흐름표의 기초 이해하기

① 기업의 혈류, 현금흐름을 추적하라

현금은 기업의 피와 같습니다. 각종 자산들을 구입하고 채무를 변제하고 주주들에게 배당금을 지급하는 등 현금은 다양한 곳에 활용될 수 있습니다. 피가 통하지 않는 신체 부위는 썩어 버리는 것처럼 기업에 현금이 돌지 않으면 심한 경우 지급불능으로 파산에 이를 수도 있습니다.

"이익은 의견이고, 현금은 사실이다."라는 주식 격언이 있죠. 손익계산서는 회계 장부상의 손익을 나타내지만 현금흐름표는 실제 현금이 얼마만큼 들어오고 나갔느냐를 나타내기에 회계적 가정이 개입될 여지가 적어 실적의 신뢰성을 가늠해 볼 수 있는 매우 중요한 항목입니다.

손익계산서와 현금흐름표가 차이를 보이는 대표적 항목이 감가상각비입니다. 어떤 기업이 10억 원짜리 기계장치를 취득해 5년간 2억 원씩 상각한다고 했을 때 손익계산서상에서는 이 기계장치에 대하여 향후 5년간 매년 2

억 원씩의 비용을 인식하지만, 현금흐름표상에서는 취득 시점에 즉시 10억 원이 빠져나갔다고 인식합니다. 기계장치를 올해만 쓰는 것도 아닌데, 향후 몇 년간 사용할 기계장치에 대해 즉시 10억 원의 비용을 인식하는 것보단 여러 해에 걸쳐 비용을 인식하는 것이 타당하다는 손익계산서의 관점도 있습니다. 한편 여기에는 내용연수의 추정 등 각종 회계적인 가정들이 들어가기 때문에 자칫 왜곡이 일어날 가능성이 있으므로 실제 현금의 유출입을 추적하는 것이 타당하다는 현금흐름표의 관점도 있습니다. 따라서 손익계산서와 현금흐름표는 둘 중 하나만 봐서는 안 되며 서로가 서로를 보충하는 용도로 크로스 체크하는 것이 좋습니다.

현금흐름표는 영업활동현금흐름, 투자활동현금흐름, 재무활동현금흐름의 3개 항목으로 구성되어 있습니다. 영업활동현금흐름의 경우 말 그대로 영업과 관련하여 들어오고 나간 현금을 합산하여 나타내는 것이고, 투자활동현금흐름은 각종 자산들을 취득하거나 매각하는 등 투자 활동의 과정에서 들어오고 나간 현금흐름을, 재무활동현금흐름은 배당 지급이나 차입과 같은 재무 활동의 과정에서 들어오고 나간 현금흐름을 나타내는 것입니다.

② 기업의 상태를 파악하라

재무상태표에서는 부채비율의 수준을 보면, 손익계산서에서는 흑자 지속 여부를 보면 대충 이 기업이 부실한 기업인지 아닌지를 파악할 수 있습니다. 현금흐름표에서는 영업, 투자, 재무 항목들의 부호를 통해 한눈에 기업의 상태를 파악할 수 있습니다.

기본적으로 영업활동현금흐름은 + 부호가 유지되어야 합니다. 기업의 본질인 영업과 관련하여 들어오는 현금이 −라는 것은 기업의 사업 경쟁력이 저조하다는 것을 의미하기 때문입니다. 이는 손익계산서에서 영업이익의 흑자가 지속되어야 한다는 것과 같은 맥락입니다.

투자활동현금흐름은 − 부호가 지속되는 것이 바람직합니다. 투자활동에서 현금이 나간다는 것은 기업이 미래의 성장을 위한 투자의 차원에서 각종 자산들을 구입하는 데 현금을 지출하고 있다는 것을 의미하기 때문입니다. 투자활동현금흐름이 +라는 것은 새로운 자산의 취득보다 가진 자산을 매각하는 일이 많다는 것이므로 대체로 회사의 자금 사정이 어려워 미래에 투자하지 못 하고 가진 자산을 팔아 현금을 확보하는 경우로 볼 수 있습니다.

재무활동현금흐름은 − 부호가 지속되는 것이 대체로 바람직합니다. 재무활동현금흐름은 배당이나 차입 등과 관련한 현금흐름인데, 주주들에게 배당을 지급하고 차입금을 상환하는 데 돈을 사용할 경우 재무활동현금흐름이 −로 나타나기 때문입니다. 때문에 재무활동현금흐름이 −라는 건 부채를 늘리거나 증자를 통해 재무적으로 자금을 조달하지 않더라도 영업활동을 통해 들어오는 돈만으로 운영자금을 충당할 수 있다는 것을 의미하므로 긍정적입니다. 예외적으로 공격적 투자를 통해 빠른 성장을 하는 중인 고성장 기업의 경우 재무적인 방식으로도 자금을 조달하여 투자에 활용함으로써 성장성을 높일 수 있기 때문에 + 부호가 큰 문제로 작용하지 않을 수 있습니다.

결론적으로 영업활동현금흐름은 +, 투자활동현금흐름은 −가 유지되는 기업들이 투자 대상으로서 바람직하며 재무활동현금흐름은 기본적으로는 −가 바람직하지만 고성장 기업의 경우 예외적으로 +가 용인될 수 있다고 보면 되겠습니다.

[그림 6-4] 감마누, 삼성전자, 네이버 현금흐름

	2016	2017	2018	2019	2020
영업활동현금흐름	18	-73	-45	55	-106
투자활동현금흐름	-22	-355	-11	-14	93
재무활동현금흐름		294	86	-67	-66
			감마누		
	2016	2017	2018	2019	2020
영업활동현금흐름	473,856	621,620	670,319	453,829	652,870
투자활동현금흐름	-296,587	-493,852	-522,405	-399,482	-536,286
재무활동현금흐름	-86,695	-125,609	-150,902	-94,845	-83,278
			삼성전자		
	2016	2017	2018	2019	2020
영업활동현금흐름	11,640	9,400	9,735	13,568	14,472
투자활동현금흐름	-9,417	-13,103	-3,883	-10,781	-25,032
재무활동현금흐름	6,978	6,362	7,510	523	11,921
			네이버		

그럼 이제는 위와 같은 현금흐름을 보면 단번에 상황을 판단할 수 있을 것입니다.

가장 위의 감마누라는 기업은 어떤가요? 5개년도 중 3개년에서 영업활동현금흐름이 -였습니다. 이 점만 봐도 투자 대상에서는 제외하는 것이 좋아 보이죠. 더군다나 2020년에는 영업활동현금흐름 -와 함께 투자활동현금흐름은 +, 재무활동현금흐름은 -였습니다. 영업에서 현금이 들어오지 않아서 가진 자산을 처분해 어찌어찌 빚을 갚고 있는 어려운 상황이 아닐까 추측할 수 있죠.

반면 삼성전자 같은 경우는 우리나라를 대표하는 기업답게 +, -, -의 매우 이상적인 현금흐름 형태를 보이고 있습니다. 영업을 통해 돈을 벌고, 그 돈을 미래에 대한 투자와 주주환원 등에 활용하고 있는 긍정적인 상황이라고 볼 수 있죠.

성장주 하면 떠오르는 기업 중 하나인 네이버 같은 경우는 +, −, +의 현금흐름 형태를 보이고 있습니다. 영업활동을 통해서도 돈을 벌고 있지만, 미래에 대한 투자에 많은 금액을 쓰고 있기 때문에 재무활동을 통해서도 자금을 확보하는 모습이죠. 네이버 같은 경우 성장에 대해 굉장히 큰 기대를 받고 있는 기업이기 때문에 굳이 배당 확대나 부채 축소 등의 전략을 취하기보다는 지금처럼 재무활동현금흐름에서도 +를 유지하며 투자활동현금흐름에 계속해서 높은 지출을 유지하는 것이 긍정적일 수 있습니다. 때문에 이 역시 바람직한 유형이라고 볼 수 있겠습니다. 다만 네이버와 같은 고성장 기업이 아닌 저성장 기업이 +, −, +의 형태를 보이는 경우는 부정적으로 바라볼 필요가 있습니다.

③ 이익의 신뢰성을 확인하라

앞에서 "이익은 의견이고, 현금흐름은 사실이다."라는 주식 격언을 소개해 드린 바 있죠. 손익계산서상 이익에는 여러 회계적 가정들이 개입되기 때문에 현금흐름표 항목들과의 크로스 체크를 통해 이익의 신뢰성을 확인하는 작업은 매우 중요합니다. 손익계산서상 영업이익과 당기순이익은 높은데 현금흐름은 손익계산서상 항목들만큼 양호하지 않은 기업에는 의심의 눈초리를 던질 필요가 있습니다.

이익의 신뢰성을 체크하는 가장 간단한 방법은 당기순이익과 영업활동현금흐름을 비교하는 것입니다. 대체로 영업활동현금흐름은 당기순이익보다 높은 것이 정상입니다. 이는 감가상각비의 존재 때문입니다. 당기순이익에서는 감가상각비가 차감되지만, 영업활동현금흐름에는 자산의 취득과 관련된 비용이 포함되지 않습니다(투자활동현금흐름에 포함됨). 때문에 영업활동현금흐름이 당기순이익보다 큰 것이 정상적이라고 볼 수 있습니다.

[표 6-3] 삼성전자 당기순이익, 영업활동현금흐름(단위: 백억 원)

	2016	2017	2018	2019	2020
당기순이익	2,273	4,219	4,434	2,174	2,641
영업활동현금흐름	4,739	6,216	6,703	4,538	6,529

삼성전자의 당기순이익과 영업활동현금흐름을 비교해 보면, 매년 영업활동현금흐름이 당기순이익을 웃도는 것을 확인할 수 있습니다.

그런데 모든 기업들의 재무 상태가 삼성전자처럼 제대로 관리되기는 어렵겠죠. 삼성전자처럼 매년 영업활동현금흐름이 당기순이익을 웃돈다면 가장 바람직하겠지만, 사업을 하다 보면 어떤 해에는 이익만큼 현금흐름이 들어오지 않을 수도 있습니다. 대부분의 경우 이것이 아주 큰 문제로 작용하지는 않습니다. 다만 여러 해에 걸쳐 이익과 현금흐름이 큰 차이를 보이며 이익에 비해 저조한 현금흐름이 지속된다면 주의할 필요가 있습니다.

다음 페이지의 [표 6-4]를 보면 건설업을 하는 한신공영의 경우는 순이익에 비해 영업활동현금흐름이 굉장히 들쭉날쭉하게 움직이며 마이너스를 보이기도 하는 등 현금흐름 측면에서 다소 아쉬운 모습입니다. 이는 건설업 자체의 특징이기도 한데요, 이러한 업종 특성 때문에 건설주들은 대체로 이

[표 6–4] 한신공영 당기순이익, 영업활동현금흐름(단위: 억 원)

	2016	2017	2018	2019	2020
당기순이익	267	725	1,620	721	1,054
영업활동현금흐름	737	−2,028	137	−927	2,119

익에 비해 싼 가격, 즉 낮은 PER에 거래됩니다. 한신공영 같은 경우는 현재 PER이 약 2배로 이익에 비해 현저히 낮은 가격에 거래되고 있습니다. 그러나 이것을 무조건적으로 저평가 상태라고 생각해서는 안 된다는 것이죠. 현금흐름이 굉장히 들쭉날쭉한 모습을 보이기 때문에 이익에 대한 가치를 시장에서 제대로 인정해 주지 않는 부분이 있습니다. 다만, 그럼에도 PER 2배까지는 너무 싸지 않은가 하는 생각으로 투자를 할 수도 있습니다.

EBITDA는 뭔가요?

증권사 리포트 등에서 EBITDA라는 용어를 종종 접하게 됩니다. EBITDA는 법인세, 이자, 감가상각비 차감 전 영업이익으로, 기업이 영업활동을 통해 벌어들이는 현금 창출 능력을 보여 주는 지표입니다. 사실 이 지표는 현금흐름표가 발달하기 전에 손익계산서 항목들을 통해 기업의 현금흐름을 파악하기 위해 고안된 지표로서, 현금흐름표가 발달한 지금 시점에서는 효용성을 잃어버린 지표입니다. 구태여 손익계산서상 항목들로 EBITDA를 계산할 필요 없이 현금흐름표상 영업활동현금흐름 항목을 확인하면 되기 때문입니다. 아직까지 관습적으로 몇몇 리포트들에서 EBITDA라는 용어가 사용되고 있지만, EBITDA라는 용어를 마주하게 되면 해당 용어에 너무 매몰될 필요 없이 현금흐름 분석으로 대체하고 넘어가면 됩니다.

④ CAPEX와 FCF

회계적인 가정이 많이 개입되는 당기순이익보다 기업의 가치를 조금 더 정확하게 평가하려면 어떻게 해야 할까요? 영업활동현금흐름에서 CAPEX(미래의 이윤 창출을 위해 고정자산 투자에 지출한 비용)를 뺀 값인 잉여현금흐름(FCF)을 활용하면 됩니다. 이러한 잉여현금흐름의 범위 내에서 기업은 주주들에게 배당을 하거나, 재투자를 통해 실적을 성장시키거나, 부채를 축소하는 등 주주이익을 증대시킬 수 있습니다. 때문에 FCF는 주주이익을 가장 잘 나타내는 지표로 평가 받고 있습니다.

조금 더 엄밀한 계산을 위해서는 추가적인 계산이 필요하지만, 이는 난이도가 다소 높습니다. 초보 수준에서는 일단 'FCF=영업활동현금흐름−CAPEX' 정도로 이해하고 넘어가는 것만으로도 충분합니다. 네이버 금융의 재무정보에서도 해당 산식으로 계산된 값이 표시됩니다.

네이버, 카카오 같은 기업들이 시장에서 인기를 끌며 높은 가격(네이버의 경우 PER 60배 정도)에 거래되는 이유 중 하나는 플랫폼 기업들이 CAPEX 지출에 대한 필요성이 적기 때문입니다. 제조업은 규모의 경제를 위해 계속해서 공장 설비를 확충하고 노후화된 장비를 교체하는 등 CAPEX 지출을 해야 하지만 플랫폼 기업의 경우에는 CAPEX 투자에 대한 압박감 없이도 네트워크 효과에 따라 산업을 지배할 수 있어 회계적 이익에 비해 FCF가 높을 수 있다는 것이죠.

당기순이익에는 하자가 많으니 무조건 FCF를 활용해야 한다는 것은 아닙니다. 당기순이익과 PER은 FCF에 비해 난이도가 낮고 훨씬 더 보편적으로 사용되는 지표이기 때문에 충분히 유용한 지표입니다. 당기순이익과 FCF 중 어떤 것이 더 우월하다가 아니라 서로를 보완한다는 관점에서 둘을 적절히 교차하여 활용한다면 더욱 훌륭한 투자 분석 결과를 도출할 수 있을 것입니다.

재무추이 기능으로
20년 치 재무제표 살펴보기

2장의 내용에서 HTS의 재무추이, 재무차트 기능을 통해 20년 치 재무제표를 확인할 수 있다는 것을 말씀 드린 바 있습니다. 그런 게 있었냐고요? 그러실 것 같아 강조를 드릴 겸 다시금 해당 기능을 소개해 드리고자 합니다. 이 기능은 제가 개인적으로 HTS에서 매우 좋아하는 기능 중 하나이기도 합니다.

[그림 6–5] 삼성전자 재무추이

결산년도	주가	자본총계	매출액	영업이익	당기순익	부채율	영익율	지배ROE	매출총익	DPS	ROIC
2020년	81,000	2,759,480	2,368,070	359,939	264,078	37.07	15.20	9.99	923,187	2,994	17.20
2019년	55,800	2,628,804	2,304,009	277,685	217,389	34.12	12.05	8.69	831,613	1,416	13.19
2018년	38,700	2,477,532	2,437,714	588,867	443,449	36.97	24.16	19.63	1,113,770	1,416	30.36
2017년	2,548,000	2,144,914	2,395,754	536,450	421,867	40.68	22.39	21.01	1,102,847	850	33.23
2016년	1,802,000	1,929,630	2,018,667	292,407	227,261	35.87	14.49	12.48	815,890	570	20.25
2015년	1,260,000	1,790,598	2,006,535	264,134	190,601	35.25	13.16	11.16	771,714	420	18.85
2014년	1,327,000	1,680,882	2,062,060	250,251	233,944	37.08	12.14	15.06	779,272	400	22.07
2013년	1,372,000	1,500,160	2,286,927	367,850	304,748	42.70	16.08	22.80	909,964	286	33.16
2012년	1,522,000	1,214,802	2,011,036	290,493	238,453	49.05	14.44	21.65	744,517	160	28.66
2011년	1,058,000	1,013,136	1,650,018	156,443	137,590	53.78	9.48	14.65	528,567	110	17.52
2010년	949,000	893,491	1,546,303	166,210	161,465	50.30	10.75	20.37	519,635	200	23.34
2009년	799,000	730,452	1,363,237	109,980	97,606	53.58	8.05		417,288	160	
2008년	451,000	581,135	729,530	41,341	55,259	24.79	5.67	10.08	175,724	110	13.72
2007년	556,000	515,606	631,760	59,429	74,250	26.50	9.41	15.35	163,294	160	19.40
2006년	613,000	451,976	589,728	69,339	79,165	27.90	11.76	18.66	166,130	110	24.31
2005년	659,000	396,566	574,577	80,598	76,402	27.44	14.03	20.62	172,995	110	33.88
2004년	450,500	344,404	576,324	120,169	107,867	27.22	20.85	33.79	203,527	200	59.04
2003년	451,000	294,145	435,820	71,927	59,590	33.28	16.50	21.85	140,633	110	45.14

HTS의 메뉴 검색 창에 '재무추이'를 검색하면 위와 같은 창이 뜹니다. 해당 창의 좌측 상단 톱니바퀴 아이콘을 클릭해 다양한 재무항목들을 선택하여 표시할 수도 있습니다. 기업의 재무 분석에서 중요한 것은 1~2년 정도의 단기 재무 수치들이 아니라 최소 5년 이상의 장기 재무추이입니다. 일시적으로 높은 실적이나 영업이익률, ROE 등을 보인다고 하더라도 이것이 지속되지 못하면 아무런 의미를 갖지 못합니다. 때문에 20년 치의 재무 데

이터들을 통해 기업의 장기간 재무 성과를 볼 수 있도록 하는 재무추이 메뉴는 투자자에게 매우 유용합니다.

가령 빨간색 네모로 표시된 부분을 보면 삼성전자의 2020년 ROE는 9.99%였습니다. 그러나 과거 10년 이상의 데이터를 살펴보면 ROE가 10~20% 수준에서 왔다 갔다 해 평균은 17% 정도임을 알 수 있습니다. 이런 식으로 단기간의 재무 수치들만 활용하는 것과 장기간의 재무 수치들을 확인하는 것은 투자 판단에서 큰 차이를 만듭니다.

또한, 재무추이 화면 상단의 중간쯤에 있는 재무차트라는 항목을 클릭하면 아래와 같은 재무차트 화면을 활용할 수 있습니다.

[그림 6-6] 삼성전자 재무차트

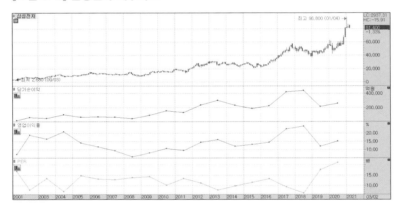

재무추이 항목에서 수치들로만 데이터를 확인하는 것이 아니라, 이렇게 차트의 형태로 장기간의 재무 데이터를 확인한다면 시각화 측면에서 조금 더 유리할 것이며, 많은 투자 인사이트들을 도출할 수 있을 것입니다. 여기서도 마찬가지로 표시할 항목들을 입맛에 맞게 선택할 수 있습니다.

가령 위의 삼성전자 재무차트에서는 삼성전자의 이익이 꾸준히 상승하는 것은 아니며 들쭉날쭉하는 사이클을 타면서 점진적으로 상승한다는 점, 영업이익률 역시 사이클에 따라 편차를 보인다는 점, 그리고 현재 실적은 2017~2018년에 비해 저점에 위치해 있는 반면 PER은 역사적 최고치에 위치해 있다는 점 등을 파악할 수 있습니다. 이러한 여러 정보들을 취합해 종합적인 투자 판단을 내리는 것이 투자자가 할 일입니다.

사업보고서상 재무제표가 너무 어렵게 느껴진다면?

처음에는 당연히 사업보고서에 드러나는 전체 재무제표 항목들을 살펴보는 것이 어렵게 느껴질 수 있습니다. 뭐가 뭔지 모르는 초보자일 때는 처음부터 전부 다 보려고 무리하지 말고, 아래 그림과 같이 네이버 금융 또는 HTS에서 표시되는 주요 재무정보들만 먼저 익힌다는 마인드로 공부를 진행하는 것이 낫습니다.

[그림 6-7] 네이버 금융 기본 주가 및 재무 정보

주요재무정보	연간				
	2016/12 (IFRS연결)	2017/12 (IFRS연결)	2018/12 (IFRS연결)	2019/12 (IFRS연결)	2020/12 (IFRS연결)
매출액	2,018,667	2,395,754	2,437,714	2,304,009	2,368,070
영업이익	292,407	536,450	588,867	277,685	359,939
영업이익(발표기준)	292,407	536,450	588,867	277,685	359,939
세전계속사업이익	307,137	561,960	611,600	304,322	363,451
당기순이익	227,261	421,867	443,449	217,389	264,078
당기순이익(지배)	224,157	413,446	438,909	215,051	260,908
당기순이익(비지배)	3,104	8,422	4,540	2,338	3,170
자산총계	2,621,743	3,017,521	3,393,572	3,525,645	3,782,357
부채총계	692,113	872,607	916,041	896,841	1,022,877
자본총계	1,929,630	2,144,914	2,477,532	2,628,804	2,759,480
자본총계(지배)	1,864,243	2,072,134	2,400,690	2,549,155	2,676,703
자본총계(비지배)	65,387	72,780	76,842	79,649	82,777
자본금	8,975	8,975	8,975	8,975	8,975
영업활동현금흐름	473,856	621,620	670,319	453,829	652,870
투자활동현금흐름	-296,587	-493,852	-522,405	-399,482	-536,286
재무활동현금흐름	-86,695	-125,609	-150,902	-94,845	-83,278
CAPEX	241,430	427,922	295,564	253,678	375,920
FCF	232,427	193,698	374,755	200,152	276,950
이자발생부채	152,824	188,140	146,671	184,120	202,174
영업이익률	14.49	22.39	24.16	12.05	15.20
순이익률	11.26	17.61	18.19	9.44	11.15
ROE(%)	12.48	21.01	19.63	8.69	9.98
ROA(%)	9.01	14.96	13.83	6.28	7.23
부채비율	35.87	40.68	36.97	34.12	37.07
자본유보율	22,004.14	24,536.12	27,531.92	28,856.02	30,692.79

투자정보	호가 10단계
시가총액	475조 1,947억원
시가총액순위	코스피 1위
상장주식수	5,969,782,550
액면가 l 매매단위	100원 l 1주
외국인한도주식수(A)	5,969,782,550
외국인보유주식수(B)	3,214,309,759
외국인소진율(B/A)	53.84%
투자의견 l 목표주가	3.95매 l 106,550
52주최고 l 최저	96,800 l 48,450
PER l EPS(2020.12)	20.72배 l 3,841원
추정PER l EPS	14.91배 l 5,337원
PBR l BPS (2020.12)	2.02배 l 39,406원
배당수익률 l 2020.12	3.76%
동일업종 PER	18.16배
동일업종 등락률	+0.43%

사실 주요 재무정보들만으로도 충분히 완성도 있는 투자 아이디어들을 도출해 낼 수 있습니다. 각각의 항목들의 숫자가 늘고 있는지 줄고 있는지, 경쟁사와 비교했을 때 특정 지표들이 높은 수준인지 낮은 수준인지, 해당 내용들이 의미하는 바가 무엇인지 등을 곰곰이 생각해보고 스스로 답을 찾아보려 한다면 투자 실력 역시 빠르게 향상될 것입니다.

SUMMARY

- 재무제표는 기업의 경영 성적과 재무 상태를 외부에 공개하는 자료이므로 투자를 결정하기 전에 반드시 살펴봐야 한다.

- 재무제표에서 특히 중요한 항목은 재무상태표, 손익계산서, 현금흐름표인데 이를 재무제표의 삼위일체라고도 한다.

- 재무상태표는 기업이 보유한 자본과 부채를 표시하며 자산 항목 중 매출채권, 재고자산, 유형자산, 무형자산은 특히 꼼꼼히 살펴봐야 한다.

- 기업이 가진 돈과 시가총액을을 비교하는 PBR의 비율이 낮을수록 주가 저평가, 높을수록 주가 고평가로 본다.

- 손익계산서는 기업이 사업을 통해 거둔 성과를 공개하는 자료다.

- 기업의 경쟁력을 평가하는 퀄리티 지표로는 영업이익률과 ROE가 있다. 영업이익률은 매출액 대비 영업이익이 얼마인지 나타내는 지표, ROE는 자기자본을 활용해 창출한 당기순이익이 얼마인지 나타내는 지표다.

- PER, PBR 같은 재무 데이터를 바탕으로 기업의 적정 가치를 산정하는 과정을 밸류에이션이라고 한다. 투자 전 반드시 밸류에이션을 따져 보고 투자해야 한다.

- 현금흐름표에서는 영업, 투자, 재무 항목들의 부호를 통해 기업의 상태를 파악할 수 있다. 기본적으로 영업활동현금흐름은 +, 투자활동현금흐름은 −, 재무활동현금흐름은 − 부호가 지속되는 것이 바람직하다.

독자들과 나누고픈
소중한 경험 06

싼 게 비지떡?
밸류 트랩을 피하자!

밸류 트랩이란 PER이나 PBR 등 지표상에서 저평가 상태를 보이는 주식들이 주가 상승을 보이지 못하고 만성적인 저평가 상태로 남아 있는 것을 의미합니다. 가령 어떤 주식의 PBR이 0.5밖에 안 되어 저평가라고 판단해 매수했는데 이후 해당 주식의 주가가 추가로 떨어지면서 PBR이 0.4, 0.3까지 내려가게 되는 경우, 이를 밸류 트랩에 빠진 것으로 볼 수 있습니다.

저 역시 나름대로 오랜 기간 투자를 해 온 사람으로서 수차례 밸류 트랩 상황을 목격했고, 이를 피하기 위한 방법은 없을지 고민했습니다. 그 결과, 밸류 트랩을 피하는 최선의 방법은 주가, 재무, 배당, 차트 등 다양한 정보를 적절히 결합하여 활용하는 것이라는 결론을 내리게 되었습니다.

단순히 'PER이 낮다'라는 단편적인 정보만을 활용해 투자 아이디어를 구성할 경우에는 밸류 트랩에 빠지게 될 가능성이 높습니다. 그러나 여기에 ROE라는 정보가 더해져 'ROE가 높은 좋은 기업이 PER 측면에서는 가격 메리트를 보이고 있다'가 될 경우 조금 더 좋은 투자 아이디어가 되고, 여기에 배당과 차트에 대한 정보가 더해져 'ROE가 높은 좋은 기업인데 차트상으로도 바닥권에 위치해 있고, 배당수익률도 준수하며, PER 또한 낮다'가 되면 훨씬 더 좋은 투자 아이디어가 됩니다. 여러 투자 근거들이 촘촘하게 얽힌 투자 아이디어를 구성할수록 밸류 트랩을 피할 가능성과 투자 성공 확률은 높아질 것입니다.

PER과 PBR만으로 구성된 부실한 투자 아이디어를 가지고 실패를 맛본 뒤 "역시 재무제표는 아무짝에도 쓸모가 없어."라는 성급한 결론을 내리고 잘못된 길로 접어드는 투자자들이 많아 안타깝습니다. PER이 쓸모가 없는 것이 아니라 PER 하나만으로는 쓸모가 없는 것입니다.

나름대로 저평가라고 판단되는 주식을 샀는데 해당 주식의 가격이 매우 오랜 기간 저평가 상태를 벗어나지 못하는 밸류 트랩 상황에 빠졌다면 재무제표의 무용성을 논하기보다는 내 투자 아이디어에서 비어 있는 부분이 어디인지를 찾으려고 노력하는 것이 건설적인 방향일 것입니다. 이러한 시행착오를 반복하면서도 촘촘한 투자 그물망을 만들어 나가는 투자자들은 결국 주식시장에서 풍성한 성과를 수확하게 될 것입니다.

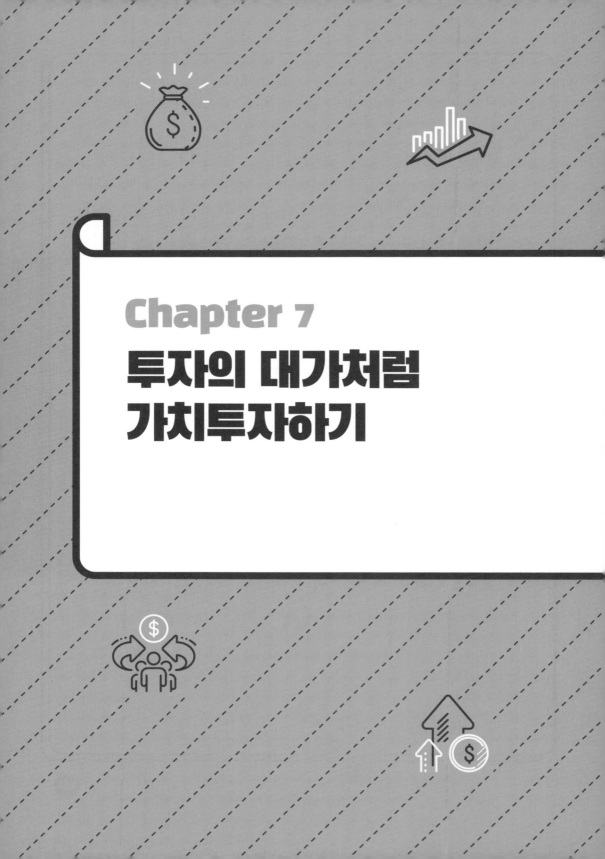

Chapter 7
투자의 대가처럼 가치투자하기

투자 하면 생각나는 인물인 워런 버핏은 물론이고 벤저민 그레이엄, 필립 피셔, 피터 린치 등 수많은 투자 대가들이 입을 모아 최고의 투자법으로 가치투자를 예찬합니다. 도대체 가치투자가 무엇이기에 수많은 투자 대가들이 가치투자를 권하는 것일까요? 우리 같은 일반 투자자들도 가치투자를 통해 성공을 거둘 수 있을까요?

1

기업의
적정 가치 찾기

INVESTMENT IN STOCKS

① 가치투자는 무엇일까?

어떤 물건을 살 때 우리는 그 물건의 제값이 얼마 정도인지를 무의식적으로 생각합니다. 대략의 가치를 아는 물건이라면 되도록 저렴하게 사려고 하지요. 가령 라면의 적정 가치는 1봉지에 700~800원 정도입니다. 어떤 마트에서 라면을 1봉지 200원에 세일한다면 수십 개를 구입하겠지만, 반대로 어떤 마트에서 라면을 1봉지 2,000원에 판매한다면 전쟁이 난 게 아닌 이상 굳이 구입하고 싶지 않겠죠. 가치투자는 주식을 매입할 때 이렇게 가치와 가격의 비교를 통해 적정 가치보다 낮은 가격에 거래되는 주식만을 매수한다는 개념입니다. 지극히 당연한 개념처럼 들리지만, 놀랍게도 기업의 적정 가치를 따져 보고 주식을 매수하는 투자자들의 수는 생각보다 많지 않습니다.

기업의 적정 가치는 무엇을 기준으로 판단할 수 있을까요? 앞에서 살펴봤던 것처럼 기업의 가치는 기업이 가진 돈과 버는 돈으로 결정됩니다. 가치투자란 단순화하여 설명하자면 결국 기업이 가진 돈과 버는 돈에 비해 현재의 주가(시가총액)가 싸냐 비싸냐를 판단하여 투자를 결정하는 것입니다.

주가는 단기적으로 가치와 무관하게 움직이기도 하지만 장기적으로는 결국 가치에 수렴하게 됩니다. 가치투자는 단기적인 수급의 흐름 때문에 가치에 비해 싸게 거래되는 주식을 찾아 주가가 가치에 수렴할 때까지 기다리는 투자 방법이기 때문에 장기 투자라는 개념을 빼고 설명할 수 없습니다. 한마디로 정리하면 가치투자는 싸게 사고, 기다려서, 제값에 파는 투자 방식입니다.

② 가치투자의 장점

가치투자는 단기간의 주가 흐름에 연연하지 않는 투자 방식이기 때문에 단기 트레이딩에 비해 훨씬 안정된 심리 상태로 투자에 임할 수 있다는 장점이 있습니다. 단기 매매의 경우 계속해서 주가 흐름을 관찰하며 끊임없이 보유할지 매도할지에 대한 고민을 해야 하는 반면, 가치투자의 경우 며칠 동안 주가 흐름을 보지 않아도 투자에 큰 문제가 생기지 않습니다. 따라서 직장 생활을 하면서도 무리 없이 투자를 병행할 수 있습니다.

또한 트레이딩의 경우 심리를 읽는 능력, 대담성 등 타고난 승부사적 기질이 있어야만 성공을 거둘 수 있는 방식인 반면, 가치투자의 경우 꾸준히 노력만 한다면 타고난 기질 없이도 성공을 거둘 수 있는 방식입니다. 다만 계속해서 배우려는 태도가 중요하게 작용합니다.

또한 가치투자에서는 리스크를 줄이기 위해 많은 노력을 기울이기 때문에 비교적 안정적인 투자 방식이면서도 준수한 수익률까지 거둘 수 있는 투자 방식입니다.

무엇보다 가치보다 싸게 사서 제값에 판다는 논리와 기업의 본질인 사업과 이익에 집중한다는 점에서 가장 합리적인 투자 방식이라고 볼 수 있습니다. 그럼 가치투자 대가들의 핵심 개념들을 통해 구체적인 가치투자 방법을 알아 보겠습니다.

2 가치투자의 아버지, 벤저민 그레이엄

INVESTMENT IN STOCKS

벤저민 그레이엄은 가치투자의 아버지라고 불리는 투자자입니다. 가치투자라는 개념 자체가 없던 시기에 투자에서 좋은 성과를 거두기 위해선 가치대비 가격이 저렴한 주식을 사야 한다고 주장하며 가치투자라는 개념을 창시하였습니다.

① 그레이엄의 2대 핵심 개념

그레이엄은 가치투자와 관련된 다양한 투자 개념을 창시했으며, 그중 지금까지도 투자자들 사이에서 가장 많이 회자되는 개념은 '미스터 마켓'과 '안전마진'입니다.

■ 미스터 마켓

[그림 7-1] 미스터 마켓이 시장 가격과 가치에 미치는 영향의 개념도

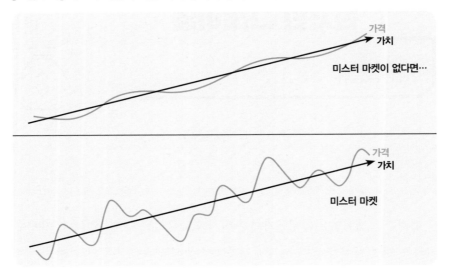

미스터 마켓은 주식시장을 의인화한 표현입니다. 미스터 마켓이라는 친구는 매일 당신의 집 앞을 찾아와 문을 두드리고는 얼마에 주식을 사거나 팔겠다고 제시합니다. 그런데 미스터 마켓은 굉장히 변덕스러운 성격을 가지고 있습니다. 기분이 좋은 날엔 가치에 비해 매우 높은 가격을 부르기도 하는 반면 기분이 안 좋은 날엔 가치에 비해 매우 낮은 가격을 부르기도 합니다. 이러한 변동성은 주식시장의 가장 기본적인 성질이며 이 변동성을 어떻게 활용하느냐에 따라 미스터 마켓은 투자자들의 좋은 친구가 될 수도, 적이될 수도 있습니다.

미스터 마켓을 좋은 친구로 받아들이기 위한 방법은 간단합니다. 미스터 마켓의 기분이 안 좋아 염가를 제시하는 날에는 미스터 마켓의 어깨를 두드

려 주며 "짜식, 알겠어. 그 주식 내가 사 줄게!" 하며 선심 쓰듯 주식을 사면 되고, 미스터 마켓의 기분이 좋아 높은 가격을 부르는 날에는 "짜식, 기분 좋아 보인다? 내 주식도 사 갈래?" 하며 높은 가격에 수익을 실현하면 됩니다.

안타깝게도 많은 투자자가 이와는 반대로 행동하며 미스터 마켓을 적으로 삼곤 합니다. 주가가 오를 때 열광하여 주식을 사고, 주가가 떨어질 때 공포에 사로잡혀 주식을 내던지는 것이죠. 성공적인 투자자가 되기 위해서는 어떻게 해야 미스터 마켓의 변동성을 투자에 긍정적으로 활용할 수 있을지 고민해 볼 필요가 있습니다.

■ 안전마진

주식시장을 둘러싼 경제 환경은 굉장히 복잡합니다. 여러 요소들이 복합적으로 상호작용하며 예상치 못한 일들이 일어나곤 합니다. 기업의 가치 평가에도 이러한 복잡성이 개입되기 때문에 주식에서 100% 정확한 가치 평가는 있을 수 없습니다.

가령 PER을 기준으로 주식의 매력도를 평가한다고 하면, 미래의 실적을 추정하는 과정과 적정 PER이 얼마인지를 판단하는 과정을 거쳐야 하는데 이 과정에서 미래 실적 추정이나 적정 PER의 산정이 틀릴 수도 있습니다.

하지만 이렇게 기업의 가치 평가가 틀리더라도 그것을 만회할 만큼 충분히 싼 가격에 산다면 어떨까요? 가령 A라는 사람과 B라는 사람이 둘 다 하우머치라는 기업 주식의 가치를 주당 10만 원이라고 여긴다고 가정하겠습니다. A는 하우머치의 주가가 9만 5,000원이 되자 5,000원 정도 수익이면 나쁘지 않은 수준이라고 생각해 하우머치 주식을 매수했습니다. 반면 B는 본인의 가치 평가가 틀릴 수도 있다는 사실을 인지하여 미스터 마켓이 본인이 생각하는 가치보다 훨씬 낮은 가격을 제시할 경우에만 매수하겠다고 결심하였고, 주가가 8만 원까지 떨어졌을 때 비로소 하우머치 주식을 매수했습니다. 두 사람 모두 본인이 생각하는 가치보다 낮은 가격에 주식을 매수했지만 A는 본인의 판단이 틀릴 가능성을 크게 염두에 두지 않은 반면, B는 본인의 판단이 틀렸을 경우를 대비해 목표가까지 충분한 여유가 생겼을 때 비로소 매수를 진행했습니다. 이렇게 가치 평가가 틀렸을 경우에 대비하고 충분한 기대수익률을 확보하기 위해 내가 평가한 기업의 적정 가치로부터 여유 공간을 남겨 놓고 주식을 매입하는 것을 '안전마진'이라고 합니다.

[그림 7-2] 안전마진

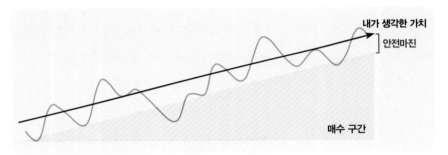

만약 하우머치의 실제 가치가 10만 원이 맞다면 두 사람 모두 투자에서 손실이 발생하진 않겠지만, 만약 두 사람의 가치 평가가 틀려 하우머치의 실제 가치가 9만 원으로 밝혀진다면 A의 투자는 실패가 되는 반면, B는 적정 가치 산정에는 실패했음에도 투자에서는 성공을 거두게 되는 것입니다. 이것이 안전마진의 힘입니다.

안전마진을 너무 적게 가져가면 목표수익률도 낮아지고, 가치 판단이 틀렸을 때의 위험성도 커집니다. 개인적으로는 목표가 대비 최소 20% 이상의 안전마진을 가져가려고 하는 편입니다. 가령 안전마진을 50% 가져가고 싶다면, 내가 어떤 기업의 적정 PER이 15라고 생각할 때 이 기업의 PER이 13, 14인 시점에 매수하는 것이 아니라 10 언저리일 때 매수함으로써 안전마진을 충분히 확보하는 것입니다.

② NCAV 전략

벤저민 그레이엄은 가치투자의 창시자답게 굉장히 다양한 투자 전략들을 제시한 바 있습니다. 이 중에는 시대의 흐름에 따라 효과가 없어진 전략들도 있지만, 아직까지 효과를 볼 수 있는 전략들도 있습니다. 아직까지 효과가 있다고 입증된 전략들 중 대표적인 것이 NCAV 전략입니다.

NCAV란 Net Current Asset Value의 준말으로서, 우리말로 번역하면 '순유동자산'입니다. NCAV 전략은 기업이 가진 순유동자산(유동자산-총부채)이 시가총액의 1.5배 이상일 때 주식을 매수하는 전략입니다.

이는 기업을 청산할 때 비유동자산은 장부 가치만큼 현금화하기가 어렵지만, 유동자산의 경우 장부 가치와 비슷한 수준으로 현금화가 가능하므로 유동자산의 가치만 인정하여 이러한 유동자산에서 부채를 전액 상환하고도 남는 금액이 시가총액의 1.5배 이상(1배가 아닌 1.5배인 것은 그레이엄답게 안전마진을 적용한 것으로 볼 수 있겠습니다.)일 경우 매수하겠다는 것입니다. 6장에서 살펴본 순현금과 비슷한 개념이죠. 예를 들면 지갑을 살 때 지

처공용어 뽀개기

NCAV 전략

벤자민 그레이엄은 안전마진을 확보한 기업에 투자하는 것을 강조했는데, 그런 기업을 찾을 수 있는 전략 중 하나입니다. 순유동자산이 시가총액의 1.5배 수준인 기업에 투자하면 안전하다는 개념입니다. 단, 이를 알기 위해서는 기업의 재무제표에서 해당 데이터를 찾아보아야 합니다. (유동자산-총부채)>(시가총액×1.5)일 때 매수한다는 것을 기억하세요.

갑 안에 지갑 가격 이상의 현금이 들어 있는 것을 사겠다는 것입니다.

시장이 바보가 아닌 이상 이런 주식들이 있겠냐 생각할 수도 있습니다. 물론 아주 흔하게 찾아볼 수 있는 것은 아니지만, 간간이 이런 기업들을 찾을 수 있습니다. 미스터 마켓의 변덕스러움 덕분이겠죠.

가령 삼영전자라는 기업의 경우 2020년 2분기에 유동자산 3353억 원, 총부채는 219억 원이었습니다. 그런데 시가총액은 1500억 원대였습니다. NCAV가 시가총액의 2배가량 되는 상황이었던 것이죠. 15만 원짜리 지갑을 샀는데 지갑 안에 현금이 30만 원 정도 들어 있던 셈입니다. 성장성은 없지만 최근 10년간 적자가 없을 정도로 가진 돈을 까먹는 기업은 아니었습니다. 주가 대비 배당수익률도 3% 정도 되어 준수한 편이었습니다. 9장에서 다시 다룰 테지만, 이러한 자산주들은 특히 고배당과 결합될 때 매우 매력적인 투자 대상이 됩니다. 이후 이 기업의 장점을 시장이 알아보면서 주가는 빠르게 상승하였고, 2021년 3월 기준 시가총액은 약 2200억 원까지 상승했습니다.

이렇듯 벤저민 그레이엄은 정량적 분석을 통한 수치상 염가 매매를 선호했습니다. 이러한 그레이엄 식의 투자는 지금도 투자자들에게 훌륭한 성과를 가져다 줄 수 있습니다. PER, PBR, 순현금, NCAV, 고배당 등을 종합적으로 고려했을 때 저평가 매력을 보이는 기업들 10개 정도로 적절히 분산된 포트폴리오를 구성할 경우 시장수익률을 초과하는 성과를 거둘 수 있을 것입니다.

담배꽁초 투자법

NCAV 전략과 같이 수치상 극단적 저평가 상태를 보이는 기업들에 투자하는 경우를 일컬어 담배꽁초 투자법이라고 부르기도 합니다. 피우다 남은 담배꽁초에서도 마지막 한 모금을 빨아들일 수 있는 것처럼, 투자에서도 낮은 퀄리티를 보여 결국에는 버려야 하는 기업일지라도 매우 싼 가격에 꽁초처럼 버려져 있다면 주워서 약간의 수익이라도 얻자는 투자 방식입니다. 다소 낮은 퀄리티의 기업을 매우 염가에 사는 방식인 것이죠. 꽁초 투자와 뒤에서 살펴볼 성장주, 하이 퀄리티 기업에 투자하는 방식에는 각각의 장단점이 있습니다만, 사업의 성장성을 판단하는 내용은 단순 수치 평가에 비해 난이도가 있으므로 초보 투자자라면 일단은 꽁초부터 많이 줍는 경험을 하는 것도 나쁘지 않을 것입니다.

3 가치투자의 완성자, 워런 버핏

INVESTMENT IN STOCKS

워런 버핏이라는 이름은 주식투자를 하지 않는 사람들도 알 정도로 현 시대의 가장 유명하고 영향력 있는 투자자입니다. 벤자민 그레이엄이 가치투자를 창시했다면 워런 버핏은 가치투자를 완성한 투자자라고 평가받고 있습니다.

버핏은 기본적으로 그레이엄의 가치투자 철학을 계승하였기 때문에 기업의 가치보다 싼 가격에 거래되는 주식에 투자해야 한다는 대명제를 철저히 지켰습니다. 그러나 버핏이 구체적인 방법론까지 그레이엄과 동일하게 적용했다면 버핏이 지금과 같은 세계 최고의 투자자가 될 수는 없었을 것입니다. 버핏은 큰 틀에서의 투자 철학은 그레이엄을 계승하되 구체적 방법론은 더욱 발전시켜 투자에 적용한 것입니다.

① 좋은 기업을 장기 보유하라

그레이엄은 염가에 초점을 맞췄다면, 버핏은 단순히 아주 싼 주식을 찾기보단 적당한 가격에 거래되는 좋은 기업을 찾기를 원했습니다. 성장성이 없지만 매우 싼 가격에 거래되는 주식보다는 우수한 비즈니스 모델과 경쟁우위, 성장성 등을 갖췄으면서 적당한 가격에 거래되는 주식을 매수한다는 것입니다.

버핏은 경제적 해자라는 개념을 강조합니다. 해자란 [그림 7-3]과 같이[1] 적의 침입을 막기 위해 성 밖을 둘러 파서 못으로 만든 곳을 의미합니다. 경제적 해자란 기업이 경쟁에서 이점을 가지게 하고 수익성을 지켜 낼 수 있게

[그림 7-3] 해자

출처: Simon Ledingham, https://commons.wikimedia.org/w/index.php?curid=4562685

---

1 두산백과

하는 경쟁우위에 대한 비유적 표현인 것입니다.

경쟁우위 하면 생각나는 지표가 있죠. 앞에서 살펴봤던 영업이익률입니다. 경제적 해자를 갖춘 기업들은 대체로 높은 영업이익률을 보입니다. 버핏의 투자 성공 사례 중 대표적인 것이 코카콜라입니다. 코카콜라를 좋아하는 사람들은 코카콜라의 맛이 다른 브랜드의 콜라들과 완전히 다르다고 생각합니다. 저 또한 그렇게 생각합니다. 그래서 저는 편의점에서 코카콜라가 1,500원, 펩시가 1,000원이더라도 코카콜라를 선택하는 편입니다. 코카콜라는 그만큼 뛰어난 브랜드 가치와 고객 충성도라는 경제적 해자를 가지고 있는 것입니다. 코카콜라가 경쟁 제품보다 100원, 200원, 심지어 500원 이상 비싸더라도 사 마시려는 수요가 있기 때문에 코카콜라는 높은 수익성을 유지할 수 있습니다. 실제로 코카콜라는 20% 이상의 영업이익률을 수십 년간 지속해서 내고 있습니다.

반면 철강 같은 원자재 기업들의 경우 이러한 경제적 해자가 상대적으로 매우 얕습니다. 철강을 구매하는 고객들이 포스코의 철강과 현대제철의 철강에서 큰 차이를 느낄까요? 가격 요인 외에는 큰 차이를 느끼지 못할 것입니다. 이러한 기업들에게는 가격이 주된 경쟁 요인으로 작용하고 이로 인해 낮은 수익성을 보이게 됩니다. 실제 포스코와 같은 원자재 기업들은 영업이익률이 10%를 넘기 어렵습니다.

깊은 경제적 해자를 가진 기업들은 이러한 해자를 바탕으로 경쟁에서 장기간 살아남을 수 있을 뿐만 아니라 성장을 지속할 수 있게 됩니다. 이러한 성장과 관련하여 중요한 지표가 ROE라고 말씀 드린 바 있습니다. ROE는 재투자 수익률, 복리 성장률을 의미한다고 말씀 드린 바 있죠. 높은 ROE를 지속할 수 있는 기업은 장기간 고성장을 이어갈 수 있으며 버핏 역시 이러한 까닭에서 ROE를 중시합니다.

버핏은 높은 영업이익률로 대변되는 경제적 해자와 함께 높은 ROE를 보이며 장기간 성장을 지속할 수 있는 기업을 투자 대상으로 선호하는 것으로 보입니다.

[그림 7-4] 리노공업 재무추이

[0663] 재무추이

058470 리노공업 □추정 ◉연간 ○분기 기업분석 재무차트 안내 조회

결산년도	주가	자본총계	매출액	영업이익	당기순익	부채율	영익률	지배ROE	매출총익	DPS	ROIC
2020년	135,000	3,373	2,013	779	554	7.17	38.68	17.37	888	1,500	48.62
2019년	64,300	3,002	1,703	641	528	8.51	37.66	18.75	742	1,200	44.01
2018년	47,050	2,628	1,504	575	486	7.52	38.27	19.82	680	1,100	48.66
2017년	57,500	2,279	1,415	492	404	8.13	34.74	18.82	596	1,000	46.44
2016년	43,350	2,009	1,128	393	354	7.86	34.86	18.68	490	900	38.98
2015년	46,900	1,781	995	360	326	5.72	36.20	19.52	456	800	39.75
2014년	38,300	1,563	934	327	309	6.60	35.02	20.88	423	700	41.10
2013년	23,300	1,394	806	288	262	6.05	35.75	20.06	368	550	45.44
2012년	35,400	1,216	752	277	249	7.19	36.88	22.00	344	526	57.38
2011년	21,400	1,044	660	234	193	7.52	35.48	19.63	293	474	62.14
2010년	15,600	919	565	217	171	8.43	38.47		268	421	
2009년	15,000	696	365	101	81	4.47	27.71	11.99	140	263	39.40
2008년	9,220	659	427	139	113	7.52	32.53	17.60	183	316	48.52
2007년	12,450	624	402	141	128	7.79	35.01	21.55	181	316	51.03
2006년	17,500	567	408	157	129	7.66	38.43	24.69	191	289	56.93
2005년	17,400	478	374	144	118	9.39	38.39	27.34	175	263	54.52
2004년	9,490	389	325	128	104	10.49	39.42	30.15	156	191	56.25
2003년	8,580	299	217	72	56	9.44	33.34	20.59	97	96	37.93

수치로만 따져보면 한국에서는 리노공업이 이러한 기업에 해당되지 않을까 생각합니다. 리노공업의 경우 10년 이상 30%대의 엄청난 영업이익률과, 부채비율 10% 이하로 사실상 무차입 상태에서 17%가 넘는 ROE를 지속하며 장기간 성장해 왔습니다. 이렇게 지표상 높은 퀄리티를 보이며 강력한 경쟁 우위를 통해 장기간 성장을 이루어 내는 기업은 이러한 강점들이 사라지지 않는 한 주가 역시 상승할 수밖에 없습니다. [그림 7-5]의 주가 차트로 알 수 있듯 리노공업의 주가 역시 꾸준한 우상향을 보여 왔습니다.

다만 이러한 하이 퀄리티 기업들은 가격이 비싼 경우가 많습니다. 리노공

업 역시 PER이 10~20배 정도이던 시점에는 매우 매력적인 투자 대상으로 볼 수 있었겠지만, 현재는 PER이 40배 이상으로 올라와 있어 약간의 가격 부담은 있는 상황이라고 볼 수 있습니다. 이런 경우엔 높은 가격을 지불하고 사는 것보다는 적당한 가격이 오기를 기다리는 것이 바람직할 것입니다.

[그림 7-5] 리노공업 주봉 차트

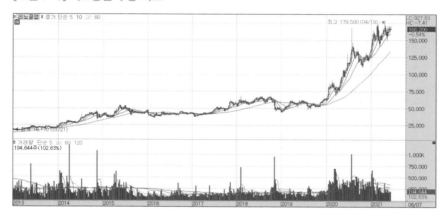

② 스트라이크존에 들어오는 공만 노려라

그레이엄의 경우 정량적 분석의 비중이 높았다면, 버핏은 정량적 분석 못지않게 정성적인 분석 역시 중요하게 생각합니다. 버핏은 투자에 있어 비즈니스 모델을 정확히 이해하는 것이 매우 중요하다고 생각하기 때문에, 알기 쉬운 기업, 이해할 수 있는 기업에 투자해야 한다는 것을 강조합니다. 버핏은 전설적인 타자 테드 윌리엄스를 예로 들어 설명합니다. 테드 윌리엄스가 4할대 타자가 될 수 있었던 것은 스트라이크존을 야구공 77개로 나누어 이 77개 중 자신이 가장 잘 치는 쪽으로 오는 공에만 집중적으로 배트를 휘둘렀기 때문이라고 설명합니다. 투자 역시 마찬가지라는 것이죠. 모든 기업을 다 평가하고 모든 기회를 다 잡으려고 하는 것이 아니라 잘 이해할 수 있는 기업에만 배트를 휘두르면 된다는 것입니다.

알기 쉬운 기업이란 어떤 기업들일까요? 아무래도 우리가 일상생활에서 접할 수 있는 소비재 기업들이 대표적일 것입니다. 코카콜라 역시 소비재에 속하죠. 구태여 전문 용어로 가득한 기술주나 바이오주의 사업보고서를 보며 쩔쩔매는 것보단 일상생활에서 쉽게 접할 수 있어 친숙하고 이해하기 쉬운 소비재 기업들부터 투자를 시작하는 것이 좋을 것입니다.

[그림 7-6] 오리온홀딩스(기업분할 전 오리온) 주봉 차트

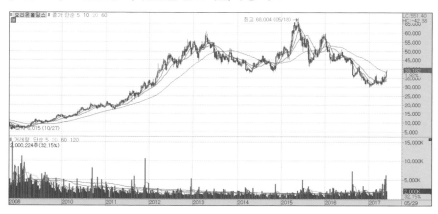

한국에서 이러한 소비재 기업의 예로는 오리온을 들 수 있겠습니다. 오리온은 초코파이, 마켓오, 닥터유, 포카칩, 썬칩 등 다양한 과자류를 제조하는 기업으로, 일상생활에서 쉽게 접할 수 있는 기업입니다. 오리온은 계속해서 다루는 품목을 늘리고 있고 수출 또한 확대하며 성장을 이루어가고 있습니다. 그동안의 주가 역시 이러한 성장세를 반영해 좋은 모습을 보여 왔습니다. 마트에 갔을 때 매대를 유심히 살펴봤다면 오리온 제품들이 매대에서 늘

어나는 것을 보며 이러한 성장세를 캐치하고 주식을 매수할 수 있었을지도 모르죠. 이렇듯 기업과 주식투자는 멀리 있는 것이 아닙니다. 우리의 일상 주변에서도 수많은 기업들과 제품들을 발견할 수 있죠. 이제는 이러한 기업들에 조금 더 관심을 가지고, 투자와도 연결 지으면서 일상생활에서부터 투자를 시작할 필요가 있겠습니다.

4 월스트리트의 전설, 피터 린치

INVESTMENT IN STOCKS

피터 린치는 '월가의 전설'로 불리는 인물입니다. 일반인들에게는 버핏에 비해 다소 인지도가 떨어질 수 있지만 투자자들 사이에서는 버핏 못지않은 명성을 가진 인물이기도 합니다.

① 다양한 투자 유형

피터 린치 역시 가치투자자이기 때문에 기업의 가치와 가격의 비교를 통해 투자 기회를 포착하는 과정을 중시하는 것은 동일합니다. 또한 버핏과 마찬가지로 일상생활에서의 투자 아이디어 발견을 중시하기도 합니다.

다만 피터 린치는 버핏에 비해 조금 더 다양한 가치투자의 형태를 제시한 바 있습니다. 구체적으로 피터 린치는 주식을 저성장주, 대형우량주(중간성장주), 고성장주, 경기순환주, 자산주, 회생주의 6개 유형으로 분류했습니다. 이러한 분류는 투자자가 버핏의 투자 방식을 무조건적으로 받아들이는 것에 대한 위험을 줄여 줄 수 있습니다. 가령 버핏의 경우 꾸준한 성장을 이어가는 기업을 선호하기 때문에 사이클의 영향을 크게 받아 실적 변동이 큰 기업들을 선호하지 않는 반면, 피터 린치는 해당 기업들을 경기순환주라는 유형으로 분류함으로써 이들 역시 투자 대상으로 고려할 수 있다고 말합니다.

우리나라는 내수보다 수출에 크게 의존하는 업종 중에 경기순환주에 해당되는 기업들이 많습니다. 가령 삼성전자만 하더라도 메모리 반도체 사이클의 영향을 크게 받아 실적이 들쑥날쑥한 편입니다. 다만, 삼성전자는 대형우량주와 경기순환주의 성격을 동시에 가지고 있습니다. 만약 이들 기업을 전부 투자 대상에서 제외하고 하이 퀄리티의 기업들만을 찾으려고 한다면 투자 대상의 범위가 너무 좁아질 것입니다.

좋은 기업을 적당한 가격에 사는 버핏의 방식은 훌륭하지만 이러한 방식만이 투자의 절대 진리는 아닙니다. 평범한 기업을 저렴할 때 사는 것도 좋은 투자가 될 수 있고, 성장 가치는 다소 떨어지더라도 자산 가치가 뛰어난 기업을 사는 것도 좋은 투자가 될 수 있습니다. 이러한 점에서 피터 린치의 유형 분류는 투자자에게 많은 도움을 줍니다.

중요한 것은 각각의 유형에 맞는 투자법을 적절히 활용하는 것이겠죠. 퀄리티 지표와 성장성의 측면에서 뛰어난 모습을 보이는 기업들은 수년간 장기 보유하는 것이 수익을 극대화시켜 주겠지만, 퀄리티가 다소 떨어지는 기업들의 경우 1~2년 정도 상대적으로 짧은 기간 동안만 보유하고 나온다는 마인드로 투자에 임하는 것이 유리할 것입니다. 좋은 기업에 투자하면 시간

> **처공용어 뽀개기**
>
> **시크리컬 투자**
>
> 경기가 사이클을 타는 것처럼, 호황과 불황이 반복되는 업종의 주식을 말합니다. 따라서 경기순환주를 다른 말로는 시크리컬(cyclical) 주식이라고도 합니다. 우리나라의 경우 글로벌 경기와 수출 물량에 의해 크게 영향을 받는 철강, 화학, 조선, 해운 업종이 대표적인 시크리컬 업종입니다. 이러한 시크리컬 기업에 투자하려면, 불황으로 인해 주가가 바닥권에 머무르고 있을 때부터 지켜보다가 업황이 회복되려는 징조들이 하나둘 보이기 시작하는 시점에 매수해야 합니다.

은 약이 되지만 좋지 않은 기업에서 시간은 독으로 작용합니다.

② 따분한 기업에 투자하라

피터 린치는 따분한 기업, 사람들이 기피하는 기업에서 투자 기회를 자주 발견할 수 있다고 말했습니다.

가령 벌컥벌컥이라는 기업이 병뚜껑 만드는 사업을 한다면, 대부분의 투자자가 이 기업의 촌스러운 이름과 따분한 사업 내용으로 인해 전혀 관심을 갖지 않을 것입니다. 대부분의 투자자들은 병뚜껑 만드는 사업보다는 IT, 전기차와 같이 멋있어 보이는 사업에 투자하기를 원합니다. 창업을 꿈꾸는 사람들도 마찬가지죠. 병뚜껑 만드는 회사를 창업해 꿈을 펼치겠다고 다짐하는 사람은 거의 없을 것입니다.

이 때문에 벌컥벌컥의 주식은 완벽한 주식으로 거듭날 가능성이 높아집니다. 투자자가 거들떠보지 않으니 주가가 떨어질 것이고, 새롭게 이 사업에 진입하려고 하는 사람이 없으니 경쟁이 심화될 가능성이 낮은 것입니다. 벌컥벌컥은 병뚜껑 제조라는 틈새시장에서 조용하지만 내실 있게 성장할 수 있는 것이죠. 피터 린치는 이처럼 따분한 사업 특성으로 인해 저평가 받고 있는 내실 있는 기업들에 투자한다면 놀랄 만한 수익을 거둘 수 있을 것이라 강조했습니다.

한국에서 이러한 기업의 예시로는 코메론이라는 기업을 들 수 있습니다. 코메론은 줄자를 만듭니다. 사업 내용은 별 볼 일 없어 보이지만, 세계 줄자 시장 3위의 경쟁력을 바탕으로 꾸준한 실적을 창출하고 있는 내실 있는 기업

[그림 7-7] 코메론 재무추이

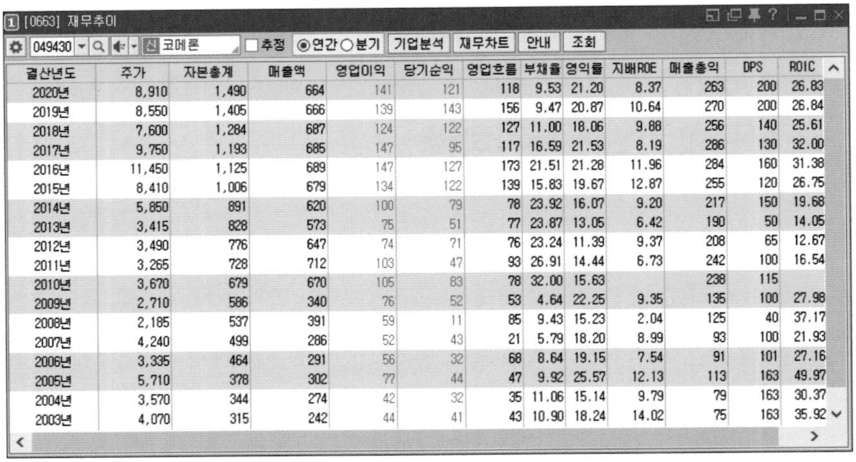

결산년도	주가	자본총계	매출액	영업이익	당기순익	영업흐름	부채율	영익률	지배ROE	매출총익	DPS	ROIC
2020년	8,910	1,490	664	141	121	118	9.53	21.20	8.37	263	200	26.83
2019년	8,550	1,405	666	139	143	156	9.47	20.87	10.64	270	200	26.84
2018년	7,600	1,284	687	124	122	127	11.00	18.06	9.88	256	140	25.61
2017년	9,750	1,193	685	147	95	117	16.59	21.53	8.19	286	130	32.00
2016년	11,450	1,125	689	147	127	173	21.51	21.28	11.96	284	160	31.38
2015년	8,410	1,006	679	134	122	139	15.83	19.67	12.87	255	120	26.75
2014년	5,850	891	620	100	79	78	23.92	16.07	9.20	217	150	19.68
2013년	3,415	828	573	75	51	77	23.87	13.05	6.42	190	50	14.05
2012년	3,490	776	647	74	71	76	23.24	11.39	9.37	208	65	12.67
2011년	3,265	728	712	103	47	93	26.91	14.44	6.73	242	100	16.54
2010년	3,670	679	670	105	83	78	32.00	15.63		238	115	
2009년	2,710	586	340	76	52	53	4.64	22.25	9.35	135	100	27.96
2008년	2,185	537	391	59	11	85	9.43	15.23	2.04	125	40	37.17
2007년	4,240	499	286	52	43	21	5.79	18.20	8.99	93	100	21.93
2006년	3,335	464	291	56	32	68	8.64	19.15	7.54	91	101	27.16
2005년	5,710	378	302	77	44	47	9.92	25.57	12.13	113	163	49.97
2004년	3,570	344	274	42	32	35	11.06	15.14	9.79	79	163	30.37
2003년	4,070	315	242	44	41	43	10.90	18.24	14.02	75	163	35.92

입니다. 2021년 3월 기준 이 기업은 PER 6~7배, PBR 0.5배 수준에서 거래되고 있습니다. 기업이 가진 경쟁력에 비해 너무 낮은 가격으로 평가받고 있는 것은 아닐지 생각할 필요가 있죠. 물론 성장성이 아주 뛰어난 기업은 아니기 때문에 높은 PER을 받기는 어려울 수 있겠지만, 싸게 거래되는 경우는 충분히 좋은 투자 기회가 될 수 있을 것입니다.

가격과 역발상의 개념이 이러한 투자의 핵심으로 작용합니다. 남들이 기피하고 내다 파는 주식은 가격이 저렴해지고 투자 매력도가 올라가게 됩니다. 이 점을 인지하여 남들이 기피하는 주식에서 투자 기회를 찾아보십시오.

5 대가들의 투자에는 공통점이 있다?!

INVESTMENT IN STOCKS

투자 대가들은 구체적 방법론의 측면에서는 조금씩 다른 모습을 보이지만, '가치에 비해 싼 가격에 거래되는 주식들을 장기 보유한다.'라는 가치투자의 대명제를 철저히 지켰기에 놀라운 성과를 얻을 수 있었습니다. 대가들이 보이는 몇 가지 공통점을 정리하면 다음과 같습니다.

1 | 기업에 집중한다

가치투자에서는 거시경제처럼 복잡한 부분보다는 비교적 단순하고 예측 가능한 개별 기업의 가치에 집중합니다. 가치투자는 기본적으로 톱다운보다는 보텀업 방식에 가깝습니다.

가치투자자는 금리가 떨어질 것을 예상하여 특정 기업의 주식을 사거나 환율이 오를 것을 예상하여 그 수혜주를 찾아서 매매하는 식으로 투자하지 않습니다. 어떤 기업이 자산을 얼마나 가지고 있고, 사업에서 이익을 얼마나 창출할 수 있는지에 집중합니다. 또한 사업 내용이 너무 복잡해 가치 평가가 어러운 기업보다는 사업 구조가 단순하고 이해하기 쉬운 기업을 선호합니다.

2 | 숫자를 확인한다

주식시장에는 꿈을 좇는 투자자가 많습니다. 현재는 그 기업이 적자를 내고 있지만, 조만간 연구 중인 품목에서 대박이 나 실적이 급증할 것이라며 과도한 가격을 지불하고 주식을 사곤 하죠.

가치투자자는 꿈으로 움직이는 것이 아니라 숫자에 의해 움직입니다. 뜬소문에 기대어 성장을 꿈꾸는 것이 아니라 과거 실적이 성장해 왔는지, 퀄리티 지표는 어떠한지 등 객관적인 수치로 드러나는 부분을 분석하여 성장성과 기업의 가치를 판단합니다.

또한 가치투자자는 가격적인 요인을 중시하기 때문에 시장의 오해로 인해 시장에서 제대로 가치를 인정받지 못하고 있는 기업을 찾는다든지, 대형주보다 중소형주에서 투자 기회를 찾으려고 한다든지, 시장 폭락기에 주식을 매수한다든지 하는 식으로 미스터 마켓이 선사하는 시장의 비효율성을 활용하여 가격 메리트를 확보하기 위해 노력합니다.

3 | 장기 투자한다

가치투자자의 주식 보유 기간은 기본적으로 연 단위로 세팅됩니다. 물론 퀄리티가 다소 떨어지거나 단기간에 시세 급등을 보이는 기업들은 비교적 짧은 기간 보유하는 경우도 있지만, 이 또한 단기 트레이딩에 비해서는 훨씬 긴 기간입니다.

이는 가치투자자가 투자의 본질을 지켜 기업의 소유주로서 기업과 동행하기 때문일 것입니다. 내가 기업의 소유주라는 마음가짐이면 환율이 조금 오른다고 해서, 시장이 조금 흔들린다고 해서, 주가가 조금 오르거나 내린다고 해서 기업을 일 단위나 주 단위로 사고팔지는 않을 것입니다.

가치에 비해 싸게 거래되는 주식을 사서 여유로운 마음으로 장기 보유하여 기업이 제값으로 평가받는 상황을 기다리는 것이 가치투자자의 일입니다.

4 | 리스크를 관리한다

가치투자자는 하이 리스크-하이 리턴을 원하지 않습니다. 리스크에 비해 리턴 값이 큰 상황, 즉 로우 리스크-미들 리턴이나 미들 리스크-하이 리턴을 원합니다.

급등주라는 키워드에 눈이 멀어 하이 리스크-하이 리턴에 불나방처럼 뛰어드는 다수의 투자자들과는 달리 가치투자자는 이면에 숨겨진 리스크 요인들까지 꼼꼼히 체크하고, 리스크를 더욱 줄이기 위해 안전마진, 분산투자, 안정성 지표 등 다양한 장치들을 적절히 활용하려고 합니다. 주식시장에서 리스크를 완전히 제거하는 것은 불가능하지만 적절한 수준의 감당 가능한 리스크까지만 짊어질 수 있도록 대비하고, 상방에만 집중하는 것이 아니라 하방을 닫으려고 노력하는 것이 가치투자입니다.

5 | 끊임없이 학습한다

가치투자자는 끊임없이 학습합니다. 버핏과 같은 대가들의 경우 이미 투자에 대해 정통함에도 불구하고 끊임없이 공부하며 계속해서 발전하고 있습니다. 버핏의 별명 중 하나가 학습 기계일 정도입니다.

투자와 관련된 서적들을 많이 읽으며 투자 실력을 키워 가는 것도 중요할 것이고, 사업보고서를 계속해서 읽어 나가며 사업에 대한 이해도를 높여 가는 것도 중요할 것입니다. 아래에서 간략히 초보 투자자들을 위한 가치투자 서적 5권을 추천해 드리겠습니다.

가치투자 추천 서적 5선
- 전설로 떠나는 월가의 영웅(피터 린치, 존 로스차일드)
- 워런 버핏 라이브(대니얼 피컷, 코리 렌)
- 존 템플턴의 가치 투자 전략(로렌 템플턴, 스콧 필립스)
- 데이비드 드레먼의 역발상 투자(데이비드 드레먼)
- 돈, 뜨겁게 사랑하고 차갑게 다루어라(앙드레 코스톨라니)

가치투자에서의
매도 노하우

"매수는 기술이고, 매도는 예술이다."라는 주식시장의 격언이 있습니다. 그만큼 매수보다 매도가 어렵다는 말이죠. 사실 가치보다 충분히 싼 가격에 주식을 매수한다면 조금 어설픈 상황에 매도를 하더라도 충분한 수익을 거둘 수 있기 때문에 개인적으로는 바르게 매수하는 것이 더욱 중요하다고 생각합니다. 그러나 매도의 노하우도 알아두면 좋겠죠.

가치투자에서 어떤 기업을 매도할 때는 크게 아래의 세 가지 경우입니다.

① 목표가 도달
주가가 상승해 목표가에 도달했을 경우 주식을 매도합니다.

② 더 매력적인 주식의 발견
가치와 가격의 괴리가 더욱 큰, 더 매력적인 주식을 발견했을 때 기존 종목을 매도하여 새로이 발견한 주식을 매수합니다. 가령, 기존에 보유하고 있던 A라는 주식은 목표가까지 20% 정도의 안전마진이 남아 있다고 판단되는데, 목표가까지 50% 정도의 안전마진이 있다고 판단되는 B라는 기업을 새로이 발견한다면 A 주식을 팔아 B 주식을 매수하는 것입니다.

③ 투자 아이디어 훼손
기존의 투자 아이디어가 심각하게 훼손되었을 경우 가치투자자는 손실을 입더라도 매도를 강행합니다. 가령 특정 산업에서의 1등 기업인 A라는 기업이 시장에서의 지위를 견고하게 지켜 나갈 것이라 판단해 A 주식을 매수했는데, 새로운 경쟁자 B가 등장하여 A가 빠르게 시장 점유율을 잃어 가는 경우, 기존의 투자 아이디어가 심각하게 훼손되었기 때문에 A 주식의 매도를 강행하는 것입니다.

SUMMARY

- 가치투자는 가치에 비해 싸게 거래되는 주식을 찾아 주가가 가치에 수렴할 때까지 기다리는 투자 방법이다.

- 가치투자의 아버지라고 불리는 벤저민 그레이엄은 미스터 마켓과 안전마진 개념, NCAV 전략을 투자자에게 알려줬다.

- 워런 버핏은 적당한 가격에 거래되는 좋은 기업을 찾아 장기 보유하는 전략을 사용한다. 또한 비즈니스 모델을 정확히 이해할 수 있는 기업에 투자해야 한다고 강조한다.

- 피터 린치는 따분한 기업, 사람들이 기피하는 업종에서 투자 기회를 발견하곤 했다.

- 투자 대가들은 방법론에서는 조금씩 달랐지만 '가치에 비해 싼 가격에 거래되는 주식들을 장기 보유한다'라는 대명제를 철저히 지켰다.

성장성 있는 기업을 골라내려면

　주식시장에서 '성장'은 매우 중요한 키워드입니다. 높은 성장성을 보이는 하이 퀄리티 기업은 가격만 적당하다면 가장 훌륭한 장기 투자 대상이 됩니다. 실적이 좋아지는 것을 성장이라고 본다면 시크리컬 기업 투자 시에도 불황에서 호황으로 접어들며 이익이 개선되는 시점이 가장 좋은 투자 시점이 될 것이므로 역시 성장이 중요하게 작용합니다. 꽁초 투자 시에도 단기간에 이익이 크게 악화되어 적자를 기록할 위험이 있는 기업들은 피해야 합니다. 결론적으로 어떠한 유형의 투자가 됐건 지금의 이익보다 향후 이익이 악화될 위험성이 높은 기업들은 피하고, 지금보다 향후 이익이 증대될 가능성이 높은 기업들을 골라 투자를 진행해야 합니다.

　성장성 분석 시에는 정성적 분석과 정량적 분석이 조화를 이루도록 하는 것이 중요합니다. 사업이나 연구 내용 등 정성적인 요인들이 매우 그럴듯해 보인다고 할지라도 재무제표로 대표되는 정량적인 요인들이 뒷받침되지 않는다면 알맹이 있는 성장성이라고 보기는 어려울 것입니다.

　이에 대한 가장 대표적인 사례로 바이오주 버블 사례를 들 수 있겠습니다. 2017년경 신라젠, 헬릭스미스 등의 바이오주들은 장기간 큰 폭의 적자를 기록하고 있지만, 바이오 업종에서는 신약 임상시험 결과가 성공적이기만

[그림 7-8] 신라젠 주가 차트

하면 순식간에 대박을 낼 수 있다는 환상이 시장에 만연했습니다. 투자자들의 기대에 따라 바이오주들은 PBR이 30배를 넘어가는 등 재무제표상 수치들과 크게 동떨어진 주가 상승의 흐름을 보였습니다.

　시간이 흐른 뒤 답은 명확해졌습니다. 숫자가 아닌 꿈에만 호소하는 기업들의 90% 이상이 종국에는 신라젠과 같은 모습을 보이게 될 것입니다. 보다 합리적인 투자를 위해서는 숫자에 대한 애정을 가질 필요가 있습니다. 말로만 우리 기업은 성장할 것이다 외치는 것이 아니라 묵묵히 숫자로 성장을 보여 주는 기업들이 진짜 훌륭한 투자 대상입니다.

NOTE

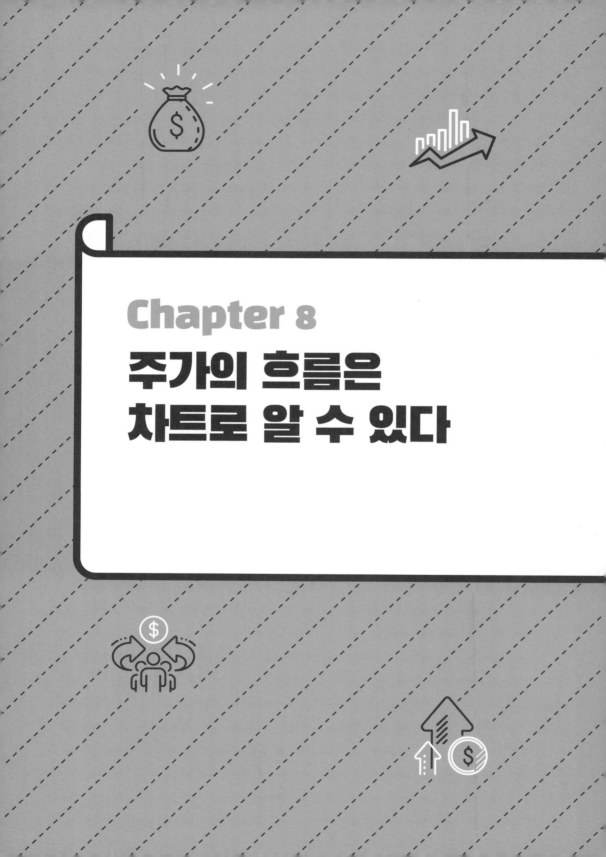

Chapter 8

주가의 흐름은
차트로 알 수 있다

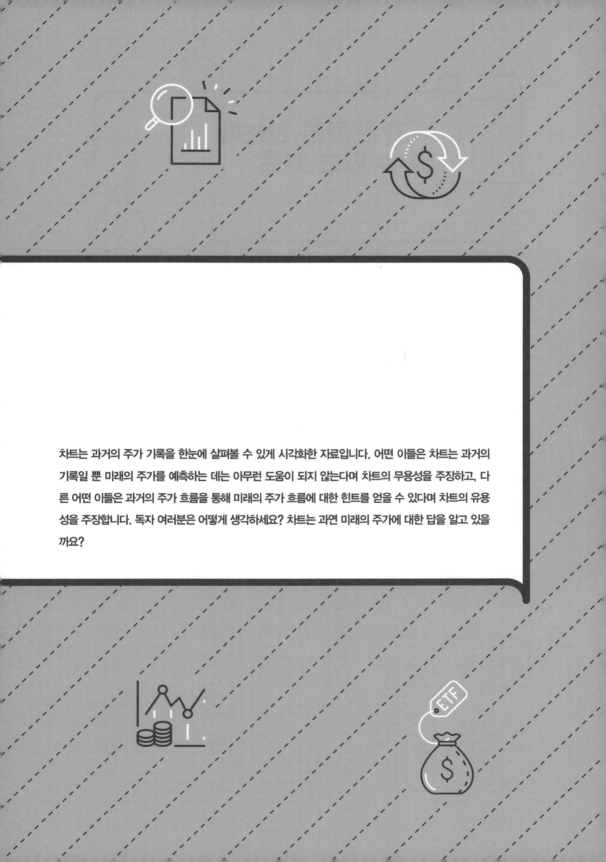

차트는 과거의 주가 기록을 한눈에 살펴볼 수 있게 시각화한 자료입니다. 어떤 이들은 차트는 과거의 기록일 뿐 미래의 주가를 예측하는 데는 아무런 도움이 되지 않는다며 차트의 무용성을 주장하고, 다른 어떤 이들은 과거의 주가 흐름을 통해 미래의 주가 흐름에 대한 힌트를 얻을 수 있다며 차트의 유용성을 주장합니다. 독자 여러분은 어떻게 생각하세요? 차트는 과연 미래의 주가에 대한 답을 알고 있을까요?

1 주가 흐름을 한눈에 볼 수 있는 차트

① 주가의 역사, 차트

차트는 주가의 역사를 나타내는 자료입니다. 역사를 알면 미래가 보인다는 말이 있듯, 차트를 분석하는 투자자들은 과거의 주가 흐름에서 특정한 패턴들을 찾아 미래의 주가 흐름을 예측하려고 합니다.

그러나 차트 분석은 무용하다고 주장하는 의견들도 많습니다. "차트는 과거의 주가 흐름을 나타낼 뿐 미래의 예측에는 도움이 되지 않는다.", "투자의 본질은 가치와 가격을 비교하는 것이기에 가치가 아닌 가격만을 나타내는 차트는 좋은 투자에 도움이 되지 않는다."와 같은 의견들입니다. 차트만 보고 판단해서는 안 되는 예를 보여드리겠습니다. 유사한 흐름을 보이는 두 기업의 차트입니다. [그림 8-1]에서는 유사한 형태로 움직이던 오가닉티코스메틱과 아이엘사이언스의 차트가 이후 완전히 다른 주가 흐름을 보이는 것을 [그림 8-2]에서 확인할 수 있습니다.

개인적으로는 두 의견에 모두 일리가 있으므로 두 의견의 중간 지점을 찾

[그림 8-1] 많은 유사점을 보이는 두 기업의 차트

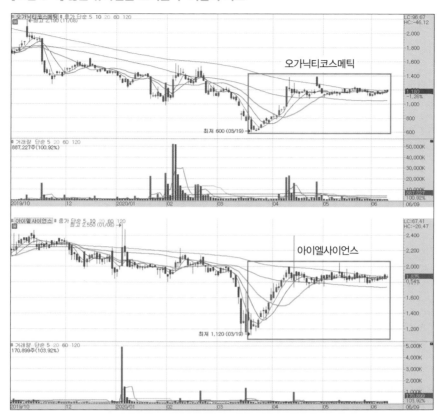

아볼 필요가 있다고 생각합니다. 차트는 가격에 대한 정보를 제공하는 시각화 자료이기 때문에 가치에 대한 정보들과 적절히 조합해서 활용한다면 훌륭한 투자 도구가 될 수 있습니다. 차트가 문제가 되는 것은 가치에 대한 분석 없이 차트에만 집중하여 매매하는 경우겠죠. 주객이 전도되어 차트에만 매몰되는 것이 아니라, 사업 분석과 재무 분석을 중심으로 하되 차트는 보조 도구로 적절히 활용한다면 차트는 투자의 효율성을 증대시켜 줄 것입니다.

차트에 대해서는 수많은 분석법이 존재합니다. 그러나 분석법 대부분은

[그림 8-2] 완전히 다른 이후의 결과

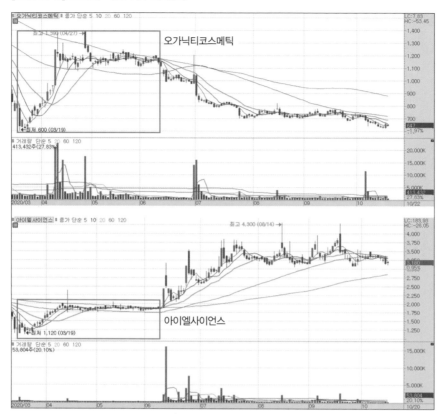

신뢰성이 높지 않고 적용도 어려워 투자에 별 도움이 되지 않습니다. 자잘한
분석법까지 모두 알려고 하면 투자의 본질은 놓치고 부수적인 요인인 차트
에만 매몰되기 쉽습니다. 따라서 이 책에서는 차트 분석에 있어 가장 핵심적
인 내용만을 추려 다루려고 합니다.

② 달리는 말에 올라탈 것인가

주식시장의 유명한 격언 중 "달리는 말에 올라타라."가 있습니다. 매수세가 강해지며 주가 상승을 시작한 주식은 한동안 상승을 지속하는 모습을 보이기 때문에 떨어지고 있는 주식보다는 오르고 있는 주식을 매수해야 한다는 의미입니다. 모멘텀 투자의 논리를 사용하는 것이죠. 차트를 활용해 매매를 고려할 때 가장 먼저 생각해야 할 것이 바로 이 지점, 달리는 말에 올라탈 것인가를 결정하는 일입니다.

달리는 말에 올라타라는 말을 그대로 받아들이기엔 어딘가 꺼림칙한 부분이 있습니다. 투자의 기본은 싸게 사서 비싸게(혹은 제값에) 파는 것인데, 달리는 말이라는 표현은 다르게 말하면 이전보다 비싼 주가를 의미하기 때문입니다.

모멘텀과 반대되는 개념으로 평균 회귀라는 개념이 있습니다. 주가는 일시적으로는 위로든 아래로든 왔다 갔다 하지만, 장기적으로는 균형 수준(평균)으로 회귀한다는 논리입니다. 달리는 말에 올라탈 것을 권하는 모멘텀 논리와는 반대로, 평균 회귀의 논리는 균형 수준보다 낮은 가격에 있는 주가는 결국 평균 수준으로 돌아가게 되므로 주가가 떨어져 있는 주식을 매수해야 한다고 말합니다.

차트를 주된 분석 도구로 활용하는 투자자들은 대체로 모멘텀 논리를 활용합니다. 달리는 말에 올라타는 것이죠. 그러나 이러한 매매는 대체로 투자보다는 트레이딩의 성질을 띠는 경우가 많습니다. 투자의 본질을 되새기며 차트는 보조적인 도구로만 활용하려고 한다면 모멘텀보다는 평균 회귀의 논리를 받아들여 차트상 낮은 가격에 위치해 있는 주식 위주로 매매하는 것이 바람직할 것입니다.

[그림 8-3] 모멘텀 논리에서 선호하는 차트 유형

[그림 8-4] 평균 회귀 논리에서 선호하는 차트 유형

　　가치투자와 차트 분석은 정반대의 개념처럼 여겨지기도 합니다. 아마도 많은 투자자가 차트 분석을 모멘텀의 논리에서 생각하기 때문일 것입니다. 그러나 평균 회귀의 개념을 활용하여 [그림 8-4]와 같이 가격적인 메리트를 보이고 있는 기업에 관심을 가지는 식으로 차트를 활용한다면 차트 분석은 충분히 가치투자라는 개념과 조화를 이루며 투자에 도움이 될 것입니다.

2 캔들과 차트

INVESTMENT IN STOCKS

① 캔들은 나무, 차트는 숲

차트는 여러 개의 봉(캔들)들로 이루어져 있습니다. 봉들이 나무라면, 전체 차트는 숲에 비유할 수 있겠죠.

기본적으로 봉 하나하나에 관심을 가지는 것은 큰 의미가 없습니다. 양봉이 어떻고 음봉이 어떠하며 봉이 길고 짧은 게 어떻다는 등으로 봉 하나하나에 집중하게 될 경우 단기 매매로 치우치게 될 가능성이 높아집니다. 이보다

[그림 8-5] 양봉 캔들, 음봉 캔들

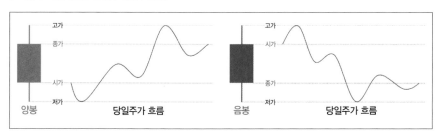

는 큰 틀에서의 추세를 살피는 것이 더욱 중요합니다. 캔들에 대해서는 종가가 시가보다 높은 빨간 봉은 양봉, 종가가 시가보다 낮은 파란 봉은 음봉이라고 한다는 사실만 알고 넘어가도 큰 무리는 없습니다.

[그림 8-6] 장대양봉 예시

다만 차트에 남다른 존재감을 과시하는 기다란 캔들이 나타나는 경우도 있는데 이것이 장대양봉, 장대음봉입니다. 이들은 일반적인 캔들보다 많은 의미를 지니므로 어떤 의미와 역할을 하는지 정도는 알아두는 것이 좋습니다.

일반적인 봉에 비해 길이가 매우 긴(즉 시가와 종가의 차이가 큰) 봉들을 일컬어 장대양봉 또는 장대음봉이라고 부릅니다. 대체로 장대양봉, 장대음봉은 대량의 거래량과 함께 발생합니다. 그래서 장대양봉은 강한 매수세의 유입으로 해석되기 때문에 긍정적 신호로, 장대음봉은 강한 매도세의 유입으로 해석되기 때문에 부정적인 신호로 평가합니다. 그러나 개인적으로는 단순히 양봉, 음봉을 따지는 것보다는 대량 거래와 장대봉이 나타난 '주가의 위치'가 더욱 중요하다고 생각합니다. 저가권에서 나타난 대량 거래와 장대봉은 대체로 상승으로의 반전 신호 중 하나로 작용하며 고가권에서 나타난 대량 거래와 장대봉은 대체로 하락으로의 반전 신호 중 하나로 작용하기 때문입니다.

② 지지와 저항, 추세와 돌파

차트 분석에서 가장 기본이 되는 개념은 지지, 저항, 추세, 돌파입니다.

[그림 8-7] 지지, 저항, 추세, 돌파

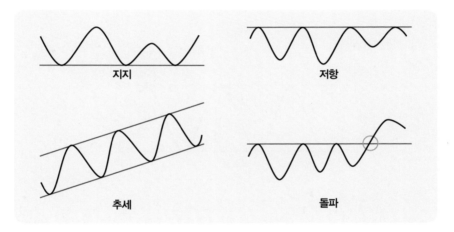

지지와 저항은 특정 가격대가 중요한 지점으로 작용하여 해당 가격에 근접할 때 주가가 방향을 바꾸는 것을 의미합니다. 떨어지던 주가가 특정 가격대를 만나 다시 상승하는 것을 지지, 반대로 올라가던 주가가 위에 있던 특정 가격대를 만나 다시 하락하는 것을 저항이라고 합니다.

특정 가격대에서 지지 또는 저항이 일어나는 이유는 많은 투자자가 심리적으로 해당 가격을 중요하게 생각하기 때문입니다. 가령 A라는 종목이 계속해서 5만 원이라는 가격을 넘지 못하고 저항을 받는다면 많은 투자자들은 특별한 일이 없는 이상 A 주가의 상승 한계치는 5만 원이라고 생각하게 되고, 이에 따라 주가가 5만 원 부근에 접근하면 매도 물량이 쏟아지며 하락으로 전환하게 됩니다. 마찬가지로 A의 주가가 3만 원 부근에서 계속해서 지지를 받는다면 많은 투자자들은 특별한 일이 없는 이상 A의 주가가 3만 원 아래로는 떨어지지 않는다고 생각하게 되고, 이에 따라 주가가 3만 원 부근에 접근하면 매수 물량이 유입되며 상승으로 전환하게 됩니다. 이처럼 위에는 저항, 아래에는 지지가 형성되어 있다면 아래 그림과 같은 박스권을 형성하게 됩니다.

[그림 8-8] 박스권

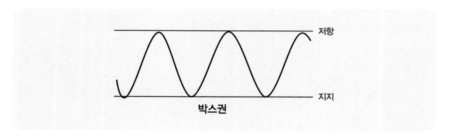

가장 기본적인 지지와 저항은 특정 가격대가 지지선, 저항선으로 작용하지만, 경우에 따라서는 지지선과 저항선이 점진적으로 올라가거나 내려가며 [그림 8-9]와 같은 다양한 추세를 형성할 수도 있습니다.

꾸준한 실적 성장을 보이는 기업이라면 주가 역시 상승 추세를 보일 가능성이 높고, 반대로 실적이 점차 감소하는 기업이라면 주가도 하락 추세를 보일 가능성이 높습니다.

물론 이러한 지지와 저항은 절대적인 것이 아니기 때문에 한 번 형성된 지

[그림 8-9] 다양한 종류의 추세

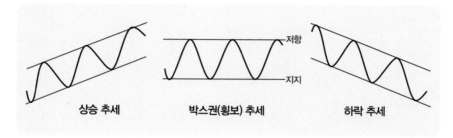

상승 추세   박스권(횡보) 추세   하락 추세

[그림 8-10] 상승 돌파와 하락 돌파

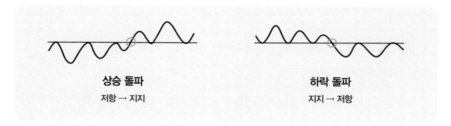

상승 돌파
저항 → 지지

하락 돌파
지지 → 저항

지선과 저항선이 영원히 유지되는 것은 아닙니다.

　[그림 8-10]에서처럼 지지선과 저항선은 돌파될 수 있습니다. 상승 돌파를 위해서는 강한 매수세가, 하락 돌파를 위해서는 강한 매도세가 동반되어야 하므로 상승 돌파는 추가적 상승으로, 하락 돌파는 추가적 하락으로 이어질 가능성이 높다고 해석됩니다.

　상승 돌파로 인해 저항선이 돌파될 경우 기존의 저항선은 새로운 지지선으로 작용하게 되는 경우가 많고, 반대로 하락 돌파로 인해 지지선이 돌파될 경우 기존의 지지선은 새로운 저항선으로 작용하게 되는 경우가 많습니다.

[그림 8-11] 삼영전자 월봉 차트의 지지, 저항, 돌파

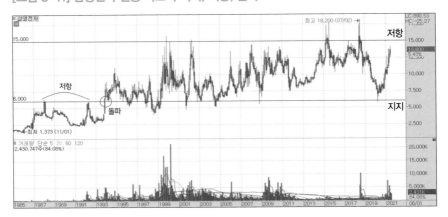

[그림 8-12] 삼성화재 주봉 차트의 지지, 저항, 돌파

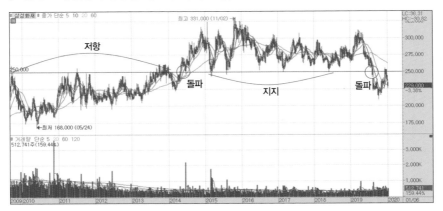

③ 반전의 신호

차트상에는 이후 주가 흐름의 반전을 예측할 수 있게 하는 반전의 신호들이 나타나곤 합니다. 대표적인 하락 반전 신호와 상승 반전 신호에 대해 알아보겠습니다.

■ 하락 반전 신호 - 쌍봉, 삼중천장, 헤드앤숄더

[그림 8-13] 쌍봉, 삼중천장, 헤드앤숄더

위의 그림에서처럼 쌍봉은 차트에 두 차례의 봉우리 형태가 나타나는 것, 삼중천장은 차트에 세 차례의 봉우리(천장) 형태가 나타나는 것, 헤드앤숄더는 머리와 어깨처럼 양 옆의 낮은 봉우리와 가운데의 높은 봉우리 형태가 나타나는 것을 의미합니다. 이들은 모두 하락 반전 신호로 작용하므로 고가권에서 [그림 8-13]과 같은 하락 반전 신호의 형태가 나타난다면 투자에 주의할 필요가 있습니다.

■ 상승 반전 신호 - 쌍바닥, 삼중바닥, 역헤드앤숄더

쌍바닥은 차트에 두 차례의 바닥 형태가 나타나는 것, 삼중바닥은 차트에 세 차례의 바닥 형태가 나타나는 것, 역헤드앤숄더는 헤드앤숄더의 반대 형

[그림 8-14] 쌍바닥, 삼중바닥, 역헤드앤숄더

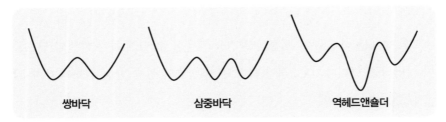

쌍바닥   삼중바닥   역헤드앤숄더

태로 양 옆의 얕은 바닥과 가운데의 깊은 바닥 형태가 나타나는 것을 의미합니다. 이들은 모두 상승 반전 신호로 작용하므로, 저가권에서 위와 같은 형태가 나타난다면 관심을 가지고 이후 주가 흐름을 지켜볼 필요가 있겠습니다.

[그림 8-15] SK하이닉스 일봉 차트 하락 반전

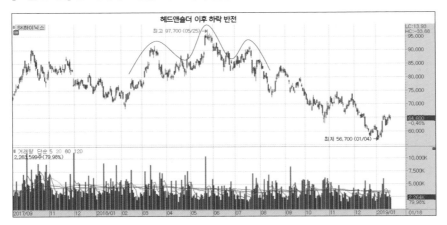

[그림 8-16] 네이버 일봉 차트 하락 및 상승 반전

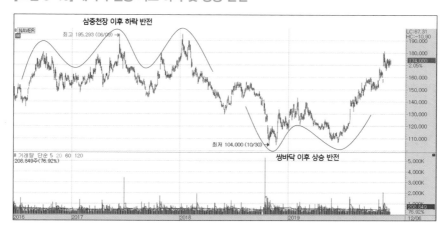

장기 차트

많은 투자자가 하루 사이의 주가 변동을 하나의 캔들로 나타내는 일봉 차트를 중점적으로 활용하곤 합니다. 그러나 일봉 차트는 상대적으로 단기간의 주가 변동을 나타내기 때문에 일봉 차트만을 활용할 경우 장기적인 추세를 놓치기 쉽습니다. 나무에만 집중하는 것이 아니라 숲을 함께 보기 위해 반드시 주봉, 월봉 같은 장기 차트를 함께 확인하는 습관을 들일 필요가 있습니다.

[그림 8-17] 이동평균선

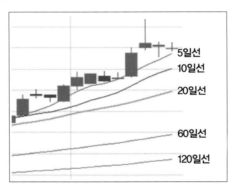

2장에서 잠깐 말씀드렸던 것처럼 이동평균선은 특정 기간 동안의 주가 평균을 선으로 이어 표시한 지표입니다. 5일선은 5일 동안의 주가 평균, 10일선은 10일 동안의 주가 평균, 20일선은 20일 동안의 주가 평균을 선으로 이어 나타낸다는 것이죠. 5일은 1주일, 10일은 2주일, 20일은 1달, 60일은 1분기, 120일은 1반기를 나타낸다는 사실도 설명을 드린 바 있습니다.

그런데 이 지점에서 의문이 생깁니다. 일봉에서 5일선, 20일선, 60일선 등이 중요한 이유는 이해가 되는데, 왜 주봉 또는 월봉에서도 똑같이 5, 20, 60 등의 기간을 적용하는 것일까요? 사실 주봉에서는 5주, 20주, 60주 등의 수치들이 별로 의미가 없습니다. 1달은 5주가 아닌 4주이고, 분기는 20주가 아닌 13주, 1년은 60주가 아닌 52주이므로 논리적으로는 5주선, 20주선, 60주선보다 4주선, 13주선, 52주선 등을 활용하는 것이 맞겠죠. 그러나 대부분의 투자자들은 일봉에서 익숙해진 숫자인 5, 20, 60 등의 숫자를 주봉에서도 그대로 적용하고, 이러한 투자자들의 심리가 실제 주식의 수급에도 영향을 미치기 때문에 4, 13, 52주선보다 5, 20, 60주선이 더 큰 효과를 미칩니다. 결론적으로 일봉에서든 주봉에서든 월봉에서든 기본적으로 투자자가 많이 사용하는 5, 10, 20, 60, 120, 240일(주, 월)선이 가장 큰 영향력이 있습니다.

개인적으로는 특히 20, 60, 120 등 장기 이동평균선에 집중하는 편입니다. 앞에서 말씀드린 단기적 주가 흐름보다 장기적 주가 흐름에 집중하라는 것과 같은 맥락입니다.

① 이동평균선에서의 지지와 저항

이동평균선 또한 일종의 지지선과 저항선으로 작용합니다. 다음 페이지의 [그림 8-18]과 [그림 8-19]를 보세요. 한국기업평가 주식의 경우 주봉상 120주선이 강력한 지지선으로 작용하며 상승 추세를 이어가는 모습입니다.

대원강업 주식의 경우 저항선으로 작용하던 120일선이 돌파되면서 지지선으로 전환되는 모습을 보이고 있습니다.

[그림 8-18] 한국기업평가 주봉 차트 이동평균선 지지

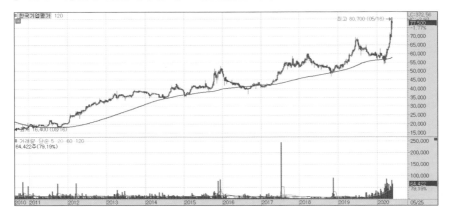

[그림 8-19] 대원강업 일봉 차트 이동평균선 지지 및 저항

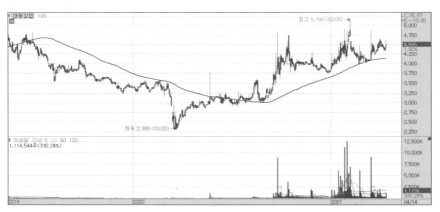

이동평균선 역시 지지, 저항, 추세, 돌파의 개념이 동일하게 적용됩니다. 다만, 기업에 따라 효과적으로 작용하는 이동평균선은 다를 수 있으니 기존의 주가 추이를 살펴본 후 기업에 맞는 이동평균선 분석을 적용해야 합니다. 어떤 기업은 일봉의 120일선이 중요하게 작용할 수도 있고, 어떤 기업은 주봉의 60주선이, 어떤 기업은 월봉의 20월선이 중요하게 작용할 수도 있습니다.

② 수렴과 확산

 이동평균선은 모였다가 퍼졌다가 하는 수렴과 확산을 반복합니다. 이동평균선들 간의 거리가 서로 가까워지며 모이는 것을 수렴, 반대로 이동평균선들 간의 거리가 서로 멀어지며 흩어지는 것을 확산이라고 합니다. 확산에는 주가가 오르며 주가와 이동평균선이 주가 > 단기 이동평균선(5, 10) > 장기 이동평균선(20, 60, 120) 순으로 배열되는 정배열과, 주가가 떨어지며 주가와 이동평균선이 주가 < 단기 이동평균선 < 장기 이동평균선 순으로 배열되는 역배열이 있습니다.

 이동평균선은 수렴과 확산을 반복하기 때문에 수렴 과정 이후에는 위로든 아래로든 확산을 통해 주가의 방향성이 정해지게 됩니다. 만약 수렴 이후 찾아올 확산의 형태가 정배열일지 역배열일지를 판단할 수만 있다면 수렴 시점은 최적의 매매 시점으로 작용하겠죠. 앞에서 살펴본 지지 및 저항이나 반전 신호 등과 같은 내용을 결합하여 살펴본다면 수렴 이후 진행될 확산

[그림 8-20] 카카오 일봉 차트 수렴과 확산

의 형태를 조금 더 높은 확률로 추측할 수 있게 됩니다. 가령 충분히 낮은 가격권에서 수렴이 이루어지며 쌍바닥 같은 상승 반전 신호까지 보인다면 이후 정배열이 진행될 확률이 높아 매수 시점으로 고려해 볼 수 있을 것입니다. 저가권에서의 수렴과 함께 상승 신호를 보이는 주식들은 관심을 가지고 살펴볼 필요가 있겠습니다.

주가가 지지선을 이탈할 경우 손절해야 할까요?

만약 차트를 주된 투자 근거로 삼는다면 지지선을 이탈할 경우 손절매를 진행하는 것이 정석일 것입니다. 그러나 앞서 말씀드렸다시피, 차트 분석을 주된 투자 근거로 삼아서는 안 됩니다. 기업 가치 분석을 메인으로 하고 차트는 부수적인 요인으로만 활용한다면 단기 주가 하락과 지지선 이탈 시에도 손절을 진행할 필요가 없을 것입니다.

차트는 타이밍의 효율성을 높이기 위한 보조적인 용도로만 활용되어야 합니다. 차트 분석이 맞을 경우 차트를 활용하지 않을 때보다 조금 더 빨리 주가 상승을 누릴 수 있으니 좋고, 틀릴 경우 여전히 메인 아이디어인 기업 가치가 받쳐 주고 있으니 괜찮다는 생각으로 진행하는 것이 바람직합니다.

③ 골든크로스와 데드크로스라는 함정

단기 이동평균선(주로 20일선)이 장기 이동평균선(주로 60일선)을 상승 돌파하는 것을 골든크로스, 하락 돌파하는 것을 데드크로스라고 합니다. 이름의 뉘앙스에서도 알 수 있듯 20일선이 60일선을 상승 돌파하는 골든크로스는 긍정적 신호로, 하락 돌파하는 데드크로스는 부정적 신호로 받아들여지곤 합니다. 그러나 이름과 달리 골든크로스와 데드크로스는 실제 매매에서는 전혀 효력을 발휘하지 못하는 기법 중 하나입니다.

[그림 8-21] 스카이라이프 일봉 차트

가령 위의 [그림 8-21] 차트만 보더라도 골든크로스가 일어나는 시점엔 이미 주가가 많이 오른 상태(빨간색 화살표)고, 데드크로스가 일어나는 시점엔 이미 주가가 많이 떨어진 상태(파란색 화살표)입니다. 골든크로스 시 매수, 데드크로스 시 매도의 방법으로는 수익을 낼 수 없고, 오히려 손해를 보게 될 가능성이 높다는 것을 알 수 있습니다.

이렇게 실효성이 없는 여러 기법들이 주식시장과 투자자 사이를 떠돌아다니고 있습니다. 이러한 내용들이 모이고 모여 차트에 대한 부정적 인식을 형성하는 것이겠죠. 차트에 대해서는 직접 다양한 차트들을 살펴보며 개인적으로 검증을 진행해 본 뒤 가장 기본적이면서도 핵심이 되는 내용만을 선택적으로 취해 활용하는 것이 좋습니다.

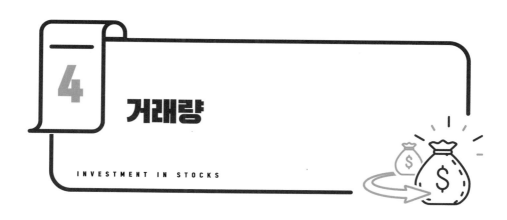

4 거래량

INVESTMENT IN STOCKS

① 거래량은 거짓말 탐지기

거래량은 차트의 거짓말 탐지기라고 불리기도 하는 지표입니다. 차트 분석은 거래 주체들의 심리를 파악하려는 시도이므로 어떤 주식이 어떤 날에 얼마만큼 거래되었느냐를 나타내는 거래량을 통해 차트에서 주목해야 할 지

[그림 8-22] 서흥 일봉 차트 대량 거래

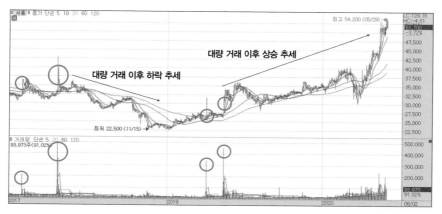

점이 어디인지를 캐치할 수 있기 때문입니다.

구체적으로, 일반적인 거래량을 보일 때보다 폭발적인 거래량을 보이는 시기를 주의 깊게 살펴봐야 합니다. 대량 거래는 수급의 세기가 강하다는 것을 의미합니다. 때문에 대량 거래가 일어난 이후에는 주가가 위로든 아래로든 강한 흐름을 보일 가능성이 높습니다.

대체로 대량 거래는 추세 전환의 신호탄으로 작용합니다. 주가 하락이 충분히 진행된 후 저가권에서 대량 거래가 발생한다면 이후 상승 추세가 진행될 가능성이 높고, 반대로 충분한 주가 상승 이후 고가권에서 대량 거래가 발생할 경우 이후 하락 추세가 진행될 가능성이 높습니다.

[그림 8-23] 코프라 주봉 차트 대량 거래와 이평선

앞서 설명한 이동평균선의 수렴·확산과 연결하면 역배열로 하락이 진행된 후 수렴이 일어나는 중에 대량 거래가 발생하는 경우에는 이후 주가가 정배열과 상승 추세를 형성할 가능성이 높으므로 주의 깊게 살펴볼 필요가 있겠습니다.

또한 거래량은 특정 신호가 신뢰성 있는지의 여부를 확인하는 장치로도

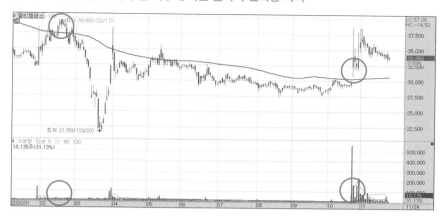

[그림 8-24] 대량 거래 수반 여부에 따른 돌파의 신뢰성 차이

작용합니다. 돌파 등의 신호는 대량 거래가 수반될 때 높은 신뢰성을 지니게 됩니다. [그림 8-24]의 첫 번째 원은 120일선 돌파 시점입니다. 그런데 대량 거래가 수반되지 않았기 때문에(거래량은 차트 하단) 이후 주가는 지지선을 이탈하는 모습을 보이지만, 두 번째 이동평균선 돌파 시점에는 대량 거래가 수반되었기 때문에 해당 돌파의 신뢰성이 높아지게 되고, 향후에는 120일선이 지지선으로 작용할 가능성이 높아집니다.

② 거래 주체와 창구 분석

트레이딩을 할 때 종목별투자자(0796) 기능과 당일주요거래원(0254) 기능을 활용하여 거래 주체와 창구 분석을 진행하기도 합니다. 외국인 또는 기관이 꾸준히 매입하는 종목을 매수한다든지, 특정 창구를 통해 집중적인 매수세가 유입되는 종목을 매수한다든지 하는 식으로 말이죠.

그러나 투자의 관점에서는 이러한 정보가 큰 의미를 갖지는 않습니다. 투자에서 중요한 것은 어떤 기업의 가격이 싸냐 비싸냐이지 어떤 사람들이 그 주식을 사고파는지가 아니기 때문입니다.

[그림 8-25] 종목별 투자자

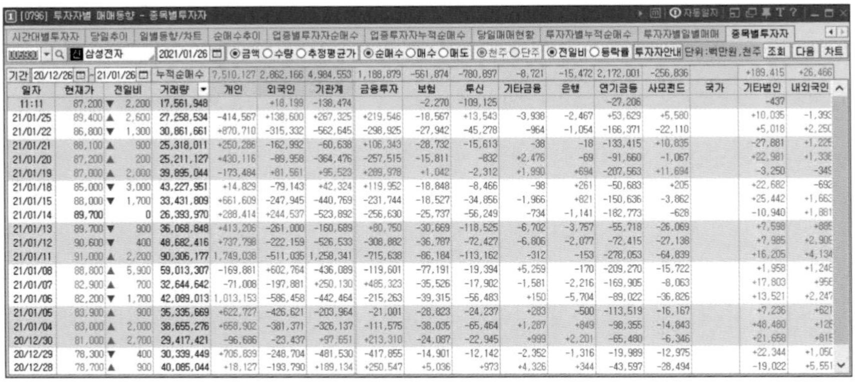

1 [0796] 투자자별 매매동향 - 종목별투자자

시간대별투자자 | 당일추이 | 일별동향/차트 | 순매수추이 | 업종별투자자순매수 | 업종투자자누적순매수 | 당일매매현황 | 투자자별누적순매수 | 투자자별일별매매 | 종목별투자자

005930 신 삼성전자 2021/01/26 ◉금액 ○수량 ○추정평균가 ◉순매수 ○매수 ○매도 ◉천주 ○단주 ◉전일비 ○등락률 투자자안내 단위:백만원,천주 조회 다음 차트

기간 20/12/26 ~ 21/01/26 누적순매수

일자	현재가	전일비	거래량	개인	외국인	기관계	금융투자	보험	투신	기타금융	은행	연기금등	사모펀드	국가	기타법인	내외국인
누적순매수				7,510,127	2,862,166	4,984,553	1,188,879	-561,874	-780,897	-8,721	-15,472	2,172,001	-256,836		+189,415	+26,466
11:11	87,200	▼ 2,200	17,561,948		+18,199	-138,474		-2,270	-109,125			-27,206			-437	
21/01/25	89,400	▲ 2,600	27,258,534	-414,567	+138,600	+267,325	+219,546	-18,567	+13,543	-3,938	-2,467	+53,629	+5,580		+10,035	-1,393
21/01/22	86,800	▼ 1,300	30,861,661	+870,710	-315,332	-562,645	-298,925	-27,942	-45,278	-964	-1,054	-166,371	-22,110		+5,018	+2,250
21/01/21	88,100	▲ 900	25,318,011	+250,286	-162,992	-60,638	+106,343	-28,732	-15,613	-38	-18	-133,415	+10,835		-27,881	+1,225
21/01/20	87,200	▲ 200	25,211,127	+430,116	-89,958	-364,476	-257,515	-15,811	-832	+2,476	-69	-91,660	-1,067		+22,981	+1,336
21/01/19	87,000	▲ 2,000	39,895,044	-173,484	+81,561	+95,523	+289,978	+1,042	-2,312	+1,990	+694	-207,563	+11,694		-3,250	-349
21/01/18	85,000	▼ 3,000	43,227,951	+14,829	-79,143	+42,324	+119,952	-18,848	-8,466	-98	+261	-50,683	+205		+22,682	-692
21/01/15	88,000	▼ 1,700	33,431,809	+661,609	-247,945	-440,769	-231,744	-18,527	-34,856	-1,966	+821	-150,636	-3,862		+25,442	+1,663
21/01/14	89,700	0	26,393,970	+288,414	+244,537	-523,892	-256,630	-25,737	-56,249	-734	-1,141	-182,773	-628		-10,940	+1,881
21/01/13	89,700	▼ 900	36,068,848	+413,206	-261,000	-160,689	+80,750	-30,669	-118,525	-6,702	-3,757	-55,718	-26,069		+7,598	+885
21/01/12	90,600	▼ 400	48,682,416	+737,798	-222,159	-526,533	-308,882	-36,787	-72,427	-6,806	-2,077	-72,415	-27,138		+7,985	+2,909
21/01/11	91,000	▲ 2,200	90,306,177	1,749,038	-511,035	1,258,341	-715,638	-86,184	-113,162	-312	-153	-278,053	-64,839		+16,205	+4,134
21/01/08	88,800	▲ 5,900	59,013,307	-169,881	+602,764	-436,089	-119,601	-77,191	-19,394	+5,259	-170	-209,270	-15,722		+1,958	+1,248
21/01/07	82,900	▲ 700	32,644,642	-71,008	-197,881	+250,130	+485,323	-35,526	-17,902	-1,581	-2,216	-169,905	-8,063		+17,803	+956
21/01/06	82,200	▼ 1,700	42,089,013	1,013,153	-586,458	-442,464	-215,263	-39,315	-56,483	+150	-5,704	-89,022	-36,826		+13,521	+2,247
21/01/05	83,900	▲ 900	35,335,669	+622,727	-426,621	-203,964	-21,001	-28,823	-24,237	+283	-500	-113,519	-16,167		+7,236	+621
21/01/04	83,000	▲ 2,000	38,655,276	+658,902	-381,371	-326,137	-111,575	-38,035	-65,464	+1,287	+849	-98,355	-14,843		+48,480	+126
20/12/30	81,000	▲ 2,700	29,417,421	-96,686	-23,437	+97,651	+213,310	-24,087	-22,945	+999	+2,201	-65,480	-6,346		+21,658	+815
20/12/29	78,300	▼ 400	30,339,449	+706,839	-248,704	-481,530	-417,855	-14,901	-12,142	-2,352	-1,316	-19,989	-12,975		+22,344	+1,050
20/12/28	78,700	▲ 900	40,085,044	+18,127	-193,790	+189,134	+250,547	+5,036	+973	+4,326	+344	-43,597	-28,494		-19,022	+5,551

[그림 8-26] 당일 주요거래원

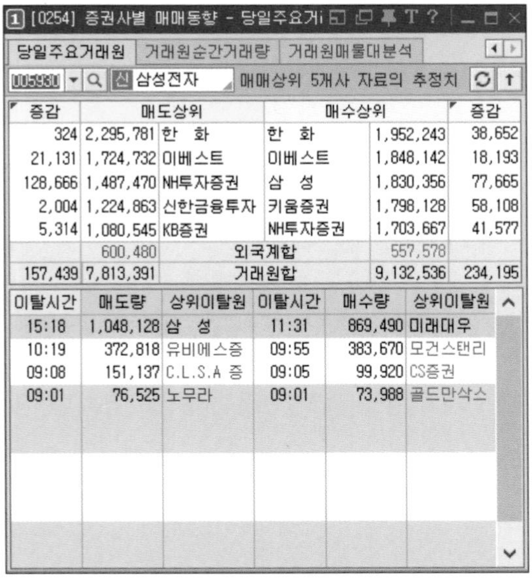

1 [0254] 증권사별 매매동향 - 당일주요거i

당일주요거래원 | 거래원순간거래량 | 거래원매물대분석

005930 신 삼성전자 매매상위 5개사 자료의 추정치

증감	매도상위		매수상위		증감
324	2,295,781	한 화	한 화	1,952,243	38,652
21,131	1,724,732	이베스트	이베스트	1,848,142	18,193
128,666	1,487,470	NH투자증권	삼 성	1,830,356	77,665
2,004	1,224,863	신한금융투자	키움증권	1,798,128	58,108
5,314	1,080,545	KB증권	NH투자증권	1,703,667	41,577
	600,480	외국계합		557,578	
157,439	7,813,391	거래원합		9,132,536	234,195

이탈시간	매도량	상위이탈원	이탈시간	매수량	상위이탈원
15:18	1,048,128	삼 성	11:31	869,490	미래대우
10:19	372,818	유비에스증	09:55	383,670	모건스탠리
09:08	151,137	C.L.S.A 증	09:05	99,920	CS증권
09:01	76,525	노무라	09:01	73,988	골드만삭스

5 다양한 보조지표

INVESTMENT IN STOCKS

캔들, 이동평균선, 거래량 외에도 다양한 보조지표들이 존재합니다. 이들 하나하나에 대해 전부 설명하면 독자 여러분의 머리가 복잡해질테니, 보조지표를 설정하는 방법과 이에 대한 설명을 확인하는 방법에 대해서만 간단

[그림 8-27] 보조지표 설정 방법

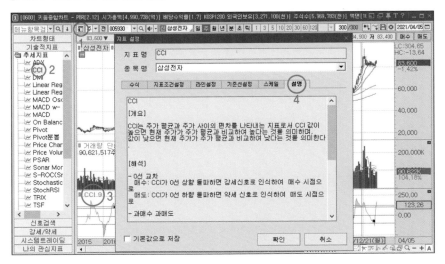

히 설명을 드리겠습니다.

HTS의 차트를 열어 [그림 8-27]의 화면에서 1번 항목을 클릭하면 좌측에 다양한 보조지표 항목이 나열됩니다(2번). 이 중 하나를 택해 클릭하면 차트 화면에 해당 보조지표가 표시됩니다(3번). 이를 더블 클릭하면 지표 설정창이 표시되는데, 여기서 설명 탭을 클릭하면 해당 보조지표에 대한 설명을 확인할 수 있습니다(4번). 또한 지표조건설정 버튼을 클릭하면 해당 보조지표의 세부 설정을 변경할 수 있습니다. 짬이 날 때 여러 보조지표들을 찾아 설명을 읽고 여러 설정들을 적용해 보며 유용한 지표 또는 설정을 찾아보는 것도 좋습니다. 참고로 여러 보조지표들 중 상대적으로 많이 사용되는 지표는 다음과 같습니다.

추세지표 – CCI, MACD, PSAR(파라볼릭)
모멘텀지표 – 이격도, RSI, Stochastics Slow
시장강도지표 – OBV
가격지표 – Bollinger Bands, 일목균형표, Envelope

차트 활용 총정리

[그림 8-28] 스카이라이프 주봉 차트

제가 개인적으로 관심을 가지는 차트 형태는 위 그림과 같이 아래의 조건들을 충족시키는 차트입니다.

1. 충분한 하락을 거쳐 저가권에 머무르는 주가
2. 저가권에서 어느 정도 하락세가 진정되어 주가가 횡보 또는 약간의 상승을 보이며 이동 평균선 수렴을 이루어가는 상황
3. 이 과정에서 대량 거래 발생
4. 이 과정에서 지지, 상승 반전 신호 등 발생

어디까지나 차트 분석은 보조 도구로 활용하는 것이 핵심! 기업 분석과 가치 평가가 메인으로 작용하는 것이 중요합니다.

SUMMARY

- 차트는 주가의 역사를 보여주는 시각화 자료이므로 가치 정보와 적절히 조합해서 보조 도구로 활용하면 투자 효율성을 높인다.

- 봉 하나하나의 의미에 집중하기보다 전체 차트의 흐름을 보는 것이 좋다.

- 지지와 저항, 추세와 돌파, 박스권 같은 개념을 알아야 주가의 추세를 볼 수 있다.

- 차트에는 이후의 주가 흐름을 예측할 수 있게 하는 반전 신호들이 나타나곤 한다. 하락 반전 신호인 쌍봉, 삼중천장, 헤드앤숄더와 상승 반전 신호인 쌍바닥, 삼중바닥, 역헤드앤숄더를 읽을 수 있어야 한다.

- 이동평균선은 5, 10, 20, 60, 120일선이 많이 사용되며 장기적 주가 흐름을 살피기 위해 장기 이동평균선을 집중해서 본다.

- 대량 거래는 추세 전환의 신호탄이 되므로 거래량과 이동평균선을 함께 살펴보면 주가의 흐름을 예상할 수 있다.

독자들과 나누고픈
소중한 경험 08

차트와 실적
연결해서 보기

차트는 가격을, 실적은 가치를 나타냅니다. 때문에 차트와 실적을 연결지어 생각할 때 매우 우수한 투자 아이디어들이 도출되곤 합니다.

[그림 8-29] 하나금융지주 주가 및 영업이익 차트

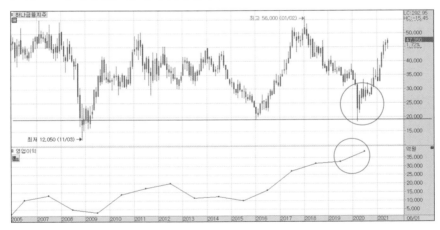

위의 차트에서 동그라미로 표시된 부분을 보면 하나금융지주의 실적(영업이익)은 최고 수준인데 주가는 바닥권에 위치한 상황이었던 것을 확인할 수 있습니다. 실적은 최고점인데 주가는 최저점이니 지극히 상식적인 관점에서 봐도 해당 시점은 좋은 투자 기회였습니다.

물론 해당 시점 하나금융지주는 카카오와 같은 IT 기업들의 금융권 진입에 따른 경쟁 심화 등 부정적인 요인들로 전망이 좋지 않았습니다. 안 좋은 내용이 전혀 없는데도 주가가 이렇게 바닥권에 위치하지는 않았겠죠. 그러나 오랜 기간 쌓아온 금융 노하우 같은 사업상 강점들, PER·PBR·배당수익률 등에서의 가격적 매력, 차트상 저점 등 긍정적인 요인들도 많았습니다. 객관적인 시선으로 해당 주식의 강점과 약점을 비교하여 약점보다 강점 요인이 더욱 크다는 판단을 내리고 진입한 투자자들은 이후 투자에서 준수한 성과를 수확할 수 있었습니다.

　　사실 장점과 호재만 가득한 완벽한 기업은 세상 어디에도 존재하지 않습니다. 강점과 약점을 균형감 있게 고려하되 가치와 가격의 괴리라는 포인트를 투자의 뼈대로 삼아 몇몇 사소한 약점에 너무 매몰되지 않아야 할 것입니다. 좋은 투자 기회를 놓치는 것일 수도 있으니까요.

　　그리고 이 과정에서 차트는 가격에 대한 정보를 효과적으로 시각화하여 전달해 주는 훌륭한 보조 도구가 됩니다. 차트에 대해 너무 많은 기대를 걸어서도 안 되겠지만 너무 부정적으로 생각하고 배척하는 것 역시 바람직한 태도라고 할 수 없습니다.

NOTE

Chapter 9

은행 이자보다 나은
배당투자

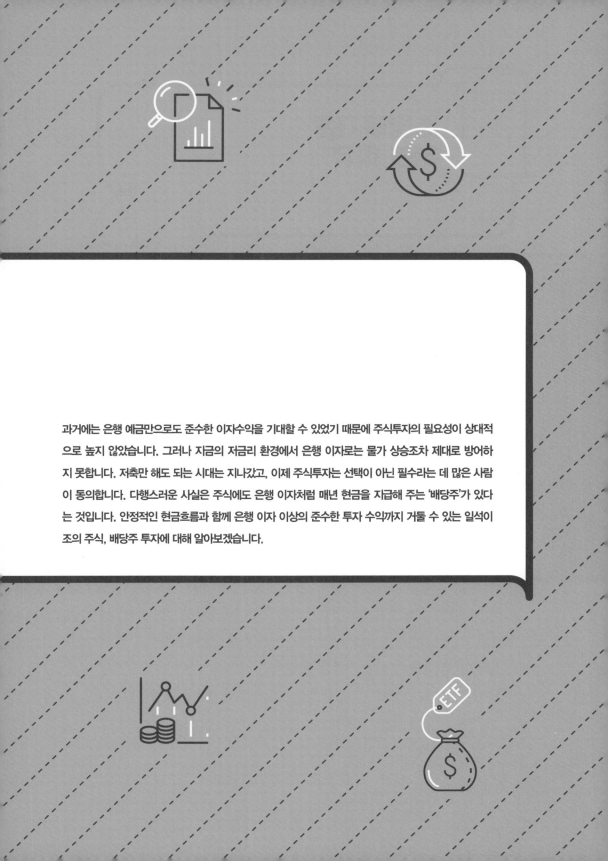

과거에는 은행 예금만으로도 준수한 이자수익을 기대할 수 있었기 때문에 주식투자의 필요성이 상대적으로 높지 않았습니다. 그러나 지금의 저금리 환경에서 은행 이자로는 물가 상승조차 제대로 방어하지 못합니다. 저축만 해도 되는 시대는 지나갔고, 이제 주식투자는 선택이 아닌 필수라는 데 많은 사람이 동의합니다. 다행스러운 사실은 주식에도 은행 이자처럼 매년 현금을 지급해 주는 '배당주'가 있다는 것입니다. 안정적인 현금흐름과 함께 은행 이자 이상의 준수한 투자 수익까지 거둘 수 있는 일석이조의 주식, 배당주 투자에 대해 알아보겠습니다.

배당투자를 하는 이유

INVESTMENT IN STOCKS

① 배당의 의미

배당은 기업이 성과(이익)의 일부를 기업의 주인인 주주들에게 나누어 주는 것입니다. 배당은 크게 세 가지 의미를 가집니다.

1 | 실적에 대한 회사의 자신감

배당이라는 개념 자체가 기업이 벌어들인 이익의 일부를 주주와 나누는 개념이기 때문에 배당의 원천은 실적입니다. 따라서 배당은 기업의 순이익 범위 내에서 이루어지게 됩니다.

한번 배당을 시작한 기업은 가급적 배당금을 축소하기를 원치 않습니다. 배당은 실적과 연결되는 하나의 지표이기 때문에 배당금을 줄이면 투자자가 기업과 실적에 대한 우려를 가지게 되고, 주가 등에 악영향을 미칠 수 있기 때문입니다. 배당을 늘린다는 것은 향후에도 기업이 최소한 이 정도의 배당은 할 수 있을 만큼 실적을 낼 수 있다는 기업의 자신감 표현입니다.

2 | 주주 친화성의 표현

기업이 기업의 소유주인 주주를 위하는 것이 당연한 일인 것 같지만 현실에서는 모든 기업들이 주주 친화적인 태도를 가지고 있지는 않습니다. 소액주주의 이익을 침해하면서까지 대주주의 이익만 챙기는 일들도 흔하게 일어나곤 하죠.

배당은 기업이 소액주주를 생각한다는 것을 보여주는 주주 친화성의 표현이기도 합니다. 회사의 이익을 주주들에게 돌려주는 행동이기 때문입니다. 일부 기업은 대주주보다 소액주주에게 더 많은 배당을 지급하는 차등 배당을 실시하기도 합니다. 이런 기업이라면 소액주주의 권리 침해에 대한 걱정은 덜고 기업과 동행하며 성장의 파이를 나눌 수 있을 것입니다.

3 | 장기 투자의 버팀목

주식투자는 리스크를 갖고 있으므로 투자자들은 항상 불안감을 안고 있습니다. 현명한 투자자는 이러한 리스크와 불안감을 줄이기 위해 분산투자, 안전마진 등의 안전장치들을 여러 겹으로 활용합니다. 높은 배당은 이런 안전장치 중 하나입니다. 지속적으로 은행 이자보다 높은 수준의 배당을 지급하는 주식이라면 배당이 갑작스레 축소되는 것이 아닌 이상 투자자는 매년 수령하는 배당금에서 안정감을 느낄 수 있기 때문입니다.

주가가 지지부진하더라도 배당금이 꾸준히 지급된다면 주주는 해당 주식을 장기 보유할 수 있습니다. 또한 높은 배당수익률을 보이는 기업은 결국 다른 투자자들의 관심을 받게 되므로 주가 역시 상승할 가능성이 높습니다.

주식투자에서 수익의 두 축은 주가 상승에 따른 자본 차익과 배당 수령에 따른 배당 수익입니다. 이 중 배당 수익의 측면에서 높은 수익률을 깔고 가는 기업들은 전체 투자 수익률 역시 준수한 수준을 보일 가능성이 높습니다. 일석이조 효과가 있는 배당주 투자를 하기 전에 알아야 할 용어부터 살펴보겠습니다.

② 배당투자하기 전 꼭 알아야 할 것

■ 배당기준일

배당기준일이란 배당을 받을 주주들을 결정하기 위한 기준이 되는 날입니다. 배당기준일에 주식을 보유하고 있어야만 이후 배당을 받을 수 있으며 일반적으로 배당기준일은 매년 말입니다.

주식 매수 후 주주 명부에 이름이 등재되기까지는 2영업일이 소요되므로 배당을 받기 위해 주식을 매수해야 하는 날은 실질적으로 배당기준일로부터 2영업일 전입니다. 가령 배당기준일이 12월 30일이라면, 12월 28일에는 주식을 보유하고 있어야 배당을 수령할 수 있습니다.

참고로 배당이 지급되는 배당지급일은 대체로 4월 중순입니다.

■ 배당락

어떤 기업이 주당 1,000원의 배당을 지급하며 12월 28일이 배당 지급의 기준이 되는 날짜라고 할 때, 12월 28일의 주가와 12월 29일의 주가가 똑같다면 형평성이 맞지 않는 부분이 생깁니다. 12월 28일에 주식을 보유하고 있던 사람들은 주당 1,000원의 배당을 받는데 12월 29일에 새롭게 주식을 매수하는 사람들은 배당을 전혀 받지 못하니 하루 차이로 주당 1,000원을 손해 보기 때문입니다. 시장 참여자들도 이 사실을 인지하고 있기 때문에 12월 29일에는 12월 28일에 비해 이 기업의 주가가 1,000원 정도 떨어진 상태에서 거래가 이루어지곤 합니다. 이렇게 배당금 정도의 주가 하락을 통해 배당기준일 전후 거래자들의 형평성 측면에서 조정이 이루어지는 것을 배당락이라고 합니다. 배당락 때문에 12월 28일에 사서 배당을 받고 12월 29일에 팔아서 이득을 보겠다는 식의 전략은 실현이 어렵습니다.

■ 배당률, 배당수익률

배당률은 주당 배당금÷액면가, 배당수익률은 주당 배당금÷주가를 의미합니다. 액면가는 주식의 표면에 적힌 금액을 의미하는데 실제 투자에서는 거의 의미 없는 수치입니다. 가령 삼성전자의 경우 액면가는 100원이지만 시장에서 8만 원대에 거래되고 있으며, 여기서 의미가 있는 것은 시장가인 8만 원대이지 액면에 표시된 100원이 아니니까요.

따라서 주당 배당금을 액면가로 나눈 배당률 개념은 투자에서 거의 의미가 없습니다. 중요한 것은 주당 배당금을 주가로 나눈 배당수익률입니다. 결국 배당수익률은 현재의 주가로 주식을 샀을 때 배당으로부터 거둘 수 있는 수익률이 얼마인가를 나타내는 지표입니다. 예를 들어 주가가 1만 원이고 주당 200원의 배당을 지급하는 기업의 배당수익률은 2%가 되는 것이죠. 예금에서의 이자율과 유사한 개념입니다.

■ 배당성향

배당성향은 배당금 총액÷당기순이익으로서, 벌어들인 이익에서 얼마만큼을 주주들에게 배당으로 지급했는지를 나타내는 지표입니다. A라는 기업이 1년 동안 100억 원의 순이익을 벌어 그중 20억 원을 배당으로 지급했다면 배당성향은 20%가 되는 것이죠.

대체로 배당성향이 높을수록 주주 친화적인 기업이라고 볼 수 있지만, 배당성향이 높다고 무조건 좋은 기업이라고 볼 수는 없습니다. 가령 A 기업이 20억 원의 수익을 배당으로 지급하는 대신 사업 경쟁력을 강화하기 위해 재투자하여 미래 실적을 크게 증대시킬 수 있다면, 배당 지급보다는 사업 재투자가 주주이익을 더욱 증대시킬 수 있는 선택으로 작용하니까요.

결국 기업의 상황에 맞는 적절한 배당성향이 중요합니다. 이에 대해서는 이후에 조금 더 자세히 살펴보겠습니다.

■ 중간배당

일반적으로 우리나라 기업들은 1년에 한 차례, 연말을 기준으로 배당을 실시합니다. 그런데 반드시 1년에 한 차례만 배당을 실시할 필요는 없습니다. 반기마다 배당을 실시할 수도 있고, 분기마다 배당을 실시할 수도 있습니다. 이렇게 연말 결산 시점이 아닌 사업연도의 중간에 배당을 실시하는 것을 중간배당이라고 합니다.

대체로 주주 친화적인 기업들은 중간배당까지 실시하여 주주 친화성을 보이려고 합니다. 삼성전자의 경우도 분기배당을 실시하며 주주 환원 정책을 강화하는 모습을 보이고 있죠. 미국에서는 훨씬 더 많은 기업들이 중간배당을 실시하고 있는데, 일부 투자자들은 이를 활용하여 매월 배당 수익이 들어오도록 포트폴리오를 구축하기도 합니다.

현금이 아니라 주식으로
배당을 받는다?

일반적으로 배당이라고 하면 주주들에게 현금을 지급하는 현금배당을 의미하지만 주식으로 배당하는 경우도 있습니다. 현금이 아닌 주식을 추가로 발행하여 주주들에게 나누어 주는 것인데요. 주식배당은 소규모 무상증자와 거의 동일한 효과를 냅니다. 무상증자와 마찬가지로 주식배당 역시 주식을 추가로 찍어 주주들에게 나눠 주는 것이므로 주주 가치에 실질적인 변화가 생기지는 않습니다.

예외적으로 현금배당과 주식배당을 함께 실시하는 경우도 있는데, 이때는 주식배당이 실질적인 의미를 가질 수 있습니다. 가령 어떤 기업이 매년 꾸준히 주당 100원의 현금배당과 주당 0.03주의 주식배당을 실시한다면, 주당 배당금은 매년 100원으로 똑같이 유지되지만 주식배당에 따라 보유 주식 수가 매년 1.03배 늘어나기 때문에 주주들의 전체 배당 수령액은 증가하게 되는 것입니다.

2 배당투자 노하우

INVESTMENT IN STOCKS

① 배당투자의 본질

배당투자는 결국 가치투자의 일종입니다. 배당금의 원천은 기업의 이익에서 나오기 때문입니다. 이익을 내는 기업들만이 배당을 실시할 수 있기 때문에 결국 돈을 잘 벌어야 배당을 많이 하는 회사가 될 수 있습니다.

기업은 벌어들인 이익을 크게 다섯 가지 방식으로 활용할 수 있습니다.

1 | 사업 재투자
2 | 인수합병
3 | 자사주 매입 및 소각
4 | 부채 축소
5 | 배당 지급

이러한 다섯 가지 선택지 중 어디에 자본을 배치할 것인가 하는 기업의 선택을 '자본배치'라고 합니다. 기업은 이익을 가지고 사업 재투자나 인수합병을 통해 사업 역량을 키워 실적 증대를 꾀할 수도 있고, 자사주를 매입하고 소각하여 주주 가치를 높일 수도 있으며, 부채를 줄여 재무안정성을 높일 수도 있습니다. 배당을 많이 한다고 하여 반드시 좋은 기업인 것은 아니고, 반대로 배당을 적게 한다고 하여 꼭 안 좋은 기업은 아니라는 것입니다. 배당 수익률이 5%지만 실적이 역성장하는 기업보다 배당을 지급하지 않더라도 매년 10%의 실적 성장을 보이는 기업이 더 좋은 기업으로 시장에서 인정받습니다.

중요한 것은 배당 수익만이 아니라 자본 차익+배당 수익입니다. 기업이 과도한 수준으로 배당을 지급하는 바람에 재투자를 통한 사업 역량을 강화하는 데 자본을 배치하지 못한다면 그 기업의 성장성은 낮아질 것이고 그러면 주가가 배당금 이상으로 떨어져 전체 수익은 마이너스가 될 수 있다는 사실을 기억해야 합니다.

② 다양한 배당투자의 유형

배당투자에도 다양한 유형이 있습니다. 배당투자의 세 가지 유형에 대해 살펴보겠습니다.

1 | 고배당주 투자

주식시장에는 높은 PER로 대변되는 고성장주도 있고 낮은 PER로 대변되는 저성장주도 있습니다. 네이버, 카카오 같은 기업의 주식들은 고성장주에 해당되고 은행주, 통신주 같은 주식들은 저성장주에 해당됩니다. 고성장 기업들은 배당을 최소화하며 성장에 집중하는 것이 바람직합니다. 빠른 사업 성장을 기대하며 네이버 주식을 샀는데, 네이버가 사업을 키우는 데 사용해야 할 돈을 배당으로 지급해 버린다면 투자 아이디어가 훼손될 수 있기 때문입니다. 반면 저성장 기업들은 사업에 재투자하는 것보다 주주들에게 배당을 지급하는 것이 효과적입니다. 고성장 기업들에게는 사업 재투자가, 저성장 기업들에게는 배당 지급이 효율적인 자본배치가 되는 것입니다.

이 때문에 저PER, 저PBR 등 수치적 저평가와 고배당은 서로 궁합이 잘 맞습니다. 이러한 맥락에서 다음과 같은 조건을 활용하여 종목을 선택한다면 준수한 투자 수익을 거둘 수 있을 것입니다.

---

1 | PER 10 이하
2 | PBR 1 이하(또는 1, 2번을 통합해 PER×PBR이 10 이하)
3 | 배당수익률 4% 이상
4 | 주봉 차트상 저가권

이러한 방식으로 투자를 진행할 경우 저PER, 저PBR 상태의 해소에 따른 약간의 자본 차익과 높은 배당 수익의 합산을 통해 준수한 투자 수익을 거둘 수 있을 것입니다.

예시로서 8장에서 살펴본 하나금융지주의 사례를 다시금 살펴보겠습니다. [그림 9-1]에 동그라미로 표시된 시점에서 하나금융지주의 PER은 4배를 넘지 않았고, PBR은 0.3배를 넘지 않았으며 배당수익률은 7% 수준이었습니다. 수치상 극단적인 저평가를 보이고 있었죠.

만약 PER 또는 PBR만으로 주가의 매력도를 평가한다면, 하나금융지주의

[그림 9-1] 하나금융지주 주가, 영업이익 차트

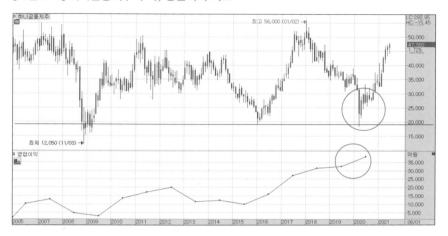

PER이 6~7배인 시점에 충분히 싸다고 판단하여 매수했는데 주가가 추가 하락하며 PER 4배 이하로까지 내려가는 당황스러운 상황을 겪게 될 가능성이 높을 것입니다.

앞의 방식을 따른다면 어떨까요? 3, 4번 조건에서 배당수익률 메리트와 차트상 가격 메리트까지 추가로 고려함으로써 그물망을 촘촘하게 구성했기 때문에 투자 성공 확률이 더욱 높아집니다. 특히 3번의 배당수익률 조건은 주가가 장기간 횡보하거나 추가 하락하는 상황에서도 은행 이자 이상의 배당금을 수령하면서 재평가를 기다릴 수 있으므로 매우 큰 효과가 있다고 평가할 수 있습니다.

2 | 배당성장주 투자

당장은 고배당주만큼 배당수익률이 나오지 않더라도 실적과 배당이 빠르게 성장하며 향후 높은 배당수익률을 달성할 수 있을 것으로 전망되는 주식들은 배당투자의 대상이 될 수 있습니다. 이러한 유형을 배당성장주 투자라고 부릅니다. 배당성장주 투자를 위해서는 다음과 같은 조건을 적용할 수 있습니다.

1 | 과거 10년 이상 배당 지급
2 | 당기순이익과 주당배당금(DPS)의 지속적 증가
3 | 무리하지 않는 범위 내의 배당성향
4 | 업종 내에서의 경쟁우위(경제적 해자) 보유
5 | 배당수익률 2% 이상

이는 경쟁우위 요인을 바탕으로 꾸준히 실적과 배당을 늘려가는 기업에 투자하는 방식입니다. 이러한 기업의 예시로 이크레더블이라는 기업을 들 수 있겠습니다.

[그림 9-2] 이크레더블 주가, 당기순이익, DPS 추이

이크레더블은 신용인증 서비스 사업을 하는 기업입니다. 해당 산업은 매우 높은 진입장벽을 가졌으며 이크레더블은 매년 꾸준한 실적 성장을 이루

어 왔습니다. 또한 배당성향을 65% 수준에서 유지하고 있기 때문에 실적 성장에 따라 DPS 역시 꾸준하게 증가하고 있습니다(단, 2020년에는 일시적 요인으로 인해 전년 대비 당기순이익과 DPS가 약간씩 감소함). 경제적 해자는 여전히 굳게 유지되고 있기 때문에 이크레더블은 앞으로도 당기순이익과 DPS의 성장을 이어갈 수 있을 것으로 보입니다. 2021년 4월 기준 배당수익률은 3.18%이지만, 향후 배당 성장에 따라 현재 가격 대비 배당수익률은 계속해서 높아질 가능성이 큽니다.

이러한 방식으로 투자를 진행할 경우 당장의 배당수익률은 고배당주 투자에 비해 크지 않겠지만 향후 실적과 배당의 성장에 따른 자본 차익과 배당수익의 증가로 인해 장기간 투자 수익률은 고배당주 투자의 수익률을 웃돌수 있을 것입니다.

3 | 우선주 투자

1장에서 우선주와 괴리율에 대해 간단히 설명을 드린 바 있는데요. 우선주는 의결권을 가지지 않는 대신 배당 등의 측면에서 우선적 지위를 갖는 주식을 뜻하고, 괴리율은 $(\frac{보통주주가 - 우선주주가}{보통주주가} \times 100\%)$의 산식으로 나타나는 보통주와 우선주 간 가격 차이의 정도를 뜻합니다.

보통주와 우선주 간 괴리율이 너무 크게 벌어지면, 즉 보통주의 가격에 비해 우선주의 가격이 너무 싸지면 우선주에 투자 메리트가 생깁니다. 대체로 우선주 가격이 보통주 가격의 절반 이하(괴리율 50% 이상)로 떨어지게 되면 투자 기회가 발생한다고 볼 수 있습니다.

위의 조건을 활용해 괴리율이 충분히 벌어져 있으면서 기본적인 수준 이상의 배당을 지급하는 우선주를 매수한다면 괴리율의 축소(장기적으로 보통주가 오를 때 우선주가 더 많이 오르거나 보통주가 떨어질 때 우선주가 덜 떨어지거나 하는 과정을 거치며 괴리율이 축소될 가능성이 높음)에 따른 자본 차익과 배당 수익의 합산을 통해 준수한 투자 수익을 거둘 수 있을 것입니다.

③ 배당 재투자하기

복리는 저축뿐만 아니라 투자에서도 핵심 요인으로 작용합니다. 원금에만 이자가 붙는 단리와 이자에도 이자가 붙는 복리의 차이는 장기적으로 매우 큰 성과 차이를 불러오기 때문입니다.

배당투자에 있어서도 이러한 복리 효과를 활용해서 성과를 더 빨리 늘릴 수 있습니다. 어떻게 하면 배당투자에서 복리의 효과를 제대로 누릴 수 있을까요? '배당 재투자' 방식을 활용하면 됩니다.

가령 어떤 기업의 주가가 1만 원이고, 배당금이 매년 주당 500원으로 유지된다면, 이 기업 주식을 100주 사서 그대로 5년간 보유하고 있을 경우 5년 동안 수령하게 되는 배당금은 총 25만 원입니다. 한편, 수령한 배당금으로 이 주식을 추가 매수한다면 첫 해에 100주이던 보유 수량은 점차 105주, 110주, 115주, 120주로 늘어나게 되며, 이에 따라 수령하는 배당금 역시 5만

왜 기업에 따라
괴리율의 차이가 생기나요?

통상 보통주와 우선주 사이의 괴리율은 10~50% 수준에서 형성됩니다. 기업들의 괴리율 사이에 왜 이 정도의 차이가 생기는지를 알기 위해서는 보통주 투자에 비해 우선주 투자가 갖는 이점을 상기할 필요가 있습니다.

우선주 투자의 가장 큰 이점은 보통주 대비 높은 배당수익률입니다. 그렇기 때문에 높은 배당수익률을 보여 우선주 투자의 이점을 잘 살릴 수 있는 우선주라면 낮은 괴리율을 보일 가능성이 높습니다. 한편 배당수익률이 낮아 우선주 투자의 이점을 제대로 살리기 어려운 우선주라면 높은 괴리율을 보일 가능성이 높습니다.

[그림 9-3] 삼성전자, LG생활건강 괴리율 비교

종목명	현재가
삼성전자 코스피	82,200
삼성전자우 코스피	74,100

종목명	현재가
LG생활건강 코스피	1,529,000
LG생활건강우 코스피	722,000

위의 예시에서 삼성전자우는 약 4%의 높은 배당수익률을 보이고 있어 보통주와 약 10% 정도의 낮은 괴리율을 보이고 있는 반면, LG생활건강우는 약 1.5%의 저조한 배당수익률 때문에 보통주와 50% 이상의 높은 괴리율을 보이고 있습니다.

이러한 측면에서 봤을 때 앞에서 살펴본 '50% 이상의 괴리율+2% 이상의 배당수익률' 조합이 가지는 효과는 더욱 선명해집니다. 준수한 배당수익률을 지닌 우선주가 50% 이상의 높은 괴리율을 보이고 있을 경우, 다른 요인에 큰 결함이 있는 것이 아니라면 우수한 투자 성과를 가져다 줄 가능성이 높습니다.

2,500원, 5만 5,000원, 5만 7,500원, 6만 원으로 매해 늘어 5년 후 총 수령액이 27만 5,000원으로 늘어납니다.

복리는 시간이 지날수록 강력한 효과를 발휘하기 때문에 이러한 성과 차이는 시간의 경과에 따라 더욱 급격히 벌어집니다. 따라서 수령한 배당금을 공돈이라고 생각해 홀라당 써 버리기보단 이를 반드시 재투자하여 복리 효과를 누리는 것이 현명한 투자 방법일 것입니다.

3 배당투자 이것만 주의한다!

INVESTMENT IN STOCKS

① 배당투자, 그 최적의 시기

배당주에 대해 잘 알지 못하는 초보 투자자들은 '배당기준일 즈음에 주식을 사서 배당을 받고 바로 주식을 팔면 수익도 볼 수 있어 좋지 않을까?' 하고 생각합니다. 앞서 이러한 전략은 배당락 때문에 실현이 불가능하다는 사실을 설명드렸죠. 그렇다면 배당투자의 적기는 언제일까요?

배당투자의 적기는 주식의 배당수익률이 높아져 있는 시점입니다. 배당수익률은 주당 배당금÷주가입니다. 이 중 주당 배당금은 1년에 한 번 변하는 부분이기 때문에 배당수익률의 변화에서 중요하게 작용하는 것은 주가의 변화입니다. 따라서 배당수익률이 높아지려면 주가가 떨어져야 합니다. 가치투자에서와 마찬가지로 배당투자의 적기 역시 주가가 약세를 보이는 시점인 것이죠.

또한 배당기준일 즈음에 주식을 사서 배당을 받고 주식을 팔아 버리는 식의 단기 매매는 배당투자라고 할 수 없습니다. 배당수익률이 높아진 시기에 주식을 매입해 장기간 보유하며 높은 배당을 계속 수령하고 배당을 재투자하는 방식으로 이루어져야 합니다.

배당투자는 독립적인 하나의 투자 유형이라기보다 가치투자의 일종입니다. 싸게 사서 장기간 보유하여 제값에 판다는 가치투자의 기본 명제는 배당투자에 있어서도 동일하게 적용됩니다.

② 배당수익률과 배당성향의 함정

높은 배당수익률과 배당성향은 긍정적인 신호로 볼 수 있지만, 조금 더 깊이 생각하면 반드시 긍정적인 신호로 작용하는 것은 아닙니다. 이는 PER, PBR이 낮은 주식이 언제나 PER, PBR이 높은 주식에 비해 좋은 투자 대상은 아니라는 것과 같은 맥락입니다.

당장의 배당수익률이 높은 수준이더라도 해당 기업의 성장성이 떨어져 해마다 배당금이 축소된다면 해당 주식의 투자 매력은 떨어질 것입니다. 이러한 맥락에서 배당성장주 투자가 단순 고배당주 투자에 비해 더 좋은 성과를 보일 수 있다는 것을 앞서 설명한 바 있습니다.

다른 가치 요인들은 모두 떼어 놓고 배당수익률만을 이용해 기업의 투자 매력도를 판단하려는 것은 어리석은 시도입니다. 기업의 특성을 고려했을 때 다섯 가지 자본배치 방안(사업 재투자, 인수합병, 자사주 매입 및 소각, 부채 축소, 배당 지급) 중 어떤 선택지가 주주이익을 가장 크게 높일 수 있는 선택지일지에 대해 먼저 고민해야 합니다. 그 다음으로 각종 재무 데이터를 종합적으로 고려하는 과정에서 배당수익률을 투자 판단에 참고해야 할 것입니다.

배당성향 역시 마찬가지입니다. 고성장 기업의 경우 배당성향은 낮은 수준으로 유지되는 것이 바람직하며 저성장 기업이라면 높은 수준으로 유지되는 것이 바람직할 것입니다. 다만, 저성장 기업에게도 과도한 수준의 배당성향은 위험할 수 있습니다. 너무 높은 배당성향으로 인해 기본적인 사업 재투자조차 이루어지지 못할 위험도 있고, 미래에 이익이 조금만 감소하더라도 배당을 축소할 수밖에 없는 상황이 일어날 위험도 있습니다.

올해 당기순이익이 100억 원이고, 이 중 90억 원을 배당하여 배당성향이 90%인 데드볼이라는 기업이 있다고 가정하겠습니다. 이 기업의 순이익이 내년에 80억 원으로 떨어질 경우, 배당은 대체로 당기순이익 범위 내에서 이루어지게 되므로 총 배당금을 80억 원 이하로 축소할 수밖에 없는 상황이 발생할 수 있습니다. 배당의 지속가능성이 떨어지게 되는 것이죠.

장기 배당투자를 위해서는 배당의 지속가능성이라는 전제 조건이 반드시 선행되어야 합니다. 탄탄한 실적과 재무 구조를 바탕으로 적절한 수준의 배당성향을 유지하며 실적의 일부는 배당으로 지급하고 일부는 사업에 재투자하여 성장하면서 실적과 배당을 꾸준히 늘릴 수 있는 선순환 구조를 가진 기업에 투자해야 한다는 것입니다. 그러므로 배당주 투자를 고려할 때는 항상 '배당의 지속가능성'이라는 키워드를 기억할 필요가 있습니다.

SUMMARY

- 배당은 기업이 벌어들인 이익의 일부를 주주와 나누는 것으로 주주 친화성의 표현이고 장기 투자의 버팀목이 된다.

- 배당수익률은 현재의 주가로 주식을 샀을 때 배당으로 거둘 수 있는 수익률이 얼마인지를 나타내는 지표다.

- 우리나라 기업은 보통 1년에 한 번 배당을 실시하지만 일부 주주 친화적인 기업은 중간배당도 실시하고 있다.

- 배당투자 시 고배당주만을 노리거나 우선주에 투자할 수도 있고 배당과 실적이 꾸준히 성장하는 기업에 투자할 수도 있다.

- 배당투자의 핵심은 배당금 재투자를 통한 복리 효과에 있다.

- 높은 배당수익률과 배당성향이 언제나 좋은 것은 아니다. 다른 가치 요인들은 보지 않고 배당수익률만으로 투자를 결정하면 안 된다.

- 장기 배당투자를 위해서는 배당의 지속가능성이 선행되어야 한다. 탄탄한 실적과 재무 구조를 바탕으로 꾸준히 성장하고 배당을 늘릴 수 있는 기업에 투자해야 한다.

배당주의 주가가 오르면 어떻게 해야 하나요?

투자한 기업의 주가가 크게 오를 경우 대부분의 투자자는 기뻐하며 매도 시점을 잡으려고 하지만, 유독 배당주 투자자들은 주가가 올랐을 때 어떻게 해야 할지 고민하는 경우가 많습니다. 배당주를 장기 보유하며 은행 이자 이상의 배당수익을 지속적으로 수령하겠다는 마인드로 결정한 투자일 텐데 주가가 오르니 기존의 계획을 깨고 주식을 팔아야 할지, 기존의 계획대로 주식을 보유하며 배당을 받을지에 대해 고민하는 것이겠죠.

배당투자를 했다면 꼭 배당으로만 수익을 내야 하는 것일까요? 배당을 받으려고 산 주식이니 주가 변동과 관계없이 계속 주식을 보유하며 배당을 수령해야 하는 것일까요? 당연히 그렇지 않습니다. 주가가 낮고 배당수익률이 높은 시점에 배당주를 매수하고 주가가 올라 배당수익률이 낮아진 시점에 매도하여 다른 고배당주로 교체 매매하는 방식도 좋습니다.

장기 투자라는 것은 기업과 주가의 상황이 변하든 말든 무작정 오랜 기간 보유하는 것이 아닙니다. 주가가 장기간 지지부진할 경우 은행 이자보다 나은 배당수익을 보며 버틸 수 있고, 주가가 상승할 경우 주식을 매도하여 준수한 자본차익을 챙길 수 있다는 것이 배당투자의 가장 큰 매력일 것입니다.

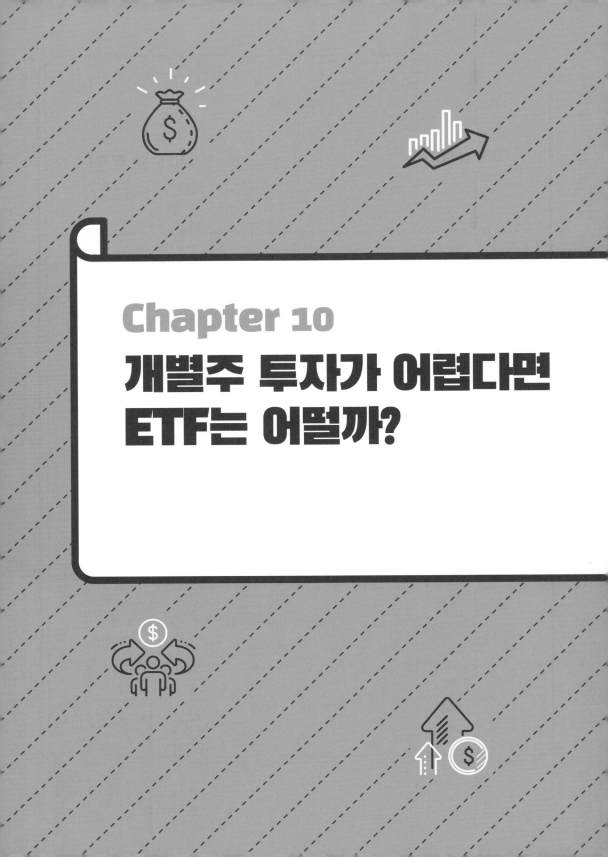

Chapter 10
개별주 투자가 어렵다면 ETF는 어떨까?

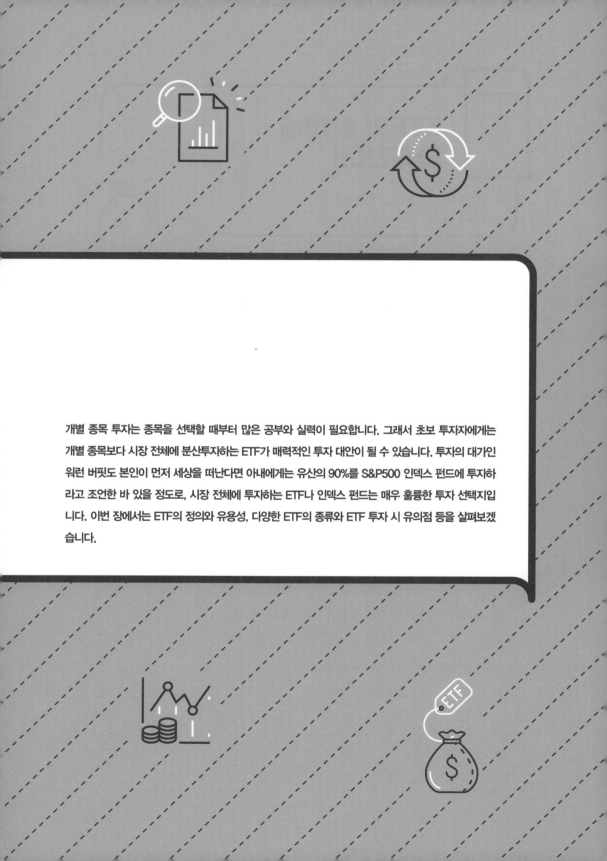

개별 종목 투자는 종목을 선택할 때부터 많은 공부와 실력이 필요합니다. 그래서 초보 투자자에게는 개별 종목보다 시장 전체에 분산투자하는 ETF가 매력적인 투자 대안이 될 수 있습니다. 투자의 대가인 워런 버핏도 본인이 먼저 세상을 떠난다면 아내에게는 유산의 90%를 S&P500 인덱스 펀드에 투자하라고 조언한 바 있을 정도로, 시장 전체에 투자하는 ETF나 인덱스 펀드는 매우 훌륭한 투자 선택지입니다. 이번 장에서는 ETF의 정의와 유용성, 다양한 ETF의 종류와 ETF 투자 시 유의점 등을 살펴보겠습니다.

1 ETF의 실체를 파헤친다!

INVESTMENT IN STOCKS

① 패시브 투자의 진화

ETF에 앞서 유사한 상품인 인덱스 펀드에 대해 먼저 설명을 하겠습니다. 인덱스 펀드란 말 그대로 인덱스(index), 즉 지수에 투자하는 펀드를 의미합니다. 지수 전체의 수익률을 추종하는 것을 목표로 하는 소극적인 방식의 펀드라고 하여 패시브(passive) 펀드라고 부르기도 합니다. 패시브 펀드와 달리 펀드 매니저의 재량으로 특정 종목들을 선택하여 지수 대비 초과 수익을 목표로 적극적인 운용을 하는 펀드를 액티브(active) 펀드라고 부릅니다.

소극적이라는 말이 다소 부정적인 느낌을 줄 수도 있지만, 패시브 펀드가 액티브 펀드에 비해 열등하거나 부족한 것은 아닙니다. 펀드 매니저가 직접 주식을 운용하는 액티브 방식이 훨씬 수익률이 좋을 것 같지만 지수를 따르는 패시브 방식보다 나은 수익률을 기록한 액티브 펀드는 많지 않습니다. 운용 규모가 작은 펀드라면 펀드 매니저의 실력에 따라 초과 수익을 달성할 가

[표 10-1] 패시브 펀드와 액티브 펀드의 비교

	패시브 펀드	액티브 펀드
목표 수익률	벤치마크 수익률[1] (베타라고도 함)	지수 대비 초과 수익 (알파라고도 함)
운용 방식	소극적 운용, 지수 추종	적극적 운용, 종목 선택
펀드 간 성과 격차	미미함	펀드 매니저의 운용에 따른 큰 성과 차이
수수료	낮음	상대적으로 높음
위험 요인	추적 오차	종목 선정 실패 위험

능성도 충분하겠지만, 운용 규모가 커질수록 운용 난이도가 함께 높아집니다. 운용자금이 큰 대형 펀드일수록 한번 매매할 때마다 시장에 영향을 미칠 수 있으므로 점점 대형주 위주의 거래를 할 수밖에 없습니다. 그러다 보면 펀드의 수익률이 지수 수익률을 크게 벗어나지 못하게 됩니다. 결국 패시브 펀드와 비슷한 수익률이 나오는 거죠. 한편 수수료 측면에서는 패시브 펀드가 액티브 펀드에 비해 훨씬 저렴합니다. 따라서 수수료를 제한 후의 투자 성과는 패시브 펀드가 액티브 펀드보다 더 나은 경우도 많습니다.

이러한 측면에서 인덱스 펀드는 훌륭한 투자 대상입니다. 수수료도 낮고 시장지수 수준의 수익률도 얻을 수 있으니까요. 물론 인덱스 펀드에도 단점은 있습니다. 주식과 달리 인덱스 펀드는 실시간 거래가 불가능합니다. 인덱스 펀드의 문제점인 거래의 신속성과 편의성 부분을 보완하여 주식시장에서 실시간으로 거래할 수 있도록 한 금융상품이 바로 ETF입니다.

---

1 투자의 성과를 평가할 때 기준이 되는 지표를 뜻합니다. 패시브 펀드의 경우 벤치마크가 되는 지수를 정확히 추종하여 벤치마크 수익률과 같은 수익률을 기록하는 것을 목표로 하지만, 운용 과정에서 미미한 오차가 발생하기도 합니다. 이렇게 발생하는 벤치마크와의 성과 차이를 '추적 오차'라고 합니다.

[그림 10-1] HTS에서 볼 수 있는 ETF(KODEX 200) 정보

ETF는 전체 주가지수를 추종하는 인덱스 펀드의 특징과 편리하고 신속하게 거래할 수 있는 주식의 특징이 혼합된 상품입니다. 따라서 주식처럼 투자자가 직접 HTS에서 관련 정보들을 확인하거나 매매를 진행할 수 있습니다. 이러한 특성으로 인해 ETF는 21세기의 가장 혁신적인 금융상품으로 꼽히기도 합니다.

② ETF 투자의 유용성

실제 투자를 해보면 알겠지만 개별 종목 투자로 초과 수익을 거두기란 그렇게 만만한 일이 아닙니다. 투자 대상 기업을 깊이 있게 파악하기 위해 다양한 자료들을 찾아봐야 하고, 여러 지표들을 종합적으로 고려하여 때로는 대담하게 때로는 방어적인 투자 판단을 내릴 수 있어야 합니다. 단기적으로는 좋은 운만으로도 괜찮은 투자 성과를 거둘 수 있겠지만, 장기적으로는 평

균보다 뛰어난 투자 실력을 갖춘 투자자들만이 시장 수익률을 초과하는 성과를 거둘 수 있습니다. 이 지점에서 과연 내가 남들보다 뛰어난 투자 판단을 내릴 수 있을까 하는 고민이 생길 수도 있겠죠. 시간과 노력 대비 성과가 저조할 수도 있고, 초과 수익은커녕 손실을 입을 수도 있을 것입니다.

이에 반해 시장 전체에 투자하는 ETF 투자는 개별 종목 투자에 비해 훨씬 적은 노력을 들이고도 준수한 투자 성과를 거둘 수 있습니다. 물론 개별 종목 투자에서 성공했을 때만큼 폭발적인 수익률을 기대할 수는 없지만 반대로 시장 수익률보다 저조한 수익률을 기록할 걱정 역시 없습니다. 또한 시장 전체 종목에 대해 자연스럽게 분산이 되기 때문에 안정성도 높습니다. 적은 노력과 시간을 투입해 지수 상승률 정도의 준수한 수익을 거둘 수 있게 하는 효율적이고 안정적인 투자 방식입니다.

앞서 수차례 언급한 것처럼 주식시장은 장기적으로 우상향합니다. 이러한 주식시장의 상승률은 예적금 이율과 물가 상승률을 거뜬히 초과합니다. 크게 욕심내지 않고 안정적으로 시장 상승분에 해당하는 수익률을 거머쥐고 싶은 투자자에게 ETF는 최선의 투자 선택지가 될 것입니다.

최근에는 다양한 종류의 ETF들이 속속 출시되고 있어 ETF만으로도 시장 전체는 물론 다양한 섹터, 자산, 국내외 등으로 나눠서 투자할 수도 있습니다. 지금 당장 ETF에 투자하지 않더라도 ETF에 대해 알아두면 향후 다양한 방식으로 투자에 활용할 수 있을 것입니다.

2 여러 가지 ETF 효과적으로 활용하기

INVESTMENT IN STOCKS

① ETF 이름의 비밀

ETF의 명칭은 그 자체에 운용사, 추종자산, 운용전략 정보를 담고 있습니다.

> 운용사 + 추종자산 + 운용전략
>
> KODEX 200TR

KODEX 200TR이라는 ETF를 살펴봅시다. 가장 앞의 KODEX는 운용사를 의미하고, 200은 코스피200 지수를 추종한다는 의미이며, 마지막의 TR은 지수 구성 종목에서 나오는 배당금을 재투자하는 방식으로 ETF를 운용한다는 운용전략을 의미합니다.

국내의 대표적인 ETF 브랜드(운용사)로는 KODEX(삼성자산운용), TIGER(미래에셋자산운용), KBSTAR(KB자산운용), KINDEX(한국투자신탁운용), ARIRANG(한화자산운용), KOSEF(키움투자자산운용) 등이 있습니다. 이 중에서도 특히 높은 시장 점유율을 보이는 브랜드는 KODEX와 TIGER ETF입니다. 아무래도 규모가 큰 운용사의 ETF가 거래량이나 수수료 등의 측면에서 강점을 보일 가능성이 높지만, ETF 투자에서 운용사 자체는 크게 중요하지 않습니다.

추종자산의 경우 가장 대표적인 것은 코스피200 지수이지만 S&P500 등 해외 주가지수도 있고, 미국채·물가연동채 등의 채권, 반도체·IT·자동차 등 특정 섹터, 금·은·원유 등 원자재 가격 같이 다양한 자산들이 ETF의 기초자산이 될 수 있습니다. 이렇게 다양한 ETF들을 적절히 활용한다면 분산 효과를 극대화하는 최적의 자산배분을 할 수도 있습니다.

운용전략으로는 지수 흐름과 반대 방향을 추종하는 인버스 전략, 지수 흐름을 2배로 추종하는 레버리지 전략, 환율 변동의 영향을 제거하는 환헤지 전략, 배당금(ETF에서는 분배금이라고 함)을 자동으로 재투자하는 방식의 TR 전략 등이 있습니다.

이처럼 ETF의 명칭은 투자 시 알아야 하는 기본적인 정보들을 담고 있습니다. 이 밖에도 몇 가지 확인해야 하는 정보들이 있는데, 이에 대한 내용은 뒤에서 살펴보겠습니다.

② 유형별 ETF

시장에는 굉장히 다양한 종류의 ETF들이 있습니다. 코스피200 지수를 추종하는 ETF들은 물론이고, 반도체·2차전지·자동차 등 특정 섹터 지수를 추종하는 ETF, S&P500·나스닥100 등 해외의 다양한 지수들을 추종하는 ETF, 심지어는 삼성그룹 기업들의 주가를 추종하는 ETF도 있습니다.

[그림 10-2] KODEX 홈페이지의 상품 정보

총 119개 | 2021.04.09 기준

선택상품비교하기

| 상품명 | 기준가 (원) ▲ | 순자산 (억원) ▲ | 수익률 단기 장기 | | | | 선택 |
			1년 ▼	3년 ▲	5년 ▲	상장후 ▲	
레버리지/인버스 KODEX 레버리지	27,656	15,764	192.1	69.1	179.8	171.8	☐
레버리지/인버스 KODEX KRX300 레버리지	21,432	214	186.4	-	-	113.7	☐
국내주식 업종 KODEX 2차전지산업	18,467	13,813	167.6	-	-	92.1	☐
국내주식 업종 KODEX 에너지화학	19,203	229	133.9	46.8	83.0	187.7	☐
국내주식 업종 KODEX 자동차	23,789	4,793	121.1	55.2	49.8	271.9	☐
해외주식 업종 KODEX 미국FANG플러스(H)	27,384	5,381	118.2	-	-	170.8	☐
레버리지/인버스 KODEX 코스닥150 레버리지	15,237	10,803	115.9	-34.4	37.3	47.6	☐

ETF 운용사들의 홈페이지에 들어가면 위의 그림과 같이 해당 운용사의 전체 ETF 목록과 정보를 확인할 수 있습니다. 삼성자산운용의 KODEX에만 100개가 넘는 ETF가 있을 정도로 ETF의 종류는 매우 다양합니다.

각 ETF의 이름을 클릭하면 해당 ETF에 대한 자세한 설명과 과거 수익률, 구성 종목 등의 정보들을 확인할 수 있습니다. 직접 해당 운용사 홈페이지에 들어가서 관심이 가는 ETF들을 클릭해 관련 정보들을 확인한 뒤 투자를 결정하면 더 좋을 것입니다.

이렇게 다양한 ETF들이 있기에 투자자는 ETF만으로도 다양한 방식의 투자가 가능합니다. 미국 주식시장이 좋다던데 구체적으로 어떤 종목들을 사야 할지는 모르겠다면 S&P500을 추종하는 ETF를 사면 됩니다. 반도체 업황이 좋다던데 어떤 회사가 해당 시장에서 경쟁력을 가지고 있는지 모르겠다면 반도체 업종 전반에 분산투자하는 반도체 ETF를 사면 됩니다. 우리나라에는 삼성만 한 그룹이 없다고 생각한다면 삼성그룹 주식들에 골고루 분산 투자하는 삼성그룹 ETF를 사면 되겠죠. 개별 종목 투자를 통해 성공을 거두기 위해서는 많은 것을 공부하고 분석해야 하지만 ETF로 분산해서 투자한다면 적은 노력을 들이고도 안정성을 얻을 수 있습니다.

ETF 중에는 스마트베타 ETF라는 것도 있습니다. 스마트베타 ETF는 고배당주, 중소형주 등 특정 성향의 주식들만 골라 편입함으로써 지수 움직임 이상의 수익을 추구하는 ETF입니다. 스마트베타 ETF는 크게 고배당 ETF, 저변동성 ETF, 가치주 ETF, 중소형 ETF, 우량주 ETF, 모멘텀 ETF의 여섯 가지 상품군으로 나눌 수 있습니다. 놀랍게도 배당투자, 가치투자를 ETF에 투자하는 것만으로 간단하게 구현할 수 있는 것이죠. 스마트베타 ETF들을 적절히 활용한다면 ETF 투자를 통해서도 지수를 능가하는 수익을 거둘 수 있을 것입니다.

③ 위험한 ETF도 있다

ETF 중에는 당연히 위험한 ETF들도 여럿 존재합니다. 투자 시 주의할 필요가 있는 세 가지 ETF 유형에 대해 설명드리겠습니다.

1 | 특정 섹터 추종 ETF

앞서 설명했듯 ETF의 가장 큰 장점은 투자 실력과 판단이 개입될 여지가 적다는 것에 있습니다. 즉, 누구나 접근 가능하고 특정 업종이나 개별 기업을 선택하기 위해 깊이 공부하고 파헤치지 않아도 되는 것이죠. 그런데 반도체, 2차전지, 자동차 등 특정 섹터의 지수를 추종하는 ETF를 선택할 경우 ETF의 커다란 장점 하나가 희석될 수 있습니다. 전체 주가지수에 투자하는 것이 아니라 특정 업종을 '선택'하기 때문입니다. 물론 특정 업종이 좋아 보이는데 개별 기업 선택까지는 하기 어려운 경우 특정 섹터 추종 ETF를 활용하여 해당 업종 전체에 투자할 수 있습니다. 이렇게 해서 만족스러운 성과를 거둘 수도 있지만, 특정 섹터 추종 ETF들은 이도 저도 아닌 애매한 투자가 될 위험성도 있습니다.

2 | 인버스 ETF

[그림 10-3] 코스피 지수 차트

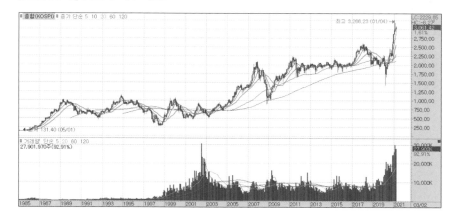

주가지수는 항상 장기적으로 우상향했고 앞으로도 그럴 가능성이 매우 높습니다. 때문에 주가 흐름과는 반대 방향을 추종하는 인버스 ETF는 장기적인 관점에서 99% 실패할 수밖에 없습니다. 인버스 ETF를 통해 성공을 거두려면 정확한 지수 하락 타이밍을 잡아야 하는데, 정확한 타이밍을 잡아내기란 정말로 쉽지 않은 일입니다. 정확한 근거 없이 '지수가 하락할 것 같다'라는 느낌만으로 인버스 ETF를 매수한다면 손실이 불 보듯 뻔할 것입니다. 시장에서 승리하는 것은 언제나 비관론자들이 아닌 낙관론자들입니다. 현명한 투자자라면 시장의 방향성을 역행하는 인버스 ETF에 투자하지 않는 것이 좋습니다.

3 | 레버리지 ETF

[그림 10-4] 레버리지 ETF의 위험성

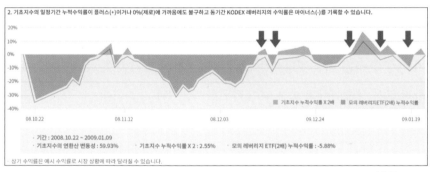

출처: KODEX

레버리지 ETF는 지수 흐름의 2배를 추종하는 ETF입니다. 레버리지 ETF 역시 장기 투자에는 적합하지 않은 상품입니다. 레버리지 ETF는 지수의 일별 수익률을 매일 2배씩 추종하는 것을 목표로 하기 때문에, 일정 기간의 누적 수익률에 대해서는 2배로 연동되지 않을 수 있습니다.

가령 100포인트이던 기초지수가 10% 오르면 110포인트, 여기서 다시 지수가 10% 떨어지면 110×0.9로 99포인트가 되어 누적 수익률은 100포인트에서 99포인트로 -1%가 되지만, 레버리지 ETF는 일별 수익률의 2배를 추종하므로 20% 오른 120포인트가 되었다가 여기서 다시 20%가 떨어지면 120×0.8로 96포인트가 되어 누적 수익률은 100포인트에서 96포인트로, -1%의 2배가 아닌, 4배인 -4%의 수익률을 기록합니다.

이 때문에 [그림 10-4]에서처럼 기초지수의 일정 기간 누적 수익률은 0 또는 플러스임에도 불구하고 레버리지 ETF의 수익률은 마이너스를 기록하는 경우가 생길 수 있습니다. 대체로 지수가 횡보할 경우 레버리지 ETF의 수익률은 마이너스를 기록합니다. 레버리지 ETF를 매수한 뒤 지수가 단기간에 상승할 경우 2배의 상승을 맛볼 수도 있지만 지수가 하락할 경우에는 2배의 하락을 맞게 될 수도 있고, 지수가 횡보하더라도 마이너스의 수익률을 기록하게 되므로 장기적인 관점에서 레버리지 ETF는 확률적으로 불리한 구조를 가진 상품입니다. 따라서 레버리지 ETF 역시 단기적인 시장 전망에 따라 단기 매매를 하는 데만 활용하는 것이 바람직하며 장기 투자 목적으로는 적합하지 않은 상품이라고 보는 것이 타당하겠습니다.

3 ETF 투자 이것만 주의한다!

INVESTMENT IN STOCKS

ETF 투자는 개별 기업 투자에 비해 큰 노력이 필요하지는 않지만, ETF 역시 기본적인 내용 정도는 알고 투자를 해야 만족스러운 수익을 거둘 수 있습니다. HTS나 네이버 금융, 혹은 각 운용사 홈페이지에서 ETF에 대한 다양한 정보들을 쉽게 확인할 수 있습니다.

ETF 투자 시 기본적으로 체크해야 하는 사항은 다음과 같습니다.

- 추종자산과 운용전략
- 총 보수 및 분배금
- 거래량

앞서 설명한 것처럼 ETF의 추종자산과 운용전략에 대해서는 ETF의 명칭을 통해서도 알 수 있습니다. 운용사 홈페이지에서 이보다 더 상세한 정보까지 확인할 수 있습니다. 세부적인 구성 종목에 대해서까지 전부 공개가 되어 있으므로 목록을 살펴보면 구체적으로 어떤 종목들에 투자하는 상품인지 파악할 수 있습니다.

[그림 10-5] KODEX 200 구성 종목

종목명	종목코드	수량	비중(%)	평가금액(원)	현재가(원)
원화예금	KRD010010001	2,931,685	-	2,931,685	
삼성전자	005930	7,899	29.31	644,558,400	81,600
SK하이닉스	000660	939	5.49	120,661,500	128,500
NAVER	035420	212	3.95	86,920,000	410,000
카카오	035720	528	3.71	81,576,000	154,500
LG화학	051910	77	2.93	64,526,000	838,000
삼성SDI	006400	86	2.69	59,168,000	688,000
현대차	005380	236	2.61	57,348,000	243,000
셀트리온	068270	178	2.15	47,259,000	265,500
기아	000270	421	1.74	38,184,700	90,700

[그림 10-6] KODEX 200 기본정보

순자산 총액	46,916억원	사무수탁사	KSD (한국예탁결제원)
상장일	2002.10.14	수탁은행	홍콩상하이은행(HSBC) 서울지점
총보수	연 0.150% (지정참가회사 : 0.005%, 집합투자 : 0.120%, 신탁 : 0.010%, 일반사무 : 0.015%)	설정단위	50,000 좌
분배금 지급	지급 (최대 연 5회, 지급 기준일 : 1월, 4월, 7월, 10월 마지막 영업일 및 회계기간 종료일. 영업일이 아닌 경우 그 직전 영업일) [최근 3년 분배금 지급현황 >]	최소거래단위	1주

    비용 요인인 총 보수(수수료)를 확인하는 것 또한 중요합니다. 수수료는 전체 수익률의 출발선으로 작용합니다. 수수료가 높은 ETF는 출발선상에서부터 이미 불리하게 시작합니다. 특히 인버스나 레버리지 ETF들은 수수료 역시 보통의 ETF들에 비해 높은 편입니다. 이러한 맥락에서도 해당 ETF들에

ETF 복제

ETF 운용사 홈페이지에서 ETF의 구성 종목들을 손쉽게 확인할 수 있기 때문에, 이를 활용해 ETF 구성 종목들을 복제하여 직접 포트폴리오를 운용하는 것 역시 가능합니다. 이렇게 한다면 ETF 수수료가 발생하지 않으면서도 ETF와 유사한 방향으로 운용할 수 있다는 장점이 있습니다. 개인적인 투자 취향에 따라 포트폴리오 구성 내용을 조금씩 변형하여 운용할 수 있다는 것 역시 장점으로 작용합니다. 그러나 구성 종목을 확인할 수 있다고 하더라도 포트폴리오의 100% 복제는 현실적으로 어렵기 때문에 최적화된 운용이 어려울 수 있다는 점은 기억해야 합니다.

대한 투자는 가급적 지양할 필요가 있겠습니다.

ETF에서의 분배금은 주식에서의 배당금에 해당됩니다. 배당투자에 대해 설명할 때 강조했던 내용은 분배금에 대해서도 동일하게 적용됩니다. 바로 분배금 재투자에 대한 것입니다. 분배금을 재투자하는 것과 그렇지 않은 것의 차이는 장기적인 관점에서 매우 큰 성과 차이로 이어집니다. 분배금 재투자를 통한 복리 효과의 극대화, 이것이 ETF 투자에 있어 가장 핵심적인 부분 중 하나일 것입니다.

거래량은 가급적 많을수록 좋습니다. 거래량이 너무 적으면 매수·매도 잔량의 부족으로 표시된 가격보다 높은 가격에 사고, 낮은 가격에 팔게 되는 체결 오차 현상이 일어날 가능성이 높아집니다. 이러한 체결 오차 현상을 다른 말로는 슬리피지라고도 합니다. 슬

처공용어 뽀개기

슬리피지

슬리피지(Slippage)는 내가 원하는 가격에 주문 체결이 되지 않았을 때 발생하는 비용을 말하는데요. A라는 주식을 1,000원에 사려고 주문을 넣었는데 1,100원에 체결된 경우 슬리피지가 100원 발생했다고 말합니다. 거래량이 많거나 변동성이 클 경우 슬리피지가 더 많이 발생하게 됩니다. 거래량이나 변동성은 장 초반 또는 마감 전에 커지므로 이 시간대의 거래를 피하는 것이 좋습니다.

[그림 10-7] KODEX 200 가격 차트

리피지는 투자 시 숨겨진 비용이 됩니다.

물론 ETF에는 유동성 공급자라는 것이 있어, 유동성이 부족한 ETF에 대해 유동성 공급자들이 매수·매도 호가를 제시해주기 때문에 슬리피지가 치명적인 수준으로 발생하는 일은 없을 것입니다. 그러나 거래량이 적은 ETF에서는 상대적으로 높은 슬리피지가 발생할 수 있기 때문에 가급적이면 거래량이 풍부한 ETF를 선택하는 것이 좋습니다.

ETF에서도 핵심은 장기 투자입니다. 가장 좋은 것은 적립식으로 꾸준히 ETF를 모아 가는 것이겠죠. 단기적인 가격 변동을 견딜 수 있다면 장기적 관점에서 ETF는 적금보다 훨씬 뛰어난 투자 대안이 될 수 있습니다. 분배금을 수령하면 재투자하여 투자 원금을 늘리고 복리 수익률을 극대화하는 것이 바람직합니다.

주식시장에는 이따금 거대한 폭락이 닥치기도 합니다. 개별 주식투자에서와 마찬가지로 ETF 역시 투자하기 가장 좋은 시점은 바로 폭락으로 인해 시장 전체가 가격 메리트를 보일 때입니다. 이러한 때에는 평상시보다 조금 더 공격적인 자세로 주식 또는 ETF 매입에 나설 필요가 있습니다. 코로나 사태와 같은 위기가 찾아왔을 때 이것이 기회가 될 수 있다는 사실은 알겠는데 구체적으로 어떤 종목에 투자해야 할지는 잘 모르겠다면, ETF를 통해 시장 전체에 분산하여 투자하는 것이 가장 현명한 선택이 될 수 있습니다.

가장 좋은 것은 개별 종목 투자를 잘 해서 지수 상승률과 개별 종목 초과 수익률을 모두 거두는 일이겠지만, 모든 투자자가 시장에서 초과 수익을 거둘 수 있는 것은 아닙니다. 이러한 측면에서 ETF 투자 역시 현실적이면서 합리적인 투자 선택지로 작용할 수 있습니다. 개별 종목 투자가 너무 어렵게 느껴진다면 ETF 투자를 시작할 것을 권합니다.

유동성과 유동성 공급자

주식시장에서 사용하는 유동성이란 용어는 자산을 현금화할 수 있는 정도를 말합니다. 쉽게 말해 내가 원할 때 사고팔 수 있느냐를 나타내는 것이죠.

ETF는 지수를 사고파는 것이기 때문에 투자자가 원할 때 언제든지 매매가 가능하도록 일정 수준의 ETF 유동성을 확보해주는 유동성 공급자(LP, Liquidity Provider) 제도가 도입되어 있습니다. 유동성 공급자는 자산에 대한 시장을 만드는 역할을 하는 기관이며 ETF의 경우는 증권회사가 담당합니다. 투자자가 원할 때 매매할 수 있도록 매수와 매도 양쪽으로 호가를 제출하며, 시장가격과 가격 괴리가 발생하지 않도록 노력합니다.

그런데 유동성 공급자가 호가를 제출할 필요가 없는 시간대가 있습니다. 장 개시 전 동시호가 시간, 장 개시 후 5분, 장 마감 전 동시호가 시간이 그렇습니다. 이 시간대에는 가격이 크게 출렁일 수 있는데, 이럴 때는 매매를 하지 말고 가격이 정상화된 다음 거래하는 것이 안전합니다.

추천 ETF

수많은 ETF들 중에서 도대체 어떤 ETF를 선택하는 것이 좋을지 머리를 싸매고 고민할 독자들을 위해 괜찮다고 생각하는 ETF 다섯 가지를 소개합니다.

1 | KODEX 200TR

코스피200 지수를 추종하면서 TR 방식으로 운용되는, 가장 클래식하면서도 장기 투자에 적합한 ETF입니다. 기초자산인 코스피200은 코스피 지수와 매우 유사한 흐름을 보이기 때문에 사실상 시장 전체에 투자하는 ETF입니다.

TR은 Total Return의 준말로, 앞에서도 설명한 것처럼 분배금을 자동으로 재투자하는 방식을 뜻합니다. 투자자가 직접 분배금 재투자를 실행하는 것보다 TR 방식이 세제 측면에서 약간 더 유리합니다. 따라서 해당 ETF는 시장 전체와 동행하며 지수 상승에 따른 수익과 분배금 재투자에 따른 복리 효과를 극대화할 수 있게 하는 최적의 장기 투자 선택지가 될 수 있습니다.

[그림 10-8] KODEX 200TR 가격 차트

2 | TIGER 우량가치

네 가지 퀄리티 팩터와 네 가지 밸류 팩터를 종합적으로 고려하여 선정된 상위 50개 종목에 투자하는 스마트베타 ETF입니다. 퀄리티 팩터와 밸류 팩터를 동시에 고려하여 좋은 기업을 적당한 가격에 사겠다는 투자 논리가 우수한 상품이라고 생각합니다. 물론 ETF의 특성상 정성적 분석 없이 정량적인 방법으로만 종목 선정이 이루어지기 때문에 이상적 가치투자를 완벽히 구현할 수는 없겠지만, ETF 투자에도 가치투자의 논리를 일부 적용하려고 한다면 해당 ETF가 최선의 선택지가 될 수 있을 것입니다.

[그림 10-9] TIGER 우량가치 가격 차트

3 | KODEX 배당성장

장기간 안정적 배당을 실시하고 향후 배당 규모가 성장할 것으로 예상되는 50개 종목에 투자하는 스마트베타 ETF입니다. 실적과 배당이 점진적으로 증가할 것으로 예상되는 기업에 투자하는 배당성장주 투자 방식을 적용한 ETF인 것이죠. ETF 투자에서도 기업 성장에 따른 주가 상승과 배당 증가 효과를 동시에 누릴 수 있는 투자를 지향한다면 해당 ETF가 좋은 선택지가 될 수 있을 것입니다.

[그림 10-10] KODEX 배당성장 가격 차트

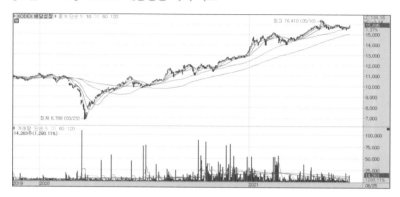

4 | TIGER 미국S&P500

미국 주식시장에 관심이 있는 투자자에게는 S&P500을 추종하는 ETF도 좋은 선택지가
될 수 있습니다. 대표적인 국내 ETF가 TIGER 미국S&P500입니다.

참고로 해외 지수를 추종하는 ETF들 중 뒤에 (H)라고 표시된 상품들이 있는데, 이는 해당
상품이 환율 변동의 영향을 제거하는 환헤지가 이루어진 상품임을 의미합니다. 장기적인
관점에서는 환노출 상품이 환헤지 상품보다 유리합니다. 투자 자산의 종류가 늘어날수록
분산 효과 역시 늘어나게 되며, 타국 화폐 보유에 따른 환율 변동 역시 분산 효과를 더해
주기 때문입니다. 따라서 (H)라고 표시되지 않은 것을 선택하는 것이 좋습니다.

[그림 10-11] TIGER 미국S&P500 가격 차트

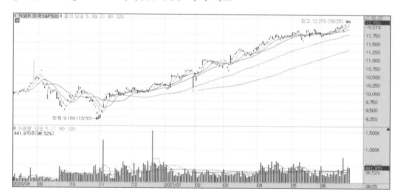

5 | KODEX 200미국채혼합

코스피200과 미국채 10년선물에 약 4:6의 비율로 투자하는 ETF로서, 안전자산인 미국채가 혼합되어 있어 방어적인 성격을 띠는 ETF입니다. 가령 코로나 사태로 인해 코스피 지수가 약 35% 하락했을 때 해당 ETF 가격은 약 10% 하락하는 데 그쳤습니다. 물론 지수 상승기에는 해당 ETF의 수익률이 상대적으로 저조할 것입니다. 방어적인 자세를 취하려는 투자자들에게는 해당 ETF가 좋은 선택지가 될 수 있습니다.

참고로 미국채 10년선물만을 추종하는 ETF도 있습니다. 미국채 10년선물 ETF를 활용해 방어적 자산의 비율을 직접 조정하여 투자하는 것도 좋은 방법입니다. 또한 단기 채권이나 금 등을 추종하는 여러 ETF들을 통해 자산배분을 진행하는 것도 좋은 방법입니다. 다양한 ETF들을 직접 살펴보며 여러 전략들에 대해 고민해 보세요.

[그림 10-12] KODEX 200미국채혼합 가격 차트

SUMMARY

- ETF는 주가지수를 추종하는 인덱스 펀드의 장점과 편리하고 신속하게 거래할 수 있는 주식의 장점이 혼합된 상품이다.

- ETF는 개별 종목 투자에 비해 적은 노력을 들이고도 준수한 투자 성과를 거둘 수 있다. 장기적으로 우상향하는 시장 상승률 정도의 수익을 원한다면 최선의 투자 선택지가 된다.

- ETF는 명칭에 운용사, 추종자산, 운용전략 정보를 모두 담고 있다.

- 주가 흐름과는 반대 방향을 추종하는 인버스 ETF와 지수 흐름의 2배를 추종하는 레버리지 ETF는 장기 투자 목적으로 적합하지 않으며 단기적으로만 활용해야 한다.

- ETF 투자 전 추종자산과 운용전략, 총 보수와 분배금, 거래량을 꼭 체크한다.

- 적립식으로 꾸준히 ETF를 모아간다면 적금보다 훨씬 뛰어난 수익률을 보여줄 것이다.

- 분배금을 수령하면 재투자하여 투자 원금을 늘리고 복리 수익률을 극대화하는 것이 바람직하다.

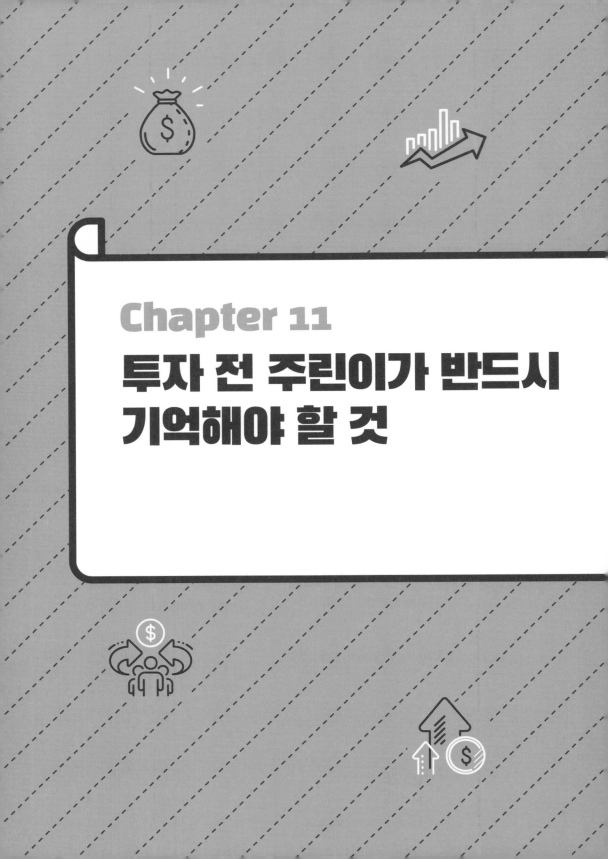

Chapter 11
투자 전 주린이가 반드시 기억해야 할 것

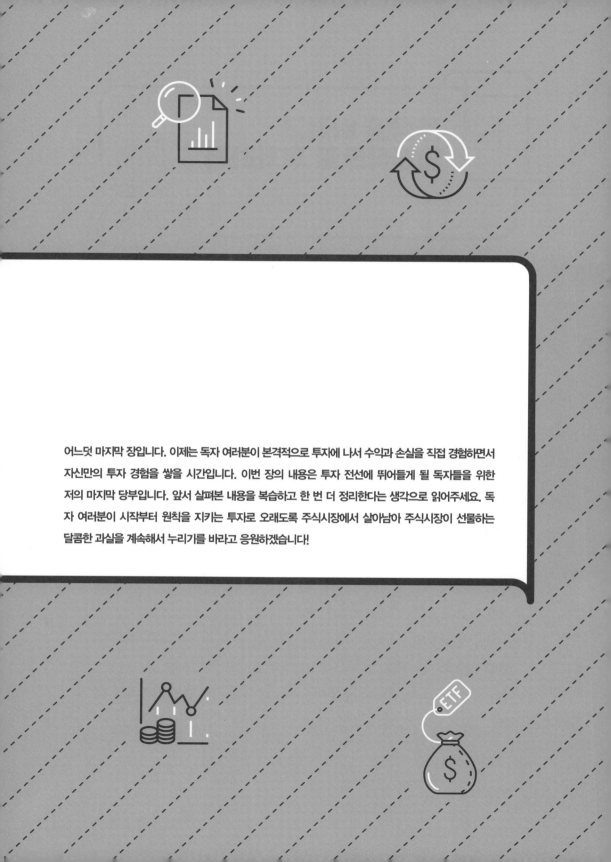

어느덧 마지막 장입니다. 이제는 독자 여러분이 본격적으로 투자에 나서 수익과 손실을 직접 경험하면서 자신만의 투자 경험을 쌓을 시간입니다. 이번 장의 내용은 투자 전선에 뛰어들게 될 독자들을 위한 저의 마지막 당부입니다. 앞서 살펴본 내용을 복습하고 한 번 더 정리한다는 생각으로 읽어주세요. 독자 여러분이 시작부터 원칙을 지키는 투자로 오래도록 주식시장에서 살아남아 주식시장이 선물하는 달콤한 과실을 계속해서 누리기를 바라고 응원하겠습니다!

1 환상을 버리고 합리적으로 투자하라

INVESTMENT IN STOCKS

① 합리적인 수익률을 추구한다

어떤 일을 계획할 때 우리는 가장 먼저 목표를 세웁니다. 투자 역시 마찬가지입니다. 좋은 투자 성과를 내기 위해서는, 먼저 내가 투자를 통해 얻고자 하는 목표 수익률을 설정해야 합니다.

목표는 높을수록 좋다고들 하지만 투자에서는 높은 목표 수익률이 꼭 긍정적으로 작용하지는 않습니다. 너무 높은 수준의 목표 수익률은 투자자를 급등주, 테마주, 레버리지 등의 위험한 투자로 내몰 수 있습니다. 따라서 투자자들은 환상적인 수익률이 아닌, 합리적인 수익률 목표치를 설정할 필요가 있습니다.

어느 정도의 목표치가 합리적인 수준일까요? 비교 대상이 되는 시중금리보다는 충분히 높아야죠. 현재 예금 금리는 1% 수준이지만 향후 금리 인상에 따라 예금 금리는 높아질 수 있습니다. 따라서 통상적인 금리 수준을 2~4%

로 보고 이보다는 높은 목표 수익률을 추구하는 것이 바람직합니다.

그러나 목표 수익률을 너무 높게 잡으면 그것을 달성하기 위해 무리한 투자를 하게 될 가능성이 높습니다. 이러한 점들을 고려했을 때 6~10%의 범주에서 연간 목표 수익률을 설정하는 것이 바람직하다고 생각합니다. 금리보다는 충분히 높으면서도 너무 과도하지는 않은 수준이죠.

[표 11-1] 복리 수익률에 따른 투자금 증가액

	0년	1년	2년	3년	4년	5년	6년	7년	8년	9년	10년
6%	100	106	112	119	126	134	142	150	159	169	179
8%	100	108	117	126	136	147	159	171	185	200	216
10%	100	110	121	133	146	161	177	195	214	236	259
12%	100	112	125	140	157	176	197	221	248	277	311

목표 수익률을 8%로 잡는다고 하더라도 시장 상황이나 자신의 실력에 따라 훨씬 높은 수익률을 기록할 수도 있습니다. 물론 목표 수익률에 못 미치는 수익률을 기록하는 해도 있습니다. 따라서 목표 수익률을 낮게 잡는 것은 투자에 전혀 악영향을 미치지 않습니다. 다만 개별 종목의 목표 수익률이라면 애초부터 안전마진이 크게 확보되어 기대 수익률이 높은 종목, 즉 가격 메리트가 충분한 기업을 찾아야 합니다. 요는 안전한 투자를 지향해야 합니다.

위험한 투자를 피하며 장기간 시장에서 살아남고, 계속해서 투자 실력을 쌓아 나가다 보면 나중에는 10% 이상의 수익률 달성도 충분히 가능할 것입니다. 따라서 주식투자 시 1순위 목표는 무엇보다도 '오랫동안 시장에서 살아남기'가 되어야 합니다. 그리고 이러한 1순위 목표를 달성하기 위해서는 가능한 한 보수적인 투자, 안전한 투자를 이어가기 위해 노력해야 합니다.

초보 투자자가 이따금 단기간에 높은 수익을 얻고서 기세등등해지는 경우가 있는데, 대부분은 하이 리스크-하이 리턴 투자와 초보자의 행운이 결합되어 얻은 일시적인 수익입니다. 이런 행운이 계속되리라, 나만은 다르리라 생각해서는 안 됩니다. 현명한 투자자들은 투자에 있어 수익률뿐 아니라 리스크까지 함께 고려합니다. 리스크에 충분히 대비하면서 적정한 수익을 목표로 하는, 로우 리스크-미들 리턴 또는 미들 리스크-하이 리턴 투자를 지향해야만 끝까지 살아남을 수 있습니다.

불확실성으로 가득한 주식시장에서 리스크를 완전히 제거하는 것은 불가능하겠지만 분할 매수·분할 매도, 분산투자, 깊이 있는 기업 분석과 안전마진, 배당 등의 장치들을 적극적으로 활용해 감당 가능한 만큼의 리스크만 짊어지고 투자를 한다면 주식시장은 생각보다 그렇게 위험한 공간이 아닐 것입니다. 하방은 닫히고 상방은 열린 투자 기회들을 계속해서 찾다 보면 어느새 자산은 큰 폭으로 증가해 있을 것입니다.

투자는 운과 실력의 방정식입니다. 운이 따라준다면 위험한 투자를 통해서도 큰 수익을 낼 수 있겠지요. 그러나 이것은 말 그대로 운이 좋아서 얻게 된 결과론적 성과일 뿐입니다. 만약 운이 없었다면 큰 손실을 입을 수도 있었을 것입니다. 현명한 투자를 위해서는 운에 너무 많은 것을 맡겨서는 안 됩니다. 무작정 수익을 높이는 것에만 초점을 두는 것이 아니라 하방을 닫는 것, 즉 리스크를 축소하는 것에 관심을 기울여 운이 따르지 않더라도 큰 손실을 입지 않고, 운이 따를 경우 준수한 수익을 거둘 수 있는 포트폴리오 구조를 만들기 위해 노력해야 합니다.

② 특별한 기법 같은 건 없다

특별한 기법에 대한 환상을 갖고 있는 초보 투자자가 의외로 많습니다. 차트상 다양한 지표들을 어떻게 잘 조합하기만 하면 한 달에 10% 정도 수익은 거뜬히 낼 수 있지 않을까 하는 식으로 말이죠. 그리고 주식시장에는 이러한 환상을 교묘하게 이용하는 사기꾼들도 존재합니다. 안타깝지만, 월 수십 퍼센트의 수익률을 보장하는 기법 같은 것은 어디에도 존재하지 않는다는 사실을 명심해야 합니다. 투자의 대가인 워런 버핏이나 피터 린치의 연평균 복리수익률이 30%가 채 되지 않는 것만 봐도 알 수 있죠.

수십만 원 내지는 수백만 원을 지불하면 고수익을 보장하는 엄청난 기법 또는 엄청난 종목을 알려 준다는 수많은 유료 리딩 업체들에 절대로 혹해서는 안 됩니다. 이들은 투자 전문가가 아닌 영업(또는 사기) 전문가이기 때문에 철저히 경계하지 않으면 순식간에 혹하게 되고 설득 당하게 됩니다. 주식시장에서 믿을 것은 나 자신밖에 없습니다. 돈이 있는 곳에는 이를 노리는 사기꾼들도 존재하기 마련입니다. 이러한 사기꾼들에게 수십수백만 원을 내고 기법인지 뭔지를 받아 보는 것보단 투자 대가들이 쓴 2~3만 원 하는 책 한 권, 혹은 무료로 볼 수 있는 사업보고서 하나를 정독하는 것이 투자에 있어 몇 배 유익합니다.

주식투자는 특별한 기법으로 뚝딱 해결되는 것이 아니라 꾸준한 학습의 연속으로 이루어집니다. 좋은 투자는 기업을 철저히 분석하고 깊이 있게 이해하는 데서 출발합니다. 학습 기계라고 불리는 워런 버핏을 본받아 우리도 독서하고 사업보고서 읽는 일을 게을리하지 않아야 합니다.

주의할 점은 우리가 집중해야 할 대상이 개별 기업이라는 점입니다. 어떤 기업이 사업을 잘 하고 있는지, 기업의 가치보다 얼마나 싼 가격에 거래되고 있는지에 집중해야 합니다. 거시경제나 차트에는 너무 몰두하지 마세요. 이들은 어디까지나 보조 도구로 활용하는 데 그쳐야 합니다. 내가 투자한 기업의 사업적인 내용에 대해서는 깊이 있게 이해하고 지속적으로 추적해야 하겠지만, 환율이나 단기 주가 변동 등 부수적인 요인들에 매몰되어 이들을 계속 추적하고 매매에 많은 영향을 받는다면 투자에 혼선이 생길 수 있습니다.

개별 기업을 알아보는 데 투자할 시간이 부족하다면 10장에서 소개한 ETF라는 훌륭한 투자 대안을 활용하여 적립식으로 투자하는 것 역시 좋은 방법입니다. 충분한 노력과 시간을 투자할 여유와 의지가 있다면 개별 주식 선택을 통해 시장 수익률을 이기는 투자를 추구하고, 그럴 여유가 없다면 ETF 투자를 통해 시장과 동행하는 전략을 택할 것을 권해 드립니다.

2 좋은 기업을 싸게 사서 오래 보유하라

INVESTMENT IN STOCKS

좋은 기업을 싸게 사서 장기간 보유하면 수익이 날 수밖에 없습니다. 이것이 투자의 왕도라 할 수 있지요. 그럼 이렇게 수익을 가져다 줄 기업은 어떻게 찾아야 할까요? 개별 기업을 선택할 때 주가 변동만 살피는 데 그치지 않고 투자의 본질인 기업에 집중하여 선택해야 합니다. 차트만 보고 뭔가 급등할 것 같다는 느낌에 잘 알지도 못하는 기업을 덜컥 매수해서는 안 됩니다. 사업보고서와 공시 등을 꼼꼼히 살펴보며 기업의 사업 내용을 충분히 이해한 뒤에 투자를 진행해도 늦지 않습니다.

뉴스나 주변에서 들은 이야기 같은 피상적인 요인들만으로 투자에 임해서도 안 됩니다. 좋은 기업은 말보다 숫자와 실제 성과를 통해 보여줍니다. 현재 실적은 적자면서 조만간 대박이 날 거라는 기대감만으로 움직이는 기업들이 아니라, 실제 매출과 영업이익 등이 장기간 꾸준한 성장을 보여온 기업들이 진정한 성장주입니다. 기대감이 아닌 숫자들에 집중하여 기업의 가치를 판단하려는 노력이 필요합니다.

① 좋은 기업이란?

주식시장에는 정말 많은 기업들이 있습니다. 부실한 기업들도, 평범한 기업들도, 우량한 기업들도, 빠르게 성장하는 기업들도 있죠. 가장 좋은 것은 좋은 기업을 싼 가격에 사는 것이겠지만 현실적으로 이런 기회가 흔히 찾아오지는 않습니다. 따라서 좋은 기업을 평범한 가격에 사는 것이나 평범한 기업을 싼 가격에 사는 것이 최선의 투자 선택지가 됩니다. 좋은 기업과 평범한 기업까지는 가격에 따라 좋은 투자 대상이 될 수 있으나, 부실기업들에 투자해서는 절대 안 됩니다.

> 1 | 최근 5년간 연간 영업이익 적자가 없는 기업
> 2 | 부채비율 200% 이하 기업
> 3 | 영업활동현금흐름 > 당기순이익 기업

부실기업들을 피하기 위한 최소한의 조건으로 위의 내용을 말씀드린 바 있습니다. 이러한 조건을 활용해 일단 부실기업들부터 걸러내고, 상장폐지 같은 최악의 상황만 피할 수 있더라도 장기적인 투자 성과는 크게 개선될 것입니다.

가격적인 측면에서 큰 차이가 없다면 당연히 평범한 기업보다는 좋은 기업에 투자하는 것이 좋습니다. 좋은 기업을 알아볼 수 있는 퀄리티 지표로 강조했던 것이 영업이익률과 ROE였습니다. 이들은 기업의 경쟁우위(경제적 해자)와 성장성 등을 수치로 나타내는 지표입니다. 이 지표와 함께 과거 실적 추이, 현금흐름, ESG 등을 종합적으로 고려하여 기업의 퀄리티를 판단하면 좋습니

다. 실적과 배당이 함께 성장해 나가는 배당성장주라면 금상첨화입니다.

여기서도 산업 전체의 성장보다 개별 기업의 성장이 더 중요합니다. 성장하는 산업은 경쟁이 치열하기 마련이므로 개별 기업의 수익성은 오히려 역성장할 가능성이 있습니다. 반면 쇠퇴하는 산업에서도 깊은 해자를 갖춘 기업은 산업 지배력을 넓혀가며 성장을 이루어낼 수 있습니다. 핵심은 깊은 해자를 통한 장기간의 복리 성장, 그리고 이를 수치로 나타내는 영업이익률과 ROE 등 퀄리티 지표의 확인입니다.

② 싸게 산다

좋은 기업과 좋은 주식은 별개라는 점 역시 명심할 필요가 있습니다. 좋은 기업과 좋은 주식 사이의 차이를 만들어 내는 것은 가격 요인입니다. 장기간 15% 이상의 높은 ROE를 유지하는 하이 퀄리티 기업이라도 PER이 50배, 60배를 넘어갈 경우 투자 대상으로서의 매력도는 다소 떨어집니다. 반대로 다소 퀄리티가 떨어지는 기업일지라도 너무 부실한 기업만 아니라면 PER, PBR, 배당수익률, NCAV 등의 지표에서 충분한 가격 메리트를 보일 경우 투자 대상으로 고려할 수 있을 것입니다.

투자의 기본은 단순합니다. '그 기업이 가진 가치보다 싼 가격에 거래되는 주식을 산다.'는 것입니다. 그리고 가치는 그 기업이 가진 돈과 버는 돈으로 산정되죠. 가진 돈(자본)과 주가를 비교하는 PBR, 버는 돈(이익)과 주가를 비교하는 PER이 대표적인 가격 지표로 꼽히는 것은 이러한 맥락에서입니다.

모든 투자 대가들은 가격을 중요시합니다. 뛰어난 성장주에 대해 아주 싼 가격을 기대하기는 어렵겠지만 너무 비싼 가격을 지불해서도 안 됩니다. 적당한 가격을 지불해야겠죠. 평범한 기업들은 더욱 싼 가격에 매수해야 할 것입니다.

초보 투자자가 저지르는 실수들 중 대표적인 것이 이미 충분히 오른 주식을 추격 매수하는 것입니다. 인간은 패턴을 찾으려는 본성을 가지고 있습니다. 그 때문에 한동안 좋은 흐름(주가 상승)을 보인 주식들은 앞으로도 좋은 흐름을 보일 것이라고, 한동안 저조한 흐름(주가 하락)을 보인 주식들은 앞으로도 저조한 흐름을 보일 것이라고 판단하기 쉽습니다.

그러나 현명한 투자를 위해서는 본성과는 반대로 사고할 필요가 있습니다. 많이 올랐다는 말은 바꿔 말하면 비싸졌다는 것이고, 많이 떨어졌다는 말은 바꿔 말하면 저렴해졌다는 의미입니다. 주식시장에서도 산이 높으면 골이 깊고 골이 깊으면 산이 높습니다. 주가가 많이 떨어진 시점이라면 이 기업에 숨겨진 강점은 없는지 기회를 발견하려는 관점에서 접근하는 것이 필요하고, 주가가 많이 오른 시점에는 이 기업에 숨겨진 리스크 요인은 없는가 꼼꼼히 점검하는 관점에서 접근해야만 합니다. 역발상 투자가 필요한 것이죠. 주가가 싸다는 건 그 자체로 가장 큰 호재이며 주가가 비싸다는 건 그 자체로 가장 큰 악재가 될 수 있습니다.

주식을 매수하기 전에 "싸게 산다!"라는 말을 소리 내어 10번 이상 외쳐 보는 것만으로 책 한 권 값은 뽑을 수 있다고 자신 있게 말할 수 있습니다. 아주 단순하고 당연한 말이지만, 매우 효과적이며 많은 초보 투자자가 까맣게 잊어버리곤 하는 말입니다.

잊지 마십시오. 언제나 가격 지표들을 활용해 기업의 퀄리티 대비 저렴한 가격에 주식을 매수해야 합니다. 차트상으로 단기간 급등을 보인 기업은 가급적 피하고, 바닥권에서 횡보하고 있는 기업들에 관심을 기울이는 것이 유리합니다. 사람들이 "도대체 그런 주식을 왜 사?"라고 물어보는 주식들이 대체로 좋은 투자 기회를 준다는 점을 명심할 필요가 있습니다.

③ 오래 보유한다

충분히 싼 가격에 주식을 매입했더라도 해당 주식이 바로 급등하는 것은 아닙니다. 낮은 가격대에서 한참을 횡보할 수도 있고, 오히려 추가 하락해 속이 쓰릴 수도 있습니다. 투자에서 정확한 타이밍을 맞추는 것은 매우 어렵습니다. 다만 주가가 싼지 비싼지 대략적인 위치를 파악하는 것은 훨씬 수월한 일이죠. 때문에 가치와 가격 간 괴리를 파악한 뒤에 필요한 것은 인내와 끈기입니다. 내가 먼저 발견한 가치를 시장에서도 알게 되는 시점까지는 철저히 인내해야 한다는 것이죠. 미스터 마켓은 단기적으로는 기업 가치와 동떨어져 움직이기도 하지만 장기적으로는 반드시 기업 가치에 수렴하게 됩니다.

주가는 몇 퍼센트 정도는 아무런 이유 없이 오르내리기도 합니다. 하루하루 주가 변동과 사소한 뉴스들에 연연하며 주식이 오르내리는 이유들을 찾으려 하기보다는 큰 흐름에서의 사업과 기업 가치 변화에 초점을 맞추어 기업을 장기 보유하는 것이 중요할 것입니다. 내가 기업의 소유주라는 마음을 갖는다면 금리, 환율, 주가 등이 조금 오르내린다고 해서 주식을 쉽게 팔아버리지는 않을 것입니다.

1 | 목표가 도달
2 | 더 매력적인 주식의 발견
3 | 투자 아이디어 훼손

합리적 매도 근거는 위의 세 가지 정도로 한정될 것입니다. 이에 해당하는 경우가 아니라면 빈번하게 주식을 사고파는 일을 지양해야 합니다.

단, 장기 보유는 확실한 근거가 있을 때에만 이루어져야 합니다. 무작정 시간이 약으로 작용하는 것은 아닙니다. 엉터리 투자 근거로 매수한 주식에는 시간이 독으로 작용할 것입니다. 합리적인 투자 판단 아래 가치보다 충분히 싼 가격에 산 주식에 대해서만 장기 보유하는 것이 중요하겠습니다.

이렇듯 투자 성과를 수확하려면 오랜 기간이 소요될 수 있기 때문에 짧은 시간 내에 필요한 자금을 주식투자에 활용해서는 안 됩니다. 최소 3년 이상 특별한 사용처가 정해져 있지 않은 자금으로만 투자에 임해야 합니다.

꾸준히 적립식으로 잉여 현금을 추가 투입하고, 배당과 분배금 발생 시 이를 재투자하고, 시장이 큰 폭의 하락을 보일 경우 조금 더 공격적으로 자금을 투입하는 식으로 투자금을 계속해서 늘려가는 것도 중요할 것입니다. 여유로운 마음가짐으로 장기간 바른 투자를 이끌어 나가다 보면 어느새 만선이 된 계좌를 발견할 수 있을 것이라 확신합니다.

3 지금 당장 투자를 시작하라

INVESTMENT IN STOCKS

① 단 1주라도, 당장 주식투자를 시작한다

그렇다면 얼마로 주식투자를 시작하는 것이 바람직할까요? 중요한 것은 '얼마'보다는 '언제'입니다. 소액이라도, 단 1주라도, 하루라도 빨리 투자를 시작하는 것이 유리합니다.

앞에서도 말씀드렸듯 투자에서 핵심은 시간과 경험입니다. 하루하루의 경험이 모여 미래의 수익을 구성합니다. 적은 금액으로라도 주식을 사보고, 주가의 등락을 경험하다 보면 느끼게 되는 것들이 있습니다. 이러한 배움은 빠르면 빠를수록 좋습니다.

주식시장에서 리스크는 필연적입니다. 그러나 변동성을 너무 두려워할 필요는 없습니다. 사실 이러한 변동성이 있기 때문에 싼 가격에 주식을 살 수도 있고 비싼 가격에 주식을 팔 수도 있는 것이죠. 준비가 완벽히 되지 않아 초반에 손실을 조금 보더라도 장기간 시장에서 생존한다면 이러한 손실 경험들 역시 중요한 교훈으로 작용하여 이후 수익으로 보답합니다. 구매력 손실 관점에서 사실 진짜 위험한 것은 주식이 아니라 예금이라는 점을 명심하고, 즉시 투자를 시작할 것을 강력히 권합니다.

② 내 지갑이 향하는 곳을 유심히 살핀다

좋은 투자 아이디어들은 우리 주변, 일상생활에서 나오는 경우가 많습니다. 투자를 시작한 이후에는 내 지갑과 다른 사람의 지갑이 어디에서 열리는지를 조금 더 관심을 갖고 살펴볼 필요가 있습니다.

일상생활에서 사용하는 전자기기들이 계속 늘어나는 것을 느꼈을 때 그 안에 들어가는 반도체를 제조하는 기업들에 관심을 갖고 삼성전자나 SK하이닉스 주식을 샀다면 어땠을까요? 거리에서 전기 자동차가 점점 많이 보인다 싶었을 때 전기차 배터리를 제조하는 기업들에 관심을 갖고 LG화학, 삼성SDI, SK 이노베이션 등에 투자했다면 어땠을까요? 카카오톡을 이용하면서 카카오 주식에, 네이버를 이용하면서 네이버 주식에 투자했더라면 좋았을 것입니다. 마트 매대를 유심히 들여다보며 오리온 같은 기업에 관심을 가졌어도 좋았겠죠.

직업과 관련하여 내가 잘 아는 분야를 투자의 관점에서 바라보는 것 역시 좋습니다. 내가 종사하는 분야의 업황이 좋은데 주가는 이를 제대로 반영하지 못하는 것 같다면 해당 업종의 경쟁력 있는 기업들을 투자 대상으로 적극 고려할 수 있겠죠.

우리 주변에는 수많은 제품들과 그 제품들을 생산하는 기업들이 존재합니다. 모르는 사이 수많은 기회들이 우리를 스쳐갔습니다. 아쉽죠. 그러나 앞으로도 여전히 많은 기회들이 찾아올 것입니다. 지금부터는 이런 투자 기회들을 놓치지 않도록 우리 주변의 기업들에 관심을 가지고 투자의 관점으로 바라보는 과정을 생활화하면 좋겠습니다.

③ 일상생활을 놓치지 않는다

단기 매매에 너무 열중하여 하루 종일 HTS 화면을 들여다보며 스스로의 일상을 갉아먹는 일은 절대로 피해야 합니다. 급등주 투자, 레버리지 투자 등 위험한 투자를 통해 스스로를 벼랑 끝으로 내몰거나 밤잠을 설쳐서도 안 됩니다. 몇 개월 후에 사용해야 할 돈으로 투자해서 큰 위험에 노출되어서도 안 됩니다. 반드시 여유 자금으로만 투자하고 리스크를 관리하고 원칙을 지키는 투자를 지속해야 합니다. 장기 투자 마인드와 건강한 투자 방식을 통해 일상과 투자금을 잘 지켜낼 수 있도록 노력해야 합니다.

한탕이나 대박에 대한 욕심은 상황에 따라 굉장히 치명적으로 되돌아올 수 있습니다. 미스터 마켓을 어떻게 바라보느냐에 따라 어떤 이에게는 주식 시장이 리스크 대비 리턴이 큰 기회의 공간으로 작용할 것입니다. 한편 어떤 이에게는 합법적인 카지노 그 이상도 이하도 아닌 곳이 될 수도 있습니다. 주식은 그 속성이 가변적이어서 투자로 하면 투자가 되고, 도박으로 하면 도박이 됩니다. 대박을 위해 앞뒤 가리지 않고 많은 것을 내던지기보단 합리성을 바탕으로 한 투자를 통해 안정적이고 장기적으로 자산을 꾸준히 늘릴 것을 권합니다.

착한 기업에 투자하는 방법, ESG 투자

  최근 주식시장에서 화두가 되고 있는 개념인 ESG는 Environment(환경), Social(사회), Governance(지배구조)의 머리글자를 따서 만든 용어입니다. 기업의 재무적 성과만을 판단하던 전통적 투자 결정 방식과는 달리, ESG 투자에서는 환경, 사회, 지배구조라는 비재무적 요소들까지 고려하여 기업의 지속가능성과 사회적 책임을 중시하는 투자 결정을 내립니다. 환경 친화적, 사회 친화적, 소액주주 친화적인 소위 '착한 기업'을 찾아 투자하자는 개념입니다.

  ESG 개념의 대두와 확산에 가장 큰 영향을 미친 요인은 정보의 확산일 것입니다. 정보가 빠른 속도로 확산되는 오늘날 소비자와 투자자는 어떤 기업들이 환경을 파괴하는지, 어떤 기업들이 사회적 책임을 제대로 다하지 않는지, 어떤 기업들이 소액주주들의 권리를 침해하는지 등에 대한 정보를 매우 빠르게 습득하고 공유합니다. 정보를 취득한 소비자와 투자자 중 다수는 사회적 책임을 다하지 않는 기업들에 대한 소비와 투자를 피하게 되며, 이에 따라 해당 기업들은 실적과 주가 측면에서 저조한 흐름을 보이게 됩니다.

[그림 B-1] 국내 책임투자 규모(단위: 억 원)

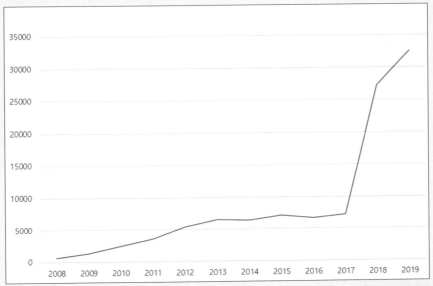

출처: 서스틴베스트

　불과 몇 년 전까지만 해도 사회 공헌 활동은 기업 입장에서 비용으로만 인식되었습니다. 소비자들을 속이더라도 이윤을 추구하는 기업들이 사회적 책임을 다하는 기업들에 비해 뛰어난 실적을 기록하는 경우가 많았습니다. 나쁜 기업들이 돈 벌기 쉬운 세상이었던 것이죠. 그러나 이제는 상황이 달라졌습니다. 소비자와 투자자는 어떤 기업들이 우리 사회에 해를 끼치는지를 매우 빠르게 알아차리고 이에 대해 반응합니다. 착한 기업들이 돈도 벌고 주가도 오르는 세상으로 변하고 있죠. 투자에 있어서도 이러한 흐름을 고려한 판단을 내려야 한다는 것은 이제 너무나도 당연한 일입니다.

　실제 국내외에서 ESG 투자와 관련된 흐름은 계속해서 확산되고 있습니다. 이와 관련된 연구, 정보, 제도도 계속해서 늘어나고 있으며 대부분의 기업들도 이러한 이슈에 관심을 기울이고 관련 활동을 이어가고 있습니다. 당장 포털 사이트에 ESG라고 검색해 보면 하루에도 수십수백 개의 관련 기사들이 나오고 있는 것을 확인할 수 있습니다. 몇 가지 관련 예시들을 살펴보며 E, S, G 각각의 요인들에 대해 알아보겠습니다.

(1) E(Environment, 환경)

환경 파괴의 심각성과 이를 해결하려는 노력에 대해서는 구태여 자세한 설명을 드릴 필요가 없을 정도로 이미 많은 분들이 인지하고 있을 것입니다. 한 예시로, 크리스틴 라가르드 유럽중앙은행 총재는 기후 변화 대응이 자신의 임기에서 가장 중요한 정책 과제가 될 것이며 통화 정책에 기후 변화 요인을 고려하겠다는 입장을 밝힌 바 있습니다. 온실가스 배출 기업에 부과하는 세금인 '탄소세'와 '탄소 국경세' 도입에 대한 논의 역시 활발하게 이루어지고 있죠. 환경을 파괴하는 기업들은 머지않은 미래에 이와 관련된 막대한 비용 부담과 생존 위협에 직면하게 될 것입니다.

[그림 B-2] LG화학 주봉 차트

한편 이러한 환경 문제 대응을 통해 기회를 잡는 곳도 있습니다. 기존의 내연기관 자동차에서 전기 자동차로의 패러다임 전환에 따라 LG화학과 같은 배터리 제조 기업 등이 수혜를 입을 것으로 예상되고 있으며, 이를 반영해 주가 역시 최근 큰 폭의 상승을 보인 것을 확인할 수 있습니다.

이처럼 기업들의 환경 문제 대응 역량은 투자에 있어서도 갈수록 중요한 고려 요인이 되고 있습니다.

(2) S(Social, 사회)

노동 조건, 안전 문제, 직원 다양성, 지역사회 기여 등 다양한 사회 문제들과 이에 대한 대응이 기업의 지속가능성에 큰 영향을 미치고 있습니다. 2020년 1월 다보스 포럼에서 골드만삭스 CEO는 같은 해 7월부터 미국과 유럽에서 다양성(여성, 비(非)백인)을 가진 이사회 후보가 없는 기업의 상장은 돕지 않을 것이라고 밝힌 바 있습니다.

[그림 B-3] 남양유업 주가 및 영업이익 차트

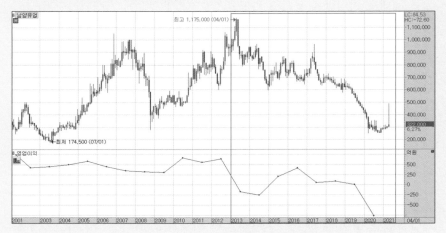

남양유업의 경우 2013년 대리점들을 상대로 한 물량 밀어내기(강매) 등 갑질 이슈 이후 실적이 급격하게 악화되었습니다. 이후에도 경쟁사 비방 논란 등 사건들이 발생하며 추락한 이미지, 실적, 주가를 회복하지 못하고 결국 사모펀드에 매각되었습니다.

사회적 문제에 적절히 대응하지 못하는 기업은 소비자와 투자자로부터 빠른 속도로 신뢰를 잃어버리게 되며, 한 번 추락한 신뢰와 이미지를 회복하는 것은 쉽지 않은 일이 되었습니다. 이는 실적, 주가 흐름과도 직결되는 내용이기 때문에 S 요인 역시 투자에서 중요하게 작용합니다.

(3) G(Governance, 지배구조)

재벌 중심의 경제와 불투명한 지배구조는 한국 증시의 대표적인 디스카운트 요인으로 꼽힙니다. 그래서 한국에서는 ESG 중에서도 G 요인이 특히 중요하게 작용한다는 의견이 많습니다. 실제로 우리나라 주식시장에는 소액주주들의 이익을 훼손해가며 대주주의 사익만을 추구한 결과, 시장에서 가치를 제대로 인정받지 못하고 PBR 0.2, 0.3대의 헐값에 거래되는 기업들이 널려 있습니다.

긍정적인 사실은 최근 ESG 투자의 대두와 함께 우리나라 기업들의 지배구조에도 변화의 조짐이 하나둘 나타나고 있다는 것입니다.

대표적인 사례가 한국앤컴퍼니(한국타이어) 경영권 분쟁 과정에서의 주주제안과 3%룰입니다. 42.9%의 지분을 가진 최대주주 조현범 사장과 19.3%의 지분을 가진 2대주주 조현식 부회장 사이의 경영권 분쟁 과정에서 조현식 부회장 측이 지배구조 전문가인 이한상 고려대학교 교수를 감사위원 후보로 제안하였고, 상법 개정안에 따른 3%룰에 의해 지분 차이를 극복하고 이한상

교수가 감사위원으로 선임된 것입니다. 3%룰이란 소액주주 보호를 위해 상
장사의 감사위원 선임 시 대주주의 의결권을 3%로 제한하는 규칙을 의미합
니다. 기존 같았으면 지분율대로 최대주주인 조현범 사장 측이 제안한 인물
이 감사위원으로 선임되었겠지만 상법 개정과 3%룰에 따라 주주총회에서의
표 대결로 최대주주에 반하는 측의 인물이 감사위원으로 선임될 수 있었던
것이죠.

한국앤컴퍼니 외에도 한진칼, 금호석유화학 등 여러 기업에서 비슷한 맥
락에서의 주주 제안들이 일어나고 있습니다. 삼성전자 등 대기업들도 주주
환원 정책 강화를 천명하고 있죠. 아주 빠른 속도는 아니지만 관련 제도들이
점진적으로 변화하고 있고, 소액주주들의 권리 강화도 조금씩 이루어질 것
이라 생각합니다. 지배구조 개선의 여지와 소액주주 권리 강화에 대한 의지

[그림 B-4] 한국기업지배구조원(KCGS) ESG 등급 조회

NO	기업명	기업코드➕	ESG등급	환경	사회	지배구조	평가년도	비고 (조정시기)
963	AJ네트웍스	095570	B	D	B	B	2020	
962	AK홀딩스	006840	B+	C	B+	B+	2020	
961	BGF	027410	B+	B	A	B+	2020	
960	BGF리테일	282330	A	B+	B+	A	2020	
959	BNK금융지주	138930	A+	B+	A+	A+	2020	
958	BNK캐피탈	801190				B+	2020	
957	BYC	001460	B	D	B	B+	2020	
956	CJ	001040	A	B	A	A	2020	
955	CJ CGV	079160	A	B	A	A	2020	
954	CJ ENM	035760	B+	C	A	A	2020	

를 보이는 기업이라면 시장에서의 평가 역시 개선될 수 있을 것입니다. 기업의 지배구조와 주주 환원에 대한 내용 역시 주의 깊게 살펴볼 필요가 있겠습니다.

한국기업지배구조원(KCGS) 등의 기관에서 ESG 등급 평가를 진행하고 있는데 일반 투자자도 해당 사이트에서 쉽게 관련 정보를 취득할 수 있습니다. 다만, ESG 등급은 평가 기준에 주관적인 측면이 있고 기관마다 평가에서 큰 차이를 보이기도 하는 등 한계점이 존재하기 때문에 참고용으로만 보는 것이 바람직할 것입니다. 등급에 의존하는 것보단 개인이 뉴스 등을 통해 기업의 ESG 관련 활동들을 찾아보며 직접 판단을 내리는 것이 투자에 많은 도움이 될 것입니다.

ESG 요인이 최근 각광받는 개념이기는 하나 여전히 투자 결정에서 핵심 요인은 가치와 가격 사이의 괴리가 되어야 합니다. 아무리 ESG 역량이 뛰어난 착한 기업이라도 너무 비싼 가격을 지불할 경우 투자에서 좋은 성과를 거두기는 어려울 것입니다. 이것 역시 보조적인 요인일 뿐입니다. 퀄리티 지표나 리스크 관리의 일부로서 ESG 요인에도 관심을 가진다면 몇몇 훌륭한 투자 아이디어들을 발견하는 데 도움을 받을 수 있을 것입니다.